"영화를 만드는 것은 잠을 자며 꿈을 꾸는 것과 같다.
오직 꿈의 장소와 사람들만이 중요하다."

장 콕토

"글로 쓰거나 생각할 수 있는 것은 뭐든지 다 영화로 만들 수 있다."

스탠리 큐브릭

"나는 최고다. 나는 훌륭한 작품이 탄생할 때까지 계속 작업한다."

제임스 카메론

# 제임스 카메론,
## 비타협적 상상의 힘

JAMES
CAMERON
A RETROSPECTIVE

이언 네이선(Ian Nathan) 지음

김지윤 옮김

## 제임스 카메론, 비타협적 상상의 힘

**초판 1쇄 인쇄** 2022년 12월 12일
**초판 1쇄 발행** 2022년 12월 30일

**지은이** 이언 네이선
**옮긴이** 김지윤
**펴낸이** 이상훈
**편집인** 김수영
**본부장** 정진항
**편집2팀** 허유진 원아연
**마케팅** 김한성 조재성 박신영 김효진 김애린 오민정
**사업지원** 정혜진 엄세영
**펴낸곳** (주)한겨레엔 www.hanibook.co.kr
**등록** 2006년 1월 4일 제313-2006-00003호
**주소** 서울시 마포구 창전로 70 (신수동) 화수목빌딩 5층
**전화** 02) 6383-1602~3 **팩스** 02) 6383-1610
**대표메일** book@hanien.co.kr
**ISBN** 979-11-6040-924-6 (03680)
* 책값은 뒤표지에 있습니다.
* 파본은 구입하신 서점에서 바꾸어 드립니다.

일러두기

* 외래어표기는 기본적으로 국립국어원 원칙에 맞게 통일하였으나,
  영화작품명은 국내 개봉 제목에 맞추어, 인명은 구글 표기에 맞추어 통일했습니다.
  (이에 따라 영화는 〈에이리언〉, 그 외에는 '에일리언'으로 표기했습니다.)
* 옮긴이의 말은 '옮긴이 주'로, 편집자의 말은 '편집자 주'로 본문에 표시했습니다.

# CONTENTS

# 서론

## "상상력은 현실을 제대로 드러낼 수 있는 힘이다."

### 제임스 카메론

이 책을 단순히 제임스 카메론에 대한 인터뷰로 읽지 않길 바란다. 그보다는 제임스 카메론의 영화 인생과 작품 세계, 작품 하나하나를 만들 때의 일화를 그에게서 직접 "듣는다"는 느낌으로 읽기를 바란다. 분명 가슴 뛰고 스릴 넘치는 경험이 될 것이다. (또한 카메론의 영화를 보면서 제대로 된 설명을 들을 수 있는 절호의 기회이기도 하다.) 영화에 대한 제임스 카메론의 기억과 생각은 매우 정밀하고 그 디테일에는 어떠한 결점도 없다. 무엇보다 흥미진진한 드라마로 가득하다. 카메론은 자신의 감정 표현에 굉장히 솔직하다. 자신의 분야에서 큰 성공을 거뒀음에도 그가 수십 년 전에 받았던 모욕에 여전히 격분하는 모습을 보면 놀랍기까지 하다.

제임스 카메론은 〈에이리언 2(Aliens)〉에 나오는 해병대원처럼 직설적이면서도 생기발랄하고 또 인간적이다. 그의 발언에서부터 이런 특징이 두드러진다. 가령 "목표를 터무니없이 높게 설정하면 실패할 거예요"라고 딱 잘라 말하면서도, 그 뒤에 다시 격려의 뜻으로 이렇게 덧붙이는 식이다. "하지만 실패한다고 해도 다른 이들의 성공보다는 더 높은 위치에 있을 거예요."

사실 카메론을 인터뷰하는 것은 그의 장황한 이야기와 TED 강연, 증언, 아쟁쿠르의 벽 앞에 선 헨리 5세가 했던 연설만큼이나 웅장하고 방대한 이야기들을 자유분방하게 조합하는 것과 같다. (당신이 만일 카메론을 인터뷰하게 된다면) 인터뷰 중에 질문을 적어놓은 노트를 한번 보라. 카메론이 이미 질문을 열 개나 앞서서 이야기하고 있다는 것을 알게 될 것이다.

제임스 카메론이 지금까지 한 모든 발언들, '무장해제를 당해 답했다' 싶을 정도의 솔직한 고백, 남과 비교할 수 없을 정도의 기록적인 성공과 그의 상징적인 영화들… 이 모든 것들을 조합해보았을 때 그는 여전히 이해하기 어려운 사람이다. 내가 이 책을 쓰기 시작한 것도 바로 이 때문이다. 제임스 카메론에 관한 책은 거의 찾아보기 힘들다. 그의 삶과 커리어의 급류를 따라가다 보면 수많은 카메론을 만나게 된다. 괴짜이기도 하고 발명가이기도 하며 역사가, 과학자, 아드레날린 중독자, 시인, 예술가, 히피, 신경과민증 환자, 폭군, 심해 탐험가, 트럭 운전사, 나사의 고문, 환경운동가, 그리고 감독인 제임스 카메론 말이다.

무엇으로 그를 정의할 수 있을까? 장르로 그를 정의할 수 있을까? 그가 만든 영화의 대부분은 공상과학영화로 분류할 수 있지만 그렇다고 현실과 괴리가 느껴지지는 않는다. 마치 근거가 있는 것 같다. 그는 이를 '테크누아르'라고 칭했다. (테크누아르란 일반적으로 '현실의 모든 측면을 위협하는 파괴적이고 디스토피안적인 힘을 가진 기술을 보여주는 영화 장르'를 말한다._편집자 주) 카메론의 대표적인 흥행 대작 〈아바타(Avatar)〉는 거의 대부분을 (컴퓨터를 통해 완전하게 제작된 2차원 내지 3차원의 이미지인_편집자 주) CGI로 만들었지만 우리는 그 세계를 완전히 믿어버린다.

카메론의 절친한 친구이자 공동 제작자인 랜들 프레익스의 말처럼 카메론의 영화적 방법론은 '세상을 여러 부분으로 분해'한 다음 그것들을 다시 새로운 초현실적인 이야기로 재조립하는 것이다. 미래에서 온 암살 기계든 타이타닉의 복제품이든 현실주의는 그에게 있어서 모든 작업의 연료이다. 그의 작품들은 현실을 공상과학영화로 재창조하려는 탐구의 결과물이다.

제임스 카메론은 영화를 만드는 데 그치지 않고 자신의 상상력을 시각적으로 구현할 수 있는 수단을 직접 발명해낸다. 대표적인 예로 〈어비스(The Abyss)〉 촬영 당시 수중촬영에 필요한 무인 원격조종 잠수정(ROV)을 개발해내고, 안쪽에 조명이 달린 다이빙 슈트를 만들어 특허를 낸 것, 〈아바타〉 촬영 때 완벽한 현실처럼 보이게 하기 위해 모션 캡처 기술을 포토리얼리즘의 경지까지 끌어올린 것 등이 있다.

"나는 언제나 영화는 순수한 예술의 형태가 아니라고 생각했습니다. 영화는 기술적인 예술이에요. 감정을 영화로 표현하기 위해서는 과학을 마스터해야만 합니다." 카메론은 오렌지 카운티의 풀러턴 칼리지에서 물리학과 심리학, 신화의 기원 등 이과와 문과를 넘나드는 공부를 했는데, 그가 과학과 예술을 결합하게 된 데에는 이러한 학문적 배경도 한몫한 듯하다.

카메론이 자신의 경력 중에서 가장 아이러니라고 인정하는 부분이 있다. 바로 기술에 대한 인간의 지나친 의존에 경고를 하기 위해 훨씬 더 진보된 기술을 사용한다는 점이다. 기계에 대응하기 위해 다시 기계의 발전이 필요하다니! 카메론은 편집증적인 꿈을 해석하는 파멸의 예언자이다. 그의 영화들은 잔인할 정도로 주제에 충실하다.

이 책은 제임스 카메론이 영화들에 담고자 한 과대한 야망을 차례로 나열해 낱낱이 보여줄 것이다. 카메론은 물리적이고 은유적이며 기술적인 최첨단의 미개척 분야에 늘 매력을 느껴왔다. 그를 묘사하는 데 가장 많이 쓰이는 단어는 '타협하지 않는'이다. 그는 사도마조히즘적인 추진력으로 자신의 머릿속에 있는 이미지를 기어코 연출해낸다.

"전구에 물이 닿은 상태에서 불이 켜지는지 알아보려고 얼음물에 목까지 담그고 있을 때가 제일 기분이 좋아요. 도전이 클수록 더 즐겁습니다." 가혹하다고까지 할 수 있는 영화에 대한 그의 완벽에 대한 집착과 고집은 촬영 현장에도 그대로 적용돼 때론 분쟁으로까지 이어진다. 그는 촬영장의 '낙오자'들이 있을 수 있다고 인정하면서, 어림잡아 80~90퍼센트의 촬영 스태프가 힘들어했을 거라고 추측한다. 심지어 관객인 우리조차도, 극장에서 물에 잠기지 않은 채 안전하게 앉아 있으면서도, '무언가를 겪는 것처럼' 느낀다. 촬영된 영화들을 보고 나면 어딘가 유쾌하면서도 지친다.

"살고 싶으면 나와 함께 가요." 〈터미네이터(The Terminator)〉에서 카일 리스는 사라 코너에게 이렇게 애원한다. 영화의 후속 편에서 아놀드 슈워제네거의 T-800은 단조로운 톤으로 이 대사를 은밀하게 반복한다. 이는 살고 싶다면 자신과 함께 가자고 전열을 가다듬는 카메론 자신의 외침이기도 하다.

카메론은 영화에서 주체적이고 강한 여성 캐릭터를 많이 선보여왔다. 적극적이고 활동력 강한 여성 캐릭터는 카메론 영화의 상징처럼 여겨지고 있다. 타협하지 않는 단호한 어머니 캐릭터의 경우도 마찬가지다.

이 책은 카메론의 감독으로서의 출현과 성장에 대한 방대하고 전형적인 이야기도 상당 부분 담고 있다. 그에게도 사소한 실수들이 있긴 했지만(〈어비스〉의 결말이 지구의 멸망이었다면 제임스 카메론 최고의 영화가 되었을지도 모른다. 또 〈트루 라이즈(True Lies)〉는 몇 번 보아야만 재미를 느낄 수 있다.) 그의 커리어가 수직 상승 궤적을 그리고 있다는 점은 부인할 수 없는 매우 놀라운 사실이다. 그는 말 그대로 로켓을 단 것처럼 성공가도를 달리고 있다. 어지럽고 혼잡한 로저 코먼의 B급 영화 제작사의 초창기 모델 제작자 중 한 명에서 하룻밤 사이에 오스카상을 받은 거물이 되는 센세이션을 일으킨 것이다.

우리가 분명히 기억해야 할 점은, 지구상의 다른 모든 사람들처럼 카메론 역시 집단 의식에 동조해왔다는 사실이다. (그렇지 않은 사람이라면 아마 비틀스나 코카콜라를 발명한 사람 정도일 것이다.) 그는 영화적 경험을 '합의된 몽상'이라고 칭했고, 그의 영화들은 당대의 문화, 성별, 연령, 취향 전반을 포섭한다. 그의 성공을 비난하는 이들

이 많지만 성공 요인으로 이 점을 간과해서는 안 된다. 스토리텔링이라는 유전자가 DNA에 탑재되어 있다는 면에서 그는 호머나 한스 크리스티안 안데르센, 마크 트웨인 혹은 스티븐 스필버그(그가 더 성공적이라 할 수 있다면)와 비슷하다.

앞장 사진 설명: 〈에이리언 2〉의 생존자 리플리(시고니 위버)와 뉴트(캐리 헨)는 잠자는 숲속의 공주처럼 마침내 수면캡슐에서 휴식을 맞이한다.
위 사진 설명: 금속으로 된 내골격을 살아 있는 조직 세포로 덮는 모습 : 아놀드 슈워제네거가 제임스 카메론의 커리어 전체를 구체화한 영화 〈터미네이터 2: 심판의 날〉의 T-800으로 분장하고 있다.

"나는 언제나 영화는 순수한 예술의 형태가 아니라고
생각해왔습니다. 영화는 기술적인 예술이에요. 감정을
영화로 표현하기 위해서는 과학을 마스터해야만 합니다."

콘셉트를
화면으로

# 뒷이야기
# (1954-1979)

어느 날 제임스 카메론은 급작스러운 광란과 같은 무아지경의 상태에서 꿈을 꾸었다. 악몽과 불길한 조짐들이 (훗날 영화 속 주인공들인) 사라 코너(〈터미네이터〉)와 엘렌 리플리(〈에이리언 2〉)를 덮치는 꿈이었다. 또한 그는 꿈속에서 다리가 떨어져 나간 로봇이 부엌칼에 몸을 간신히 의지한 채 크롬으로 만들어진 몸통을 질질 끌며 지옥 불에서 빠져나오는 모습을 보았다. 로봇은 칼날로 바닥을 찍고 자신의 몸을 들어 올리며 앞으로 나아가고 있었다. 아무리 기계라고 해도 분명 상당한 노력이 필요해 보였다. 이렇게 결의에 차서 계속 움직이는 데에는 분명 무시무시한 이유가 있는 듯했다. 카메론의 상상 속 먼 곳에서 쟁반들이 덜컥거리는 소리가 들려왔다.

이 꿈이 영화화되어 스크린에 펼쳐질 때 관객은 마치 핵폭탄이라도 맞은 것처럼 제임스 카메론의 영화에 깊이 몰입하게 된다. 카메론의 영화는 특유의 강렬한 영상과 한 줄로 압축되는 줄거리, 전설적인 구조로 유명하다. 타고난 스토리텔러인 카메론은 인생과 예술의 서로 다른 단면들을 결합해 하나의 영상을 창조해내고, 합금의 일대기라는 자신만의 신화를 이룩해냈다. '금속적인 죽음'이라는 이미지가 '불길 속에서 불사조처럼 솟아오른 것이다'.

제임스 카메론은 운명을 믿은 적이 없다. 그는 원인과 결과를 이해하려는 공학적인 시인이었고, 그가 꾼 꿈들은 그의 잠재의식의 기록이었다. 그는 이 과학기술로 가득한 악몽이 훗날 자신의 작품이 되리라는 것을 짐작하고 있었다.

"인생에서 정신적으로 가장 힘든 시기였지만 캐릭터를 만드는 것은 어렵지 않았어요." 그는 이렇게 회고한다. 영화를 구체적으로 구상하기 전부터 제임스 카메론은 캐릭터의 이름을 '터미네이터'라고 지었다.

앞장 사진 설명: 기술의 선구자들 : 제임스 카메론이 출연진에게 〈아바타〉에서 그들이 어떤 모습으로 등장할지 알려주고 있다. 왼쪽에서부터 시고니 위버, 조엘 무어, 샘 워딩턴이다.
왼쪽 사진 설명: 제임스 카메론이 꿈속에서 본 '불꽃 속에서 금속 골격이 솟아오르는' 환영이 〈터미네이터〉의 기반이 되었다. 그가 악몽에서 경험한 공포 또한 그의 영화 속에 생생히 녹아들어 있다.

> # "인생에서 정신적으로
> # 가장 힘든 시기였지만
> # 그 캐릭터를 만드는 것은
> # 어렵지 않았어요."

어린 시절의 제임스 카메론은 바다 표면 아래 있는 우주처럼 광활한 미지의 세계를 동경했었다. 어느 날 밤에는 자칫 익사할 것 같은 기분을 경험하기도 했고, 또 어떤 날에는 심연의 매혹적이면서도 치명적인 공간을 방랑하면서 산소 없이도 숨 쉴 수 있겠다 생각하기도 했었다. "언제나 바다를 사랑했어요." 카메론은 생각에 잠긴 채 말했다.

제임스 카메론은 1954년 캐나다 온타리오주의 소도시 치파와(나이아가라폭포 바로 외곽으로 인구가 2천 명가량임)에서 태어났다. 치파와는 관광도시로서 어디를 가더라도 폭포수가 떨어지면서 내는 노랫소리를 감상할 수 있는 곳이다. 중력을 거스르는 암석층에서 거대한 폭포가 증기를 내뿜으면서 떨어지는 〈아바타〉의 한 장면처럼, 이 도시의 나이아가라 협곡의 끝에서 매분 600만 입방피트의 물이 뿜어져 나온다. 카메론은 어린 시절을 보낸 1960년대를 이 도시에서 보내며 프랑스의 해양학자 자크 쿠스토가 만든 다큐멘터리를 광신적으로 시청했었다. 어떻게 미지의 세계를 카메라에 담을 수 있는지 설명하는 쿠스토의 부드럽고 우아한 말투에 깊이 매료된 카메론은, 자신의 첫 화면 속 히어로가 보여주는 파도 아래의 삶에 대한 이국적인 광경을 회상하면서 이렇게 말했다. "그곳은 내가 실제로 도달할 수 있는 외계(外界)였어요."

유년기 시절 해양에 관심이 컸던 카메론은 결국 부모를 설득해 버팔로에 있는 YMCA 수영장에서 스쿠버 수업을 듣는다. 그곳에서 산소마스크와 조절기를 잃어버렸을 때의 대처법을 배웠고 공황 상태를 막는 방법 등 안전 훈련도 익혔다. 아마도 그는 나이아가라폭포 근방에서 스쿠버다이빙을 할 수 있는 유일한 소년이었을 것이다. 17살 때에는 동물들이 액체 산소를 섞은 식염수로 호흡할 수 있다는 강연에 매혹돼, 해저 바닥에 숨겨진 외계인에 대한 이야기인 단편소설 〈어비스〉를 써냈다. 또한 호기심 많고 상상력이 풍부한 카메론에게 난파선도 매우 흥미로운 존재였는데, 그에게 난파선은 오랜 시간 발견되기를 기다리는 '깊은 세계의 무덤'과 같았다. 모험적인 카메론은 마요네즈를 담는 유리 항아리와 페인트 통, 그리고 이렉터 세트(조립식 철제 블록의 일종_옮긴이 주)의 버팀목을 이용해 자신의 첫 번째 잠수함을 만들기도 했다. 둥근 형태의 잠수기라고 보는 것이 더 정확하다 싶은 이 장치에는 애완용 쥐가 겨우 들어갈 만한 공간만 있었다. "그 속에 쥐를 넣고 웰랜드강 바닥까지 내려보낸 다음 다시 끌어올리려고 했었죠." 당시를 회상하면서 카메론은 두 손을 들어 올려 말했다. "쥐는 무사했습니다."

끊임없이 실험을 즐기던 카메론의 어린 시절을 상상하면 끝없이 흐르는 강가에서 보낸 여름 이야기를 그린 마크 트웨인의 소설이 떠오른다. 제임스 카메론은 '짐'으로 통했고 지금도 여전히 가까운 사람들은 그를 짐이라고 부른다. (이 책에서는 제임스 카메론과 짐을 섞어서 쓸 것이다.) 짐과 그의 네 동생들, 그리고 떠돌이 친구들 무리는 튤립과 사사프라스, 검은 체리와 푸르스름한 재로 가득한 숲속을 무턱대고 돌아다녔다. 위험을 무릅쓰고 30미터 높이의 석회암 협곡 가장자리를 올랐으며, '쥐'가 난 상태로도 호기롭게 수영을 하고 낚시를 했다.

짐은 손재주가 좋았다. 어설프게나마 뗏목이나 요새, 지붕 없는 자동차 등을 만들 수 있을 정도였다. 어떠한 계획을 세우든 간에 언제나 무리에서 리더는 짐이었다. 다른 사람들은 본능적으로 그의 명령을 기다렸다. 그는 지

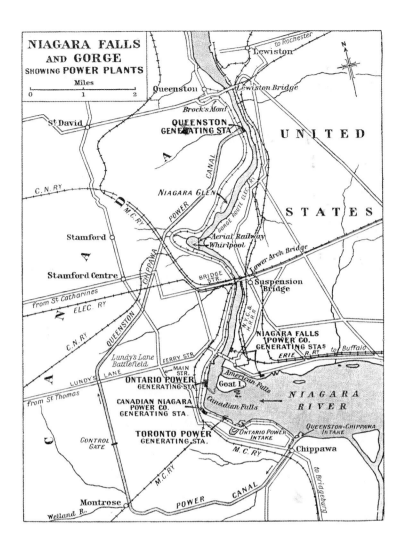

위 사진 설명: 제임스 카메론은 나이아가라폭포 소리가
들려오는 캐나다 국경 근처 치파와 지역에서 자랐다.
반대쪽 사진 설명: 제임스 카메론은 공상과학소설에 푹
빠진 소년이었고, 〈스타 트랙〉 오리지널 시리즈의 열렬한
팬이었다.

" **흥미롭고 끌리는 것이라면
뭐든지 곧바로 그려야 했어요.** "

금도 여전히 같은 수법을 쓰고 있다며 농담을 한다. "(어
릴 적) 요새를 건설하기 위해서는 많은 아이들을 데려와
야 했죠. 지금은 백만 달러가 필요하지만요."

어릴 적 짐은 마치 장군처럼 자신감에 차 있었다. 라이
벌인 아이들과 사이좋게 지내면서도 때로 불의한 일을
당할 때는 거칠 게 대응하는 소년이었다. 동네 불량배 소
년들이 짐의 장난감을 훔쳐 간 어느 날에는 보복하기 위
해 동생 마이크와 함께 그들의 아지트인 오두막으로 접
근해 몰래 나뭇가지들을 잘라냈다. 오두막은 결국 총소
리처럼 큰 소리를 내면서 부서졌고, 소년 중 한 명은 다
쳐 병원에 실려 갔다.

호기심이 충만했던 그는 적진으로 돌을 날릴 수 있는
투석기를 직접 설계하고 제작하기도 했는데, 한 번은 이
런 다소 전투적인 개발로 신문에 화제가 된 적도 있었다.
바로 열기구를 만들어 작동시킨 것이다. 짐은 동생 마이
크와 드라이클리닝 비닐로 열기구를 만들어 촛불로 작
동시켰다. 이를 위험하다고 여긴 주민의 신고로 소방서
에서 추격하기 시작했고, 이를 본 지역 방송국이 "UFO
가 목격되었다"고 보도했다. 동생 마이크는 당시 짐에
대해 이렇게 말했다. "짐은 달에 사람이 처음으로 착륙
하는 장면을 보려고 학교를 결석했어요. 그 방송을 두고
두고 기억하려고 TV 장면을 카메라로 촬영했죠."

제임스 카메론이 태어난 당시에 대해 좀 더 이야기를
하자면, 그가 태어난 곳인 치파와는 큰 도시라고 할 수
는 없지만 금속 공장과 냉각탑이 있는 인근 도시 카푸스
카싱의 규모가 커지면서 함께 발전한 지역이었다. 제임
스 프랜시스 카메론은 1954년 8월 16일 카푸스카싱에
서 필립과 셜리의 맏아들로 예정일보다 4주 늦게 태어
났다. 필립은 짐이 5살일 때 직업적 전환의 기회를 찾아
남쪽의 치파와로 향했고, 거기서 짐은 유년시절을 보냈
다. 치파와의 스프루스 폴스 발전소와 앤드 페이퍼 제지
공장의 암울한 외관은 향후 그의 영화에 등장하는 기계
적인 인물을 구현하는 데 어느 정도 영향을 미쳤다. 필립
은 전기 기술자로 일하다가 수력 전기회사의 영업사원
이 되었으며, 물과 에너지를 거래하는 일을 했다. 필립은
자신의 일에서 성과를 보였고, 그는 어디에서나 최고가
되겠다는 포부를 갖고 있었다. "아버지는 장난치며 놀고
싶은 사람은 아니었어요." 형제 중 막내인 존 데이비드
는 이렇게 말했다.

카메론 집안은 원래 목축업을 했었다. 그들은 단단한
돛단배에 몸을 싣고 캐나다로 망명한 스코틀랜드 태생
으로, 노동계급의 금욕주의와 재커바이트 반란군(저항
군)의 유산에 동화되어 있는 사람들이었다. 필립은 분석
적이면서도 현실적이고 진지한 사람으로, 대학 학비를

위 사진 설명: 1962년 쿠바 미사일 위기가
〈뉴욕타임스〉 1면을 장식했다. 이 사건은
호기심이 많았던 어린 제임스 카메론의 상상력을
휘저어놓기에 충분했다.

마련하기 위해 니켈 광부로 일할 정도로 생활력이 강했다. 그는 맏아들 짐에게 질서와 규율을 심어주었으며, 카메론의 대담한 도전의 원천이라고도 할 수 있는 중요한 자질을 물려주었다. 짐에게 내재한 오래된 반항심은 그의 집안 핏줄을 따라 흐르던 것이었다.

어린 짐은 이렉터 세트를 볼트로 조립해 비행기와 보트를 만들었고, 이 둘을 내부적으로 결합하려는 시도를 하기도 했는데, 짐의 재빠른 두뇌 회전에서 나오는 이러한 여러 가지 구상들, 그가 소위 '프로젝트'라고 부르는 계획들은 애초에 모두 그의 아버지의 관심을 끌기 위한 것이었다. 이것은 지금도 마찬가지일지도 모른다.

반면 카메론의 어머니 셜리는 어떤 사람이었을까? 그녀는 금발에 날씬한 몸매, 전기가 흐르는 것처럼 빛나는 푸른 눈동자를 지닌, 어디로 튈지 모르는 예술가였다. 쾌활하면서도 모순된 성격을 가진 그녀는 화가로 활동하기 전에는 간호사로 일했었다. 주말마다 피로에 절 정도로 캐나다 여군들과 자동차 경주를 즐기던 활달한 사람이었으며, 눈을 가리고 소총을 조립할 수 있을 정도로 군과 관련한 지식에도 해박했다. "어머니는 탐험을 위해 언덕을 오르는 강인하고 낭만적인 사람이었어요." 카메론은 이렇게 이야기했다. 광범위한 호기심을 충족시키기 위해 주간에는 일하고 야간에는 천문학과 지질학 수업을 들었던 셜리. 그녀는 급하고 충동적이면서도 예민한 성격의 소유자였으며 카메론 가족의 중심이었다.

비현실적이라고도 할 수 있는 카메론의 재능은 아버지보다는 어머니에게서 물려받은 것이라고 할 수 있다. 상처 난 진주 목걸이처럼 거칠면서도 강인하게 빛나는 그녀는, 카메론의 영화를 하나로 연결시키는 주체적이고 강한 여성 히어로의 뮤즈였다. 화가로서의 셜리는 수채화와 유화를 즐겨 그렸으며, 십 대 시절에는 화염에 휩싸인 도시의 풍경을 그려 전쟁 채권을 홍보하는 카운티 전역의 미술대회에서 우승하기도 했었다. 어린 짐은 어머니 셜리와 함께 미술관과 박물관의 나무 벤치에 조용히 앉아 전쟁 헬멧과 무기를 스케치했다고 회상하며 이렇게 말했다. "흥미롭고 끌리는 것이라면 뭐든지 곧바로 그려야 했어요." 짐은 TV로 〈스타 트랙(Star Trek)〉의 에피소드를 보면서 장면들을 만화로 조각내 분해하고 스토리보드로 옮겨 그릴 정도로, 세부적인 것을 매우 정확하게 보는 눈을 갖고 있었는데 어머니에게서 물려받고 훈련된 것이라 할 수 있었다.

분석적이면서도 치밀하고 현실적인 성격, 적당한 반항심과 낭만성, 예민함이 어우러진 예술가로서의 자질. 카메론은 필립과 셜리 두 사람의 유전자가 두 겹의 나선형으로 완벽하게 결합된 인물이다. 짐은 자신의 이러한 면

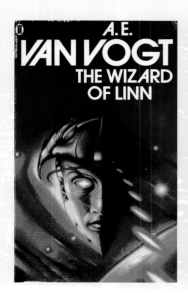

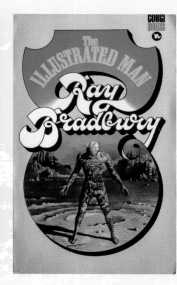

# "십 대 시절에는 꿈의 이미지가 매우 중요했어요. 언제나 상상을 이미지로 만들고 싶었고, 시각적으로 구현하고 싶었습니다."

모를, 마치 연출을 하며 빠르게 지시하는 것처럼 '좌우 반구적 사고의 격돌'이라고 표현했다. 그 안에서 '눈을 반짝이며 여우굴을 파고 축축한 숲에 캠프를 짓는 외향적인 성격의 타고난 리더'와 반대로 '책에 머리를 파묻고 자신의 상상 속에서 길을 잃기도 하며 파도 아래의 세상에서 살기를 꿈꾸는 내향적인 사람'이 충돌하는 것이다.

짐에게는 다른 어두운 꿈들도 있었는데 화재를 초기에 예감하는 꿈이었다. 여덟 살 때 커피숍 테이블 위에 버려진 팸플릿을 우연히 봤는데 거기에 개인 낙진 대피소를 짓는 방법이 적혀 있었다고 한다. 그해는 1962년이었고 미국이 쿠바를 놓고 소련과 정면으로 맞서던 때였다. 저녁 뉴스에서는 벼랑 끝 핵 전술에 대해 심각하게 보도했고, 쿠바 미사일 위기의 13일 동안 전 세계가 그들의 종말까지도 생각하던 때였다. 그때 짐은 어린 시절 알고 있던 에덴의 세계가 '환상'이라는 것을 깨달았다고 한다. 그의 머릿속은 인간의 진보가 디스토피아로 가기까지 거듭돼, 전쟁터처럼 산산이 부서지는 잿빛 새벽으로 가득 찼다. 짐은 자신의 이러한 상상이 현실이 되어 핵으로 세상이 황폐해질 거라고 생각했다.

카메론은 종교를 가져본 적이 없다. 영국 성공회 신자인 어머니가 형제들을 주일학교에 데려갔을 때도, 주님의 기

도가 그저 부족민의 노래로밖에 들리지 않았다고 한다. 그럼에도 1962년 당시는 짐에게 인간의 파멸을 예감하게 하는 불안한 때였고, 그는 미래의 그날을 '심판의 날'이라고 불렀다. 이후 종말에 대한 '깊은 자각'이 그의 작품의 핵심에 자리 잡게 된다. 미래가 어떻게 펼쳐질지에 대해 끝없이 이어지는 비관론의 뿌리가 바로 이때 생겼다.

마찬가지로, 카메론이 공상과학소설에 빠지게 된 것도 이때이다. 공상과학소설은 짐이 두려움을 떨쳐버리도록 도움을 주었다. 짐은 11살 때 자신의 방이 '오랜 보호자'들의 책들로 가득 찼다고 말했다. 첨단 기술에 박식한, 대담한 파멸의 예언자들인 아이작 아시모프와 아서 C. 클라크, 레이 브래드버리, A. E. 밴보트의 책이 그의 방에 즐비했다. 짐이 유전적 돌연변이, 무너져가는 디스토피아, 기계들이 미쳐 날뛰는 이야기들을 탐독하면 할수록 그에게선 '현실과 환상의 경계가 흐릿해졌다'. 그는 가능한 한 거의 매일 한 권씩 책을 읽었다. 수학 숙제 같은 다른 일들은 모두 뒷전이 되었지만, 한편으론 그가 영화에서 결코 얻을 수 없었던 '그만의 가능성들, 상상들'을 발견하게 된 시간이었다.

편향된 독서에 심취한 소년 같아도, 나름대로 짐은 부지런한 학생이었다. 특히 역사와 과학 분야에 열심이었다.

위 사진 설명: 제임스 카메론의 어린 시절 독서는 '난해한 공상과학소설'이라고 불리는 책들을 꾸준히 읽는 것이었다. A. E. 밴보트나 아서 C. 클라크, 레이 브래드버리 등 주로 장르 거장들의 책이었다.

"스위치가 켜져 있었던 것 같아요." 그는 당시를 이렇게 회상한다. 언제나 물가가 아니면 도서관에 있었던 그는 학창 시절 내내 해양과 독서에 빠져들었고 매우 똑똑했다. 마치 시간 여행을 한 것처럼 몇 년을 건너뛰어 샌퍼드 고등학교에 조기 입학했다. 그러나 공부에만 심취한 것에는 단점도 따랐다. 스포츠보다 과학클럽에 관심을 가졌기 때문인지 신체 활동이 부족했던 그는, 동기들보다 키가 머리 하나 차이 정도로 작았고 허수아비처럼 말랐었다. 머리카락도 천사 같은 연약한 금발이어서 더 유약해 보였다. 짐은 곧 잘 불량배들의 타깃이 되었고, 그럴수록 더욱 현명해졌다. 그는 충분히 잘하는 것만으로는 남들을 앞서기에 충분하지 않기에 자신의 시스템을 가지고 놀아야 한다고 생각했다.

어느 날, 짐에게 빛날 수 있는 기회의 순간이 찾아왔다. 스포츠에 초점을 맞춘 학교의 분위기에 맞서 한 생물학 교사가 연극 프로그램을 제안한 것이다. 하지만 학생이 모든 것을 '처음부터 혼자 힘으로' 해내야 하는 고된 프로그램이었다. 프로젝트에 지원한 짐은 학생들과 함께 소품과 장비와 조명을 배치하고 무대장치를 설치하는 것까지 모두 도맡아 처리했다. 학생들이 작품을 무대에 올리기까지는 꼬박 일 년의 시간이 걸렸다. 카메론은 당시 무에서 '영광의 순간'을 창조하는 그 작업의 가치가 마음속에 깊이 박혔다고 이야기했다. 그리고 당시 생물학 교사가 자신에게 '무한한 잠재력'이 있다고 한 칭찬 역시 마음속 깊이 박혔다고 말했다.

카메론은 스스로를 부적응자, 아웃사이더로 분류했고, 그의 친구들 역시 마찬가지로 아웃사이더였다. 순응하지 않는 이들이 서로를 끌어당겨 만든 잡탕의 무리였다. 아니면 짐에게 매혹된 무리이거나. 카메론은 그 당시 친구들 모두 '반문화적 거부자'들이었다고 회상하며 웃었다. 당시 학교 운동장에 있는 다른 누구도 만화가가 될 생각은 하지 않았지만, 1994년 여러 가지 프로젝트를 진행하던 이 슈퍼스타 감독인 제임스 카메론은 〈스파이더맨(Spider-

man)〉 영화를 위한 '시나리오'를 써냈다. 십 대 히어로인 피터 파커를 젊은 괴짜라는 예술가적 인물로 묘사한 그는 이렇게 덧붙였다. "피터는 밝은 아이예요. 하지만 친구가 많지는 않죠. 과학에 관심이 많다는 이유로 배척당합니다. 우리 MTV 문화는 생각이 많은 사람들을 꺼려요. 지적인 호기심은 매력적이지 않다고 느끼는 거죠."

카메론은 이야기꾼, 스토리텔러가 되고 싶었다. "십 대 시절에는 꿈의 이미지가 매우 중요했어요. 언제나 상상을 이미지로 만들고 싶었고, 시각적으로 구현하고 싶었습니다. 이미지들을 구체적으로 옮기기 위해선 떠오를 때 일어나서 곧바로 그림을 그려야 했죠."

그에게 있어 영화는, 처음엔 공상과학소설과의 친밀함을 키우는 수단 중 하나였다. 그는 저녁 사 먹을 돈을 모아 히치하이크를 해서 나이아가라폭포 근처의 도시로 향했고, 최신 개봉작들을 보곤 했다. 그곳이 그에게는 첫 번째 영화 학교였다. 그곳에서 짐은 관객이 무엇을 갈망하는지

에 대한 기초지식을 익혔다. 그리고 집에 와서는 어머니에게 자신이 본 것을 광범위하게 비판하면서 자신은 '더 나은 것'을 만들 수 있다고 주장했다.

그러던 그에게 스탠리 큐브릭의 〈2001 스페이스 오디세이(2001: A Space Odyssey)〉는 달랐다. 지금까지의 모든 공상과학영화를 뛰어넘는 영화였다. 그는 그 영화를 학교 최초로 보기 위해 토론토까지 무려 138킬로미터를 이동하기로 결심했다. 영화를 보러 가기 전, 그는 2층 발코니에 홀로 앉아 외계인 혹은 신이 있는 목성의 달로 가는 기념비적인 여행을 꿈꿨다. 치파와의 웰랜드강을 흐르는 물처럼 장엄한 고요함을 그 순간 느꼈다고 카메론은 회상했다.

짐은 무미건조한 어조로 말하는 영화 속 인공지능 컴퓨터 할(HAL)의 배반을 보며 미래 기술에 대한 두려움이 생겼고, 스타게이트가 등장하는 시퀀스의 난해한 러시로 인해 어지러움을 느꼈다. 영화를 다 보고 비틀거리며 밖으로

위 사진 설명: 스탠리 큐브릭의 고전 〈2001 스페이스 오디세이〉는 제임스 카메론을 완전히 변화시켰다. 그는 이 영화를 계기로 영화감독을 꿈꾸게 되었고, 결국 또 다른 스타게이트에 모습을 드러냈다.

나온 그는 캐나다의 햇살을 받으며 인도 위에 토했다. 머릿속은 맑아졌고 몸은 오싹해졌으며 짜릿한 뭔가가 달려드는 것 같았다. 카메론은 디스커버리호의 파멸적인 항해에 대해 무한히 해석하고 끊임없이 생각했다. 그는 그 영화가 어떻게 진행되고 연결되어 있는지 알기 위해 영화를 '해체'하고 싶었다. "그냥 배워야 했어요." 그가 말했다. 카메론은 영화에 대한 스탠리 큐브릭의 결정체적인 시각에 깊이 감명을 받은 제롬 아겔이 쓴 책 《메이킹 오브 2001(The Making of Kubrick's 2001)》을 거의 삼키다시피 탐독했다.

그에게 큐브릭의 우주에 대한 불가사의한 비전은 정말이지 결정적 사건이었다. 〈2001 스페이스 오디세이〉는 외계인이 인류의 잠재력을 조종해 인류를 진화시켰다는 가정하에 만들어진 영화인데, 정작 그러한 일이 카메론에게도 벌어졌다. 그에게 이 영화는 최초의 '전구가 번쩍 켜지는' 놀라운 경험이었으며 자신의 커리어를 시작하게 만든 완벽한 작품이었다.

〈2001 스페이스 오디세이〉를 보고 감동한 카메론은 친구들을 스태프로 모아 자신의 특수효과를 실험하기로 했다. 모형 우주선을 검정 벨벳 커튼 앞 유리에 붙이고 아버지의 슈퍼 8mm 카메라로 촬영했다. "납득되는 하나의 이미지를 분리하는 것…. 이미 영화를 만들었지만 아직도 그것을 제대로 이해하지 못했습니다." 그는 당시를 회상하면서 이마에서 튀어 오르는 완벽한 형태의 통

찰력을 갖고 말했다.

친구들이 우주여행 장면을 촬영하는 데 지쳤을 때도 카메론은 지치지 않고 프레임 속도를 달리해 모형을 계속 촬영했다. 그리고 병 로켓으로 모형을 날려버리라고 친구들에게 지시했다. 아직 이렇다 할 작품이 없었던 특수효과 아티스트인 스물세 살의 제임스 카메론과 연기를 하고 싶었던 친구 윌리엄 위셔, 그리고 작가였던 랜들 프레익스는 1977년 5월 25일 화창한 날 밤부터 뱀처럼 꿈틀거리며 브레아를 가로지르는 긴 영화 작업 행렬에 합류했다. 최신 개봉작을 함께 보는 것은 그들만의 하나의 의식이 되었다. 그들은 영화를 보고 좋은 점과 (거의 대부분은) 나빴던 점을 이야기하며 영화를 해부했다. "우리는 둥글게 앉아서 쇠 지렛대로 입구를 여는 방법을 궁리하는 데만 몇 시간을 보냈어요." 위셔가 회상했다. (그들이 이 궁리에 대한 해결책을 찾으려면 〈스타워즈(Star Wars)〉를 봐야만 했다.)

잠깐, 카메론이 LA의 오렌지 카운티 브레아로 오게 된 과정을 보자. 1971년 짐의 아버지 필립 카메론은 그해 직장을 옮기면서 LA로 이사를 왔다. 이건 기적과도 같은 일이었다. '영화계 짐승의 핵심부'에 들어왔지만, 카메론에게 브레아는 할리우드라고 하기에는 치파와보다도 거리감이 있어 보였다. 영화사들만의 바리케이드가 있었기 때문이었다. 카메론의 결심이 흔들렸다. 180센티미터 넘는 키에 긴 머리를 늘어뜨리고 턱수염을 기른 그

위 사진 설명: 조지 루카스의 〈스타워즈〉는 제임스 카메론의 인생에서 또 다른 전환점이 됐다. 그는 '화가 날 정도'(자신이 머릿속에 구상한 영화를 누군가가 먼저 멋지게 만들었다는 의미에서)라고 말할 만큼 이 영화에 푹 빠졌고, 다시 영화를 만들겠노라 굳게 결심했다.
반대편 사진 설명: 제임스 카메론은 〈2001 스페이스 오디세이〉의 상징성만큼이나 '어떻게 만들어졌는가'에 관심을 가졌다. 이 영화는 그에게 있어 우주로 향하는 열쇠였다.

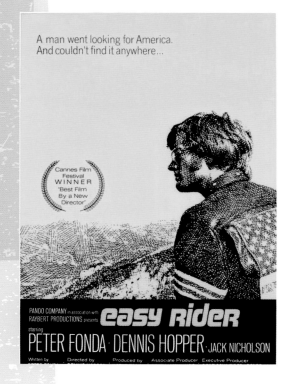

A man went looking for America.
And couldn't find it anywhere...

Cannes Film
Festival
WINNER
'Best Film
By a New
Director'

PANDO COMPANY in association with
RAYBERT PRODUCTIONS presents
*easy rider*
starring
PETER FONDA · DENNIS HOPPER · JACK NICHOLSON

는, 헤비메탈 티셔츠를 입고 요란한 오토바이 소리를 내며 중산층 교외를 방황했다. 이웃들은 그를 낙오자라고 생각했다. 그는 영화를 단념할 결심을 하고 풀러턴 칼리지에 입학해 물리학을 전공하면서 어린 시절부터 가졌던 과학 및 기술 분야에 대한 관심을 토대로 막연히 '과학자'가 되겠다는 목표를 세웠다. 하지만 이 목표는 오래가지 못했다. 그가 수학을 싫어했기 때문이었다. 그는 다시 영문학으로 방향을 틀어 글쓰기에 전념했다. 머릿속에서는 과학과 예술이 붙어 싸우는 듯했다.

그즈음 카메론은 밝고 예쁘고 세상 물정에 밝은 샤론 윌리엄스와 결혼을 했다. 샤론은 밥스 빅 보이 식당에서 일하는 웨이트리스로, 짐은 그녀를 스케치하는 것을 즐겨 했다. 둘은 밤마다 자동차를 타고 무모한 속도로 사막을 질주하며 데이트를 즐겼다. 후에 짐의 절친한 동료가 된 윌리엄 위셔를 소개한 것도 샤론이었다. 그녀는 둘이 같은 것에 빠져 있다고 말했다. 그러나 샤론은 카메론의 스토리에서 서서히 사라지게 된다. 1978년에 결혼한 둘은 〈터미네이터〉가 개봉한 1984년에 이혼한다. 그러나 짐은 샤론을 '터미네이터를 맞닥뜨리는 웨이트리스'라는 사라 코너의 원형으로 흔적을 남긴다.

카메론은 지인뿐 아니라 자신의 모습도 영화에 여러 흔적으로 남겼다. 대학을 중퇴하고 지역 학교 이사회에서 대형 트럭을 몰았던 상황을 〈터미네이터〉에서 트럭을 모는 장면으로 남겼고, 이후 모하비 계곡의 뜨거운 열기 속 마을인 니들스에서 관리인으로 일했던 것, 기계운전자, 수리공, 주유소 직원 등으로 일했던 것들이 모두 영화에 흔적으로 남았다. 그의 영화에 등장하는 캐릭터인 군인, 웨이트리스, 트럭 운전사 등 노동자계급의 영웅들이 거칠게 내뱉는 대화들은 실제 삶을 기반으로 하여 쓰인 것들이다. 짐은 베일에 싸인 영웅보다 '진짜 사람들에게 묻은 때'를 더 좋아했다. "난 내가 노동자계급이라

생각해요." 그의 말이다.

다시 영화를 만들겠노라 결심한 짐은 토요일 밤마다 서던 캘리포니아 대학 도서관을 찾아 영화 제작 실습에 관한 책과 논문을 읽고 최첨단 기술을 공부했다. 영화를 공부하는 속성 강좌를 듣기도 했으며 그때그때 떠오른 아이디어는 노트에 휘갈겨 썼다. 집에 도착해서는 손에 항상 들고 다니는 노란색 메모 패드에 스토리를 썼다. 그가 구상했던 〈네크로폴리스(Necropolis)〉는 '핵전쟁 이후' 두개골이 쌓여 있는 황무지가 배경인 게 특징이었다. 카메론은 이 작품을 시나리오작가인 프레익스에게 보여주었는데 그는 카메론에게 '작품에 숨겨진 날카로운 통찰에 깊은 감명을 받았다'고 말했다.

카메론과 프레익스는 풀러턴에서 처음 만났다. 프레익스는 카메론보다 7년 선배였는데 군기자 경력 때문인지 왠지 모를 리더십이 느껴졌다. 그는 카메론에게 영화에 대해 더 넓은 관점과 시각을 갖고 시나리오와 디자인, 감독의 성격과 개성을 늘 고려하라고 조언해주었다. 또한 〈이지 라이더(Easy Ride)〉, 〈대부(Mario Puzo's The Godfathe)〉, 〈차이나타운(Chinatown)〉, 〈내일을 향해 쏴라(Butch Cassidy and the Sundance Kid)〉 등의 영화를 보게 하면서 다양한 취향을 갖도록 만들었다.

위셔와 프레익스, 카메론 이 세 사람은 떨어질 수 없는 사이였다. 셋은 샤론이 근무를 마칠 때까지 밥스 빅 보이에서 커피를 마시며 미래에 자신들이 어떻게 성공할 수 있을지 전략을 짜곤 했다. "우리는 마치 영화에 대한 수다를 잔뜩 떠는 팬들 같았어요." 카메론이 말했다.

1977년 5월 운명의 그날 밤으로 돌아가 보자. 히피처럼 보이는 세 청년은 조지 루카스의 영화를 보고 흠뻑 감상에 빠진 채 거리로 나왔다. 하지만 카메론은 마냥 즐겁지만은 않았다. 녹아내린 금속처럼 분노가 치솟는 것을 느꼈다. 예전에 번쩍하고 머릿속에 켜졌던 전구가 다시

"대다수의 사람들이 〈스타워즈〉를 보았을 때 그 새로움에 큰 충격을 받았죠. 하지만 난 마치 누군가가 내 사적인 꿈을 가져다가 스크린에 올려놓은 것 같은 그런 기분을 느꼈어요. 정말 충격이었습니다."

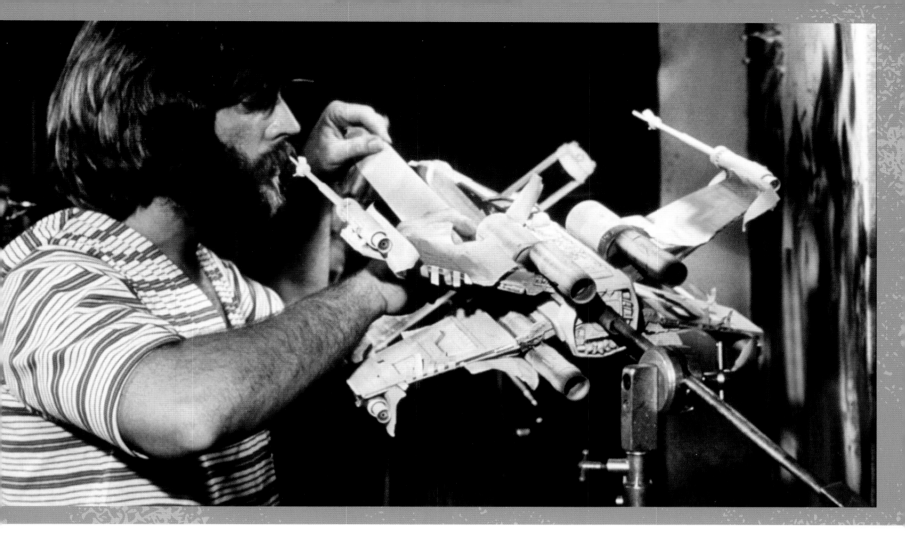

켜진 듯했고 이번엔 알람까지 울렸다. 그가 이루려고 했던 모든 것들이 그 영화에 있었다. 카메론에게 〈스타워즈〉는 편집과 특수효과, 디자인, 음악, 구시대적이면서도 모순적이지 않은 스토리텔링이 합쳐진 완벽한 우주적 폭풍이었다. 코르벳호의 옆구리처럼 유선형으로 잘 빠진 현대적인 공상과학영화이면서도 공기처럼 중독성이 강한 영화적 만병통치약이었다. "대다수의 사람들이 〈스타워즈〉를 보았을 때 그 새로움에 큰 충격을 받았죠." 그는 이렇게 털어놓았다. "하지만 난 마치 누군가가 내 사적인 꿈을 가져다가 스크린에 올려놓은 것 같은 그런 기분을 느꼈어요. 정말 충격이었습니다." 그는 이를 일종의 신호라고 느꼈다. 좋든 나쁘든 〈스타워즈〉는 영화계에 새로운 패러다임을 제시했다. 단순히 블록버스터라는 거대한 해일이 아니라 관객의 깊은 내면, 보편적인 욕구로 향하는 관문을 보여준 것이다. 바로 '대중적인' 매력이었다. 조지 루카스는 제임스 카메론이 등장하기 위한 길을 먼저 닦았다. 영화를 본 다음 날, 카메론은 당시 트럭 운전사로 일하던 직장을 그만두고 스스로를 영화 제작자라고 부르기 시작했다. 루카스는 그에게

영화 제작이라는 세계에 대해 가장 근본적인 교훈을 가르쳐주었다. 바로 동화 속의 요정도, 자신의 꿈을 베팅할 만한 신비로운 힘도 존재하지 않는다는 것이었다. 자신을 위해 만드는 것 말고는 미래가 없었다. 이는 잔인할 정도로 단순한 사실이었다. 카메론은 스스로에게 말했다. "감독이 되자. 카메라를 들고 무언가를 찍자."

루카스가 애송이 카메론의 마음속에 심어주었던 즉각적인 또 다른 교훈은 영화 제작도 '생존의 문제'라는 것이었다. 무슨 일이 있어도 계속해야만 했다.

스탠리 큐브릭의 〈2001 스페이스 오디세이〉에 자극을 받은 후 그랬던 것처럼, 카메론은 친구들을 자신의 꿈의 소용돌이 속으로 다시 끌어들였다. 그는 어디서 시작하는 것이 좋을지에 대해 계속 고민했다. 독립영화 쪽에 뿌리를 내려야 할지 혹은 더 빠르고 큰 히트가 가능한 공포영화 쪽으로 갈지 고민했다. "우리는 〈스타워즈〉로 직행하고 싶었어요." 카메론은 웃음을 터뜨리며 말했다.

고민의 결과는 12분짜리 단편 SF 영화인 〈제노제네시스(Xenogenesis)〉로 구현되었다. 모든 것들을 충분히

위 사진 설명: 〈스타워즈〉는 흥행 면에서뿐만 아니라 특수효과 부문에서도 가히 혁명적인 작품이었다. 조종 가능한 카메라로 피사체를 촬영하는 것의 새로운 기준을 세웠다.
반대편 사진 설명: 제임스 카메론은 데니스 호퍼의 〈이지 라이더〉 등을 통해 영화적 취향을 넓혀갔으며 감독의 개성을 이해하기 시작했다.

고려해 만든 작품으로, 인상적인 특수효과가 중심이 된, 외계 우주기지 안에서 벌어지는 인간과 로봇 간의 사투를 다룬 스릴러 작품이었다. 당시 3만 달러를 투자받았는데, 오렌지 카운티의 모르몬 치과 의사 협회에서 지원받은 것이었다. 그러나 카메론의 아버지는 여전히 그를 지지하지 않았다. 기본적으로 '언젠가는 아들이 진짜 직업을 가질 것'이라고 생각했기 때문이었다. 아버지 역시 카메론의 결정에 영향을 미치는 또 하나의 요소였다. 카메론은 어떻게든 아버지에게 자신의 성공을 증명해 보이고 싶었다.

그가 치과 의사들에게 보여준 것은 초능력인 텔레키네시스(Telekinesis, 염력)로 작동하는 로봇과 탱크의 결합물, 네발 달린 차량을 묘사한 상세한 그림이었다. 카메론은 투자자들을 설득하면서, 장기적으로는 거대한 식민지 시절의 배에 대한 장편영화를 염두에 두고 있다고 말했다. "그 기계들을 시각화하려고 했던 짐은 이렇게 말했어요. '그냥 만들어버리자.'" 위셔는 당시 카메론의 자신감에 찬 모습을 보고 놀랐다고 말했다. 그들은 단지 몇 가지 모델 키트를 사용하고 있었을 뿐이었다. 이 모델 키트를 발판 삼아 후에 〈터미네이터〉의 킬러, 〈아바타〉의 AMP 슈트, 심지어 스카이넷으로 알려진 폭압적인 인공지능의 멋진 프로토타입이 탄생했다.

카메론에게 설득당한 치과 의사들은 3만 달러를 종잣돈으로 제공했다. 이는 시퀀스를 확장하기에 충분한 돈이었다. 그들은 이 초보 영화 제작자들이 그림을 영상으로 바꾸는 법을 알지 못한다는 사실을 눈치채지 못했다. "도박이었죠, 뭐." 카메론이 말했다. 투자를 받고 그가 가장 먼저 한 일은 지출할 곳의 순서를 정하는 것이었다. 머릿속으로 영화를 볼 수 있다면 그다음은 어떻게 만드는지 알아내기만 하면 되었다.

세 사람은 오렌지 카운티 공항 근처의 창고를 빌려 인위적인 원근법과 미니어처에 대해 연구했고 카드보드지로 세트를 만들며 플라스틱 모델을 제작했다. 그들 중 카메론은 민주주의에 의해 지명된 리더였다(물론 위셔는 작품의 주연을 맡았고, 위셔와 프레익스 모두 공동 감독으로 이름을 올렸다). 짐은 속으로는 예산을 어떻게 사용해야 하나 겁에 질렸으나 겉으로는 프로처럼 그들에게 지시를 내리고 거칠게 대답했다. 20만 달러짜리 카메라를 빌려 와서 전원 버튼조차 찾지 못했을 때는 '카메라를 분해해서 작동 원리를 알아내자'는 엉뚱한 해결책을 내놓기도 했다.

〈제노제네시스〉의 장편 버전은 결코 만들어지지 않을 게 뻔했고, 치과 협회에서 받은 투자금이 그들을 지탱해주고 있을 뿐이었다. 그럼에도 불구하고 짐에게는 적은 예산과 노하우 부족을 가볍게 여기는 집요하고 뻔뻔스러운 야망이 번쩍이고 있었다. 작품 속에서 위셔가 맡은 주인공 라쥐는 카나리아처럼 노란색 점프 슈트를 입고 깊은 바닷속을 수색한다. 라쥐와 적을 함께 물리치기 위해 로리(친구 마거릿 언디엘)가 네발 달린 우주선에 도착한다. 그러나 둘은 금세 가사도우미 로봇에게 잡히고 만다. 이어지는 애니메이션 레이저 불꽃과 격투 로봇들이 벌이는 폭풍 같은 대혼란은 결국 문자 그대로 절벽에서 마무리되었다. 카메론은 이를 면밀히 분석하고 판단하면서 자신이 첫발을 내디딘 것에 만족했다. 물론 조잡하게 편집된 부분도 있었지만 눈에 띄는 시각적 내러티브는 분명 존재했다. "뭘 하는지도 모르는 멍청이들에게는 꽤 괜찮은 작품이었어요." 그는 말했다.

카메론은 결과물에 만족을 표시했고, 그것이 '영화인'으로서의 자신의 경력에 중요한 역할을 할 것임을 확신했다. 이 영화는 잠재적 투자자들에게 카메론의 콘셉트를 증명하고 주장을 뒷받침할 수 있다는 명함이자 증거가 되었다. 카메론 팀이 만든 또 다른 단편영화는 평범한 카메라 효과와 광학적인 인화가 어우러진 실험적 작품이었고, 동시에 임대료를 지불하는 데 도움이 되는 상업영화였다. 그러나 카메론은 영화 제작 프로듀서인 척 코미스키를 만나기 위해 갔을 때 이 상업영화가 아닌 〈제노제네시스〉의 복사본을 들고 갔다.

텍사스 출신의 코미스키는 특수효과계의 새로운 클론다이크 금광을 만들기로 결정하고, 당시 컬트영화 제작자였던 로저 코먼이 운영하는 전설적인 저예산 영화 제작사 '뉴월드 픽처스'에 VFX(visual effect, 시각적 특수효과_옮긴이 주) 감독으로 몸담고 있었다. 코먼이 모델 제작자를 구한다는 소문이 오렌지 카운티의 인력사무소에 들려왔고 카메론은 그곳을 통해 코미스키를 만날 기회를 얻었다. 코미스키는 〈제노제네시스〉의 독창성에 눈을 번뜩이며 그 자리에서 카메론을 고용했다.

카메론은 그 조직에서 '토템 기둥 맨 아래의 가장 낮은 사람'이 될 것을 알고 있었지만, 마침내 자신의 경력에 속도가 붙기 시작한다는 사실 또한 느꼈다. 뉴월드 픽처스는 다윈주의 원칙에 따라 운영되었고, 카메론은 그 관문을 통과해 '바이러스처럼 자신을 퍼뜨리기'위한 계획을 세웠다.

오른쪽 사진 설명: 〈스타워즈〉의 유명한 메달 시퀀스이다. 〈스타워즈〉는 대중적인 인기를 끈 새로운 형태의 영화였다.

"뭘 하는지도
모르는
멍청이들에게는
꽤 괜찮은
작품이었어요."

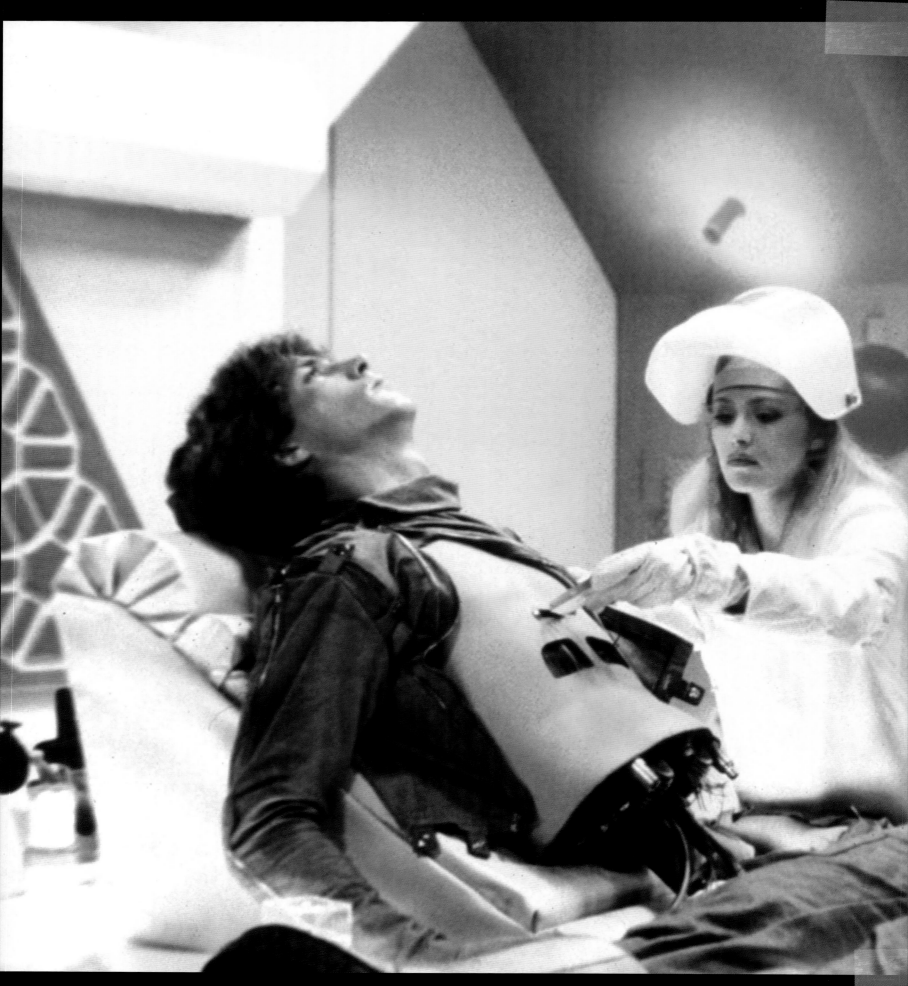

# 절단된 팔과
# 날아다니는
# 물고기

앞장 사진 설명: 나넬리아(달랜 프루걸)가 〈우주의 7인〉에서 사이보그를 작동시킨다. 초창기부터 제임스 카메론은 인조인간이라는 콘셉트에 매료되어 있었다.

위 사진 설명: 배우 에이드리엔 바르보와 〈뉴욕 탈출〉 세트장에 있는 존 카펜터 감독. 〈뉴욕 탈출〉은 제임스 카메론이 초기에 특수효과로 크레디트에 이름을 올린 컬트영화였다.

왼쪽 사진 설명: 제임스 카메론은 로저 코먼의 뉴월드 픽처스에서 처음으로 전문가로서의 전환점을 맞았다. 뉴월드 픽처스는 거친 전개의 B급 영화인 〈흡혈식물 대소동〉과 이틀 만에 촬영을 마친 〈여자 수용소〉 등의 착취적인 소재로 유명한 제작사였다. (31쪽 그림 설명)

〈우주의 7인(Battle Beyond the Stars)〉(1980)
〈뉴욕 탈출(Escape from New York)〉(1981)
〈공포의 혹성(Galaxy of Terror)〉(1981)
〈피라냐 2(Piranha Part Two: The Spawning)〉(1981)

멋진 옷을 차려입고 평범한 말투로 이야기하는 로저 코먼은 외계의 해변가에 떠내려온 주치의 같은 비현실적인 분위기를 지닌 사람이었다. 카메론과 마찬가지로 그의 아버지도 엔지니어였으며, 미국의 5대호에서 LA로 이주한 경력이 있었다. 코먼은 20세기 폭스의 우편실에서 근무했으며 영화 쪽으로 넘어오기 전까지는 산업공학을 전공했었다. 카메론과 여러 면에서 유사했으나 코먼은 신속하고 효율적(저비용)으로 게릴라성의 작품을 만든다는 자신의 철학을 한 치도 양보할 생각이 없는 사람이었다. 그는 자기 부하가 지금까지 어떤 작품보다도 제작비가 많이 드는 영화를 만들도록 내버려두지 않았다. 《나는 어떻게 할리우드에서 백 편의 영화를 만들고 한 푼도 잃지 않았는가(How I made a hundred movies in Hollywood and Never Lost a Dime)》라는 제목으로 출간된 코먼의 전기를 읽어보면 영화 스튜디오 시스템을 서둘러서 해치우는 방법이 무엇인지 알게 된다.

코먼은 평소에는 매우 침착했으나 직원들 중 누군가가 시간이나 돈을 낭비할 땐 거침없이 분노를 표출했다. 영화의 소재들은 정기적으로 쏟아졌고 코먼은 기존 세트를 활용해 이틀 밤낮으로 〈흡혈식물 대소동(The Little Shop of Horrors)〉을 촬영했다. 몇몇 훌륭한 영화들도 있었으나 감독이자 제작자인 코먼의 전체적인 필모그래피는 취향이라는 무거운 짐에 부담을 갖지 않는 〈여자 수용소(Caged Heat)〉, 〈다이노소어 아일랜드(Dinosaur Island)〉, 〈슬럼버 파티 매서커(Slumber Party Massacre)〉같이 자동차 극장용 영화나 비디오 대여점의 아래 칸을 점령하는 영화들로 다양했다.

코먼과 함께 걸음마를 시작하면서 자신의 재능을 발견한 이들 중에는 마틴 스코세이지, 프랜시스 포드 코폴라, 피터 보그다노비치, 론 하워드, 조 단테, 조너선 드미, 커티스 헨슨처럼 쟁쟁한 감독들은 물론이고, 잭 니콜슨, 로버트 드니로, 실베스터 스탤론, 데니스 호퍼

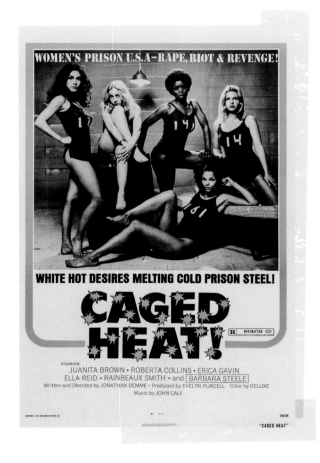

등 화려한 배우들도 있었다. 로저 코먼의 제작사는 사실상 LA에서 가장 훌륭한 영화 학교라고 할 수 있었는데, 영화를 만드는 것이 어떤 직업인지에 대해 배울 수 있기 때문이었다. 죽이 되든 밥이 되든 말이다.

코먼의 스튜디오는 태평양 연안에서 3블록 떨어진 베니스 메인 스트리트의 목재 창고를 개조한 것으로, LAX 공항의 비행경로 아래 있었으며 규모는 약 1,400평에 달했다. 스튜디오가 한창 활용될 때도 그곳은 계속 목재 창고로만 알려졌는데, 코먼이 원래 간판을 떼는 것이 너무 비싸다고 생각해서 그대로 놔뒀기 때문이었다. 늙은 대와 자전거를 타는 반란군, 때때로 쿵후를 하는 승무원 등의 프로덕션 라인이 동시에 돌아갈 수 있도록 코먼은 세 개의 방음 스튜디오를 임시로 만들고, 나무 헛간 근처에 특수효과를 위한 건물을 세웠다. 그러나 허술하게 만들어서 비가 오면 지붕에서 물이 새고 바닥에는 물이 고였으며 전동 공구는 계속해서 돌아갔다.

코먼의 제작사에서 일할 동안 카메론은 '빵 굽는 대회'에서 경쟁하고 있는 자신을 발견했다. 어느 날 코먼은 특수효과팀에 와서 모델 제작자들에게 새로운 공상과학영화에서 가장 중요한 히어로로 우주선을 디자인하라고 요청했는데, 이미 예정보다 몇 주나 늦어진 상태였기에 상당히 화가 나 있었다. "이틀 안에 만들어놓았으면 좋겠네." 그는 방을 뛰쳐나가기 전에 지시했다. 카메론은 이 대회에서 이겨야 해고되지 않을 것만 같았다.

48시간 후에 코먼은 카메론의 디자인을 유심히 관찰하면서 그의 우주선이 다른 직원들이 제안한 진부한 모델들과 어떤 점에서 차별화되는지 이해하려고 애썼다. 카메론의 우주선은 지나치게 유선형을 띠고 있어서 거의 유기체처럼 보였다. 곡선미가 살아 있었지만 그것이 전부였다. 사실 앞쪽에 위치한 두 개의 둥근 엔진 포드는 마치 다른 무언가로 오인할 수도 있었다. "이게 뭔가?" 코먼이 물었다. "가슴이 달린 우주선입니다." 카메론이 주저 없이 대답했다.

1980년 당시 코먼은 조지 루카스가 공상과학영화 장르의 법칙을 새롭게 썼다는 사실을 완전히 이해하고 있었다. (또한 머지않아 1987년에는 리들리 스콧의 영화 〈에이리언(Alien)〉이 개봉하면서 〈스타워즈〉와 동등하면서도 반대되는 미래 풍경을 훌륭하게 제시했다.) 하지만 코먼은 영화사들이 자신의 업적을 부당하게 가로챘다고 생각했다. 코먼이 보기에는 장르영화들을 혼합해 하나로 만드는 자신의 방법을 다른 이들이 베껴서 이름만 블록버스터로 바꾼 걸로 보였다.

자극을 받은 코먼은 후에 독립영화계의 일인자로 올라선 존 스타일스가 젊은 시절 쓴 〈우주의 7인(Battle Beyond the Stars)〉이라는 제목의 자극적인 공상과학영화로 방향을 돌려 200만 달러라는 전례 없는 돈을 투하했다. 영화의 감독은 루카스가 만든 현상의 바람에 올라타기를 바라는 전직 애니메이터 출신인 지미 T. 무라카미가 맡았다. 오리온 영화사가 추가로 300만 달러를 투입하면서 목재 창고에는 흥분된 날들이 이어졌다. 그래서 그런지 코먼은 충동적으로 사내에 특수효과팀을 꾸렸고, 그 덕분에 카메론이 들어올 수 있었다.

"나는 '뛰어다니면서 일을 하는 사람은 꼭 성공한다'고 굳게 믿고 있다. 나는 (이 시절의) 짐이 영화 제작 현장에서 '걸어 다니는' 모습을 단 한 번도 본 적이 없다." 코먼은 그의 전기에서 (요다처럼 이야기했던 많은 미사여구 중 하나에서) 이렇게 단언했다. 이는 비유적인 표현이 아니었다. 그는 단 한 번도 '짐이 걷는 것'을 본 적이 없었다. 카메론에게는 이와 같은 추진력이 내재되어 있었고, 그 추진력이 코먼의 영화를 앞으로 나아가게 만들었다. 동료가 대퇴동맥이 찢어지는 심각한 부상을 입었을 때 지혈대를 만들기 위해 셔츠를 찢은 사람도 카메론이었다.

카메론은 〈우주의 7인〉에 대한 환상이 없었다. 오히려 '케케묵은 싸구려 영화'에 지나지 않는다는 것이 괴로웠다. 하지만 영화는 바보 같은 부조리를 뛰어넘을 정도로 활력이 넘쳤다. 존 세일즈는 (무라카미의 실용적인 연출보다는) 구로사와 아키라의 〈7인의 사무라이(Seven Samurai)〉의 기본적인 틀에 풍자적인 장단을 입혀 시나리오를 완성했는데, 은하계 악당 말모리(무서운 얼굴을 한 존 색슨)가 아키아의 평화주의자 시민들을 약탈한다는 설정이었다. 시민을 구출하기 위한 6명의 용병이 나타나고, 그들은 모두 각각 개인 우주선을 갖고 있었으며, 이들을 이끄는 것은 아키아의 용감한 농장 소년 쉐드(리처드 토머스, 당시 그는 드라마 〈월튼네 사람들(The Waltons)〉의 존 보이로 출연 중이었다)가 모는 의문의 히어로 우주선이었다.

심술궂은 악당 겔트 역의 로버트 본은 〈황야의 7인(The Magnificent Seven)〉(구로사와 아키라의 원작보다 더 강력한 리메이크작)에서 맡았던 지친 총잡이 역을 똑같이 재현해냈다. 조지 페퍼드는 카우보이라는 이름으로 우주의 카우보이 역할을 자신의 변주로 익살스럽게 연기했다. 성욕이 넘치는 발키리 시빌 대닝은 가슴으

로 모든 연기를 대신했다. 그리고 네스터의 집단정신체계의 대변인은 〈터미네이터〉의 실버맨 박사로 더 잘 알려진 얼 보엔이었는데 다섯 번은 표백한 것처럼 흰 클론으로 등장했다.

코먼이 디자인 콘테스트의 조건을 제시하면, 카메론은 그 무자비한 조건에 따라 과제를 수행해나갔다. 세일즈의 시나리오에 따르면, 우주선에 탑재된 컴퓨터의 목소리는 활기찬 할처럼 여성(린 칼린의 목소리)이었다. 모선(母船)이었던 것이다! 웅장함이라는 환상에 빠져 있긴 했지만 이 영화는 여전히 코먼의 영화였고, 코먼은 '대나무 우리에 갇힌 소녀들'을 소재로 영화를 만드는 남자였다. "그래서 나는 아마존 전사의 우주선을 설계했어요." 카메론은 이렇게 회상했다. 프로 정신으로 무장되어 있었던 것이다. "바로 이 디자인이야." 코먼은 카메론을 쳐

다보지도 않고 방 안의 사람들에게 발표했다. "자네가 만들어." 카메론은 분노가 치솟았다.

더러운 손으로 영화를 찍어내는 코먼의 영화 공장 바닥에서 자신의 여정을 시작했다는 것은 앞으로 겪게 될 영화 제작사를 이해하는 데 필수적이었다. 카메론은 매체의 역사에 매몰되지 않았다. 그는 상영실에서 오랜 시간을 보내지 않았고 유럽의 걸작들을 이용해 자신을 시로 표현했다. 카메론은 절약하는 법을 배웠다. 그는 피투성이의 손가락으로 영화를 만드는 것이 무엇인지 알고 있었고, 모든 것을 직접 관장하겠다는 DIY(제작, 수리, 장식을 직접 하는 것)적인 결심을 적용해 무에서 위대함을 창조하려 애썼다. 200만 달러를 아무렇지 않게 쓸 수 있었을 때조차도 마찬가지였다. 그는 머리에서 톱밥을 털어내는 것이 무엇인지 알고 있었으며, 촬영에 깊숙이 참

여하고 직접 현장을 지휘하는 영화 제작자의 새로운 유형을 제시했다. 피터 잭슨, 크리스토퍼 놀란, 기예르모 델 토로 등이 제임스 카메론의 뒤를 이었다.

하지만 이는 미래의 일이었다. 카메론의 잠재력을 처음으로 눈여겨본 사람은 게일 앤 허드였다. 〈심해의 공포(Humanoids from the Deep)〉(끈적끈적한 〈어비스〉 같은 영화로서, 인간 형상의 물고기들이 통조림 공장이 있는 외딴 마을을 공포에 떨게 만든다는 내용)를 슬쩍 봤던 그녀는 〈우주의 7인〉의 진행 상황을 살피기 위해 파견된 사람이었다.

은행 투자자의 딸이었던 그녀는 캘리포니아주 팜 스프링스에서 자랐고 스탠퍼드 대학에서 경제학과 커뮤니케이션, 정치학을 전공했다. 미래의 영화 제작자에게 꼭 필요한 자질이 아닐 수 없었다. '황홀경에 빠지는 것을 좋아해서' 일찍이 판타지 문학과 액션 히어로 만화에 심취했고, 후에 제임스 카메론을 위한 완벽한 프로듀서가 되

었다.

강렬하고 짙은 푸른색의 눈동자와 해독하기 어려운 미소를 지닌 허드는 작지만 엄격하도록 깔끔한 사람이었고 카메론과 같은 기질을 갖고 있었다. 그들은 업무적으로 긴밀한 유대감을 형성했고 이는 사생활에도 영향을 미쳤다(그 영향은 공적으로나 사적으로나 비슷했다).

코먼의 비서로 고용된 허드는 행복한 왕국을 벗어나 더 큰 규모의 영화를 만들고 싶은 포부를 갖고 있었다. "그녀는 자신의 헤드라이트를 켜고 있었어요." 카메론은 이렇게 말했다. 〈우주의 7인〉의 진행 상황을 살피던 그녀는 키가 아주 큰 금발의 '캐나다 신사'인 짐을 보았는데 권위적인 분위기가 자만심으로 느껴질 정도였다고 했다. 문 앞에서 허드를 만난 짐은 천천히 둘러보라고 권했다. 그녀는 당연히 그가 책임자라고 생각했다. 확실한 것은 모형 작업이 한결같이 훌륭했고 7척의 배는 각각의 개성을 갖고 있었다는 점이었다. 하지만 메인 유닛의 내부는 붕괴 직전이었다. 그녀는 '단 한 세트도 만들고 있지 않다'고 추측했다. 사실 아직 디자인조차 완성되지 않은 상태였다.

"어떻게 하는 것이 좋겠나?" 코먼이 허드에게 물었다. 그녀의 대답은 카메론이었다. 배의 외부를 잘 알고 있는 그가 내부라고 왜 모르겠는가? 24시간 만에 카메론은 모델 제작자에서 미술감독이 되었다. 그는 즉시 급여를 재검토해주기를 요청했고, 코먼의 사무장 메리 앤 피셔는 주당 300달러를 제시했다. "전임자는 얼마나 받았죠?" 카메론이 압박했다. "750달러요. 하지만 그는 경력이 많았어요." "그렇군요. 하지만 일을 못했잖아요."

페인트 냄새 때문에 폐가 아팠던 카메론은 예술적 방향을 조잡하고 제멋대로 정하는 부서의 접근법부터 뜯어고치기 시작했다. 글루건이 뜨거워지는 데 걸리는 20분이 아까워서 밤새 플러그를 꽂아두었고, 물건을 붙일 때 글루건을 충분히 사용하라는 의미인 '클루징'이라는 문구도 만들었다. 설거지 선반이건 사진 현상용 튜브건 간에 뭔가를 미래적으로 만들기 위해서였다. 짐은 본능적으로 코먼 영화사의 엔진을 운전하기 시작했다. 30시간을 연속으로 일할 정도로 일에 집착한 그는 다음 날 아침에 바로 일하기 위해 침낭을 소품용 침상에 펼쳐놓을 정도였다.

The trick
is to
stay alive.

HALLOWEEN

## "의심할 시간이 없었습니다. 우리는 우리가 지금 하고 있는 일을 제대로 하지 못할 이유를 셀 겨를이 없었어요."

코먼의 뉴월드 픽처스에서는 세트나 모델의 완성도는 신경 쓰지 않았다. 완성 그 자체가 중요했다. 그래서 카메론은 보스의 동선을 파악하기 위해 감시자를 심어놓고 무전기를 건네주었다. '독수리가 착륙했다'는 말은 보스가 이쪽으로 향하고 있다는 암호였다. 암호가 들리면 카메론은 경적을 세 번 울렸고 모든 직원들은 도구를 내려놓고 샌드위치를 가지러 갔다. 코먼은 일하는 사람이 아무도 없으면 작업이 끝났다고 생각했기 때문이었다. "의심할 시간이 없었습니다." 카메론은 강조했다. "정확히 우리가 지금 하고 있는 일을 제대로 하지 못할 이유를 셀 겨를이 없었어요."

존 카펜터가 그의 최신작에 활용할 적당한 가격의 특수효과를 찾으려고 목재 창고에 나타났을 때 그 일을 맡았던 사람도 카메론이었다. 큐브릭과 루카스가 먼 행성에서 영감을 제공하는 동안 카펜터는 옆 마을에서 새로운 길을 열기로 결심한 상태였다. 패기 좋은 장르 감독의 초기 작품 〈다크 스타(Dark Star)〉는 지저분한 우주선을 타고 다니는 굶주린 외계인 밀항자에 관한 짓궂은 공상과학 코미디였다. 카펜터는 영화 개봉에 박차를 가했고 〈에이리언〉을 준비하기 위해 영화 유전자 풀을 휘젓고 다녔다.

존 카펜터의 두 번째 작품인 〈할로윈(Halloween)〉은 〈스타워즈〉처럼 카메론의 머릿속에 하얀 빛을 뿜어내고 내장을 뒤틀리게 만들었다. 영화 〈싸이코(Psycho)〉의 영향을 받은 카펜터는 1978년 무자비한 공포영화를 선보였다. 본능적인 추진력과 교외의 분위기가 주는 공포스러움, 막을 수 없을 것 같은 적의 시야에서 보이는 똑똑한 여주인공 등을 통해 살얼음 같은 분위기를 연출한 이 영화는 사실상 최초의 슬래셔영화라고 할 수 있었다. "존 카펜터는 내가 가장 동경한 인물이었습니다." 카

위 사진 설명: 존 카펜터의 〈할로윈〉은 〈터미네이터〉에 직접적인 영향을 미쳤는데, 경제적으로 영화를 만드는 방법뿐 아니라 결코 막을 수 없는 살인자라는 설정과 결연한 여주인공이라는 설정이 그랬다. 〈할로윈〉에서 살인자 역할은 마이크 마이어스(닉 캐슬, 왼쪽 위)가 맡았고, 결연한 여주인공 역할은 로리(제이미 리 커티스, 오른쪽)가 맡았다.
왼쪽 사진 설명: 〈심해의 공포〉의 한 장면이다. 로저 코먼의 특별작으로서 후에 〈터미네이터〉의 프로듀서를 맡은 게일 앤 허드가 총지휘를 맡았다.

메론은 주장했다. "그는 〈할로윈〉을 3만 달러 정도에 완성했죠."

카펜터의 1981년작 디스토피아 스릴러물인 〈뉴욕 탈출(Escape from New York)〉은 공상과학소설을 도시적이며 세련되게 리믹스한다는 기조를 동일하게 적용했다는 점에서 〈블레이드 러너(Blade Runner)〉의 펑크록 버전의 프로토타입이라고 할 수 있었다. 이 영화에서 미래의 맨해튼은 최고등급 보안 교도소라는 이름의 네온사인이 범벅된 정신병원으로 탈바꿈한다. 〈뉴욕 탈출〉에서 대통령(도널드 플레전스)은 습격을 받자 에어포스 원에서 뛰어내려 맨해튼에 떨어진다. 그를 구출하기 위해 안대를 한 안티히어로 스네이크 플리스켄(커트 러셀)이 파견되고, 그는 경멸에 가득 찬 반정부주의자로서 이 모든 상황을 종결시킨다.

코먼의 제작사에서 카메론은 모델 제작뿐 아니라 무광택의 그림과 플리스켄의 글라이더 내비게이션 시스템을 위한 와이어 프레임인 '디지털 맵'을 실험하는 효율적이고 경제적인 방법을 찾아낸다. 이는 사실은 그냥 속임수이자 말장난이었다. 카메론은 자신이 만든 뉴욕의 모형 건물 가장자리에 흰색 테이프를 고정하고 자외선으로 촬영했다. 영화 〈공포의 혹성(Galaxy of Terror)〉에서 카메론은 코먼에게 두 번째 유닛이 나오는 장면을 연출하게 해달라고 요청했는데, 그런 형태는 영화 제작사로선 모험이나 마찬가지였다. 그는 다른 사람들이 더듬거리고 있는 곳에 다시 한번 발을 들여놓았고 처음으로 배우들과 작업하면서 메인 유닛의 장면들을 연출하기에 이르렀다. 감독이 된 것이다.

이는 목재 창고에서 야간 근무를 하며 연기를 병행하던 친구이자 단골 배우가 된 빌 팩스턴을 만나는 계기로 이어졌다. "저기요, 페인트칠 할 수 있어요?" 세트를 조립하던 팩스턴에게 카메론이 물었다. "그럼요." 시간제 배우인 팩스턴이 대답했다. "그럼 바로 시작할 수 있겠어요?" 팩스턴은 카메론의 무뚝뚝한 요청 밑에 깔린 열정을 처음으로 꿰뚫어본 유연하고 쾌활한 성격의 인물이었다.

카메론은 허드와 팩스턴 말고도 같은 생각을 가진 다른 부서의 인재들과 물밑에서 접촉을 해나갔다. 언젠가 그를 따라 전투에 임할지도 모르는 동맹자들을 모았던 것이다. 〈터미네이터〉 시리즈와 〈트루 라이즈〉를 편집한 편집자 마크 골드블랫은 자신이 하는 일에 매료된 채 문득으로 조용히 모습을 드러내던 카메론을 떠올리며 이렇게

## "존 카펜터는 내가 가장 동경한 인물이었습니다."

말했다. "〈심해의 공포〉를 작업하면서 어려운 장면과 씨름 중이었죠. 그때 누군가가 날 쳐다보는 느낌이 들어서 돌아보니 짐이 서 있었어요. 그냥 날 빤히 보고만 있었죠. 우린 서로 아무 말도 하지 않았지만 난 그가 누군지 알고 있었답니다." 또 다른 동료인 제임스 호너는 할리우드에서 경력을 쌓기 전 런던의 로열음악학교에 있었으며 〈우주의 7인〉의 음악을 담당하기 위해 미국으로 날아왔다. 이후 2015년 갑작스러운 비행기 사고로 세상을 떠나기 전까지 〈에이리언 2〉, 〈타이타닉(Titanic)〉, 〈아바타〉의 음악을 담당했다. (〈에이리언〉은 리들리 스콧이 감독했으며, 〈에이리언 2〉는 제임스 카메론이 감독했다._편집자 주)

〈공포의 혹성〉은 카메론이라는 이름을 넣을 수 있는 코먼의 돌연변이 자손 중 가장 임팩트가 약한 작품이었다. 명목상의 감독은 B. D. 클라크였다. 멀리 떨어진 행성과 피라미드 미로에서 구조 임무를 수행하다가 끔찍한 외계인의 존재를 만나게 된다는 스토리인 〈공포의 혹성〉은, 피와 여체가 공존하는 〈에이리언〉의 싸구려 복제판이었다. 비주얼적인 잠재력이 폭발했지만 그게 전부였다. 〈에이리언 2〉는 후에 적절한 예산과 권한, (카메론이라는) 좋은 감독이 만난다면 무엇을 할 수 있는지를 보여주는 증거가 되었다. 하지만 당시에 코먼의 제작사는 부질없이 더글러스 트럼블의 〈사일런트 러닝(Silent Running)〉처럼 보이려고 노력했고, 짐은 동료들에게 맥도널드에 가서 스티로폼 쟁반을 사 오라고 강요하고 있었다. 그리고 그 쟁반에 금속 페인트를 칠해 그럴듯한 벽 덮개를 만들었다.

그 당시 카메론은 자신의 커리어에서 전환점이 될 상황을 맞닥뜨린다. 〈공포의 혹성〉을 촬영할 때 일이다. 신비한 우주의 크리스털이 내뿜는 에너지를 먹고 거대해진 벌레가 풍만한 가슴을 가진 기술 책임자 다메이아(타페오코넬)를 공격하고(이때 캐릭터의 상의만 훼손되는데 이는 코먼이 제작비를 아끼기 위해 배우의 하의를 그대로 두었기 때문이다) 다른 승무원의 팔을 먹는 장면이었다. 이때 카메론의 임무는 벌레를 올려놓은 받침대가 보이지 않도록 촬영하는 것이었다. 하지만 모형 팔 위의 벌레들이 도무지 움직일 생각을 하지 않았다. 고심 끝에 카메론은 이 반항적인 배우들에게 충격을 주기로 했다. 모형 팔에 전선을 설치하고 그 끝을 스위치에 연결한 뒤 '액션'을 외쳤다. 스위치가 올라가고 모형 팔에 전기가 흐르자 벌레들은 미친 듯이 날뛰었다. 이런 방식으로 그는 단 한 번에 촬영을 마쳤다.

때마침 촬영 현장에 두 명의 제작자가 방문 중이었다. 추후 카메론이 '얼간이 프로듀서'라는 명칭으로 부르게 될 제프 슈츠먼과 오비디오 G. 아소니티스였다. 그들은 싼값에 자신들의 영화를 제작해줄 젊은 신인 감독을 찾아서 스튜디오를 돌고 있었다. 적임자를 발견하면 〈피라냐 2(Piranha Part Two: The Spawning)〉를 연출할 기회를 제시하려 한 것이다. 그리고 그들은 벌레들의 연기를 끌어내고 있는 카메론을 발견했다. "이때 나는 이 얼간이 프로듀서들을 통해 코먼의 시스템을 아주 혹독하게 통과했습니다." 그는 자신의 입지적 상승을 평가하면서 말했다. "아주 느닷없이 영화를 연출했고, 사람들이 나를 다시 미워하기 시작했죠."

이집트 태생으로 그리스와 이탈리아 혼혈인 아소니티스는 1980년대 초 영화산업에 만연했던 불건전한 모습들, 즉 고가의 선글라스와 빳빳하게 다린 양복, 소프트 포르노의 일탈적인 전리품에 단단히 박혀 있던 값비싼 신발들을 모두 없애버렸다. 그러나 제임스 카메론은 이런 점보다는, 아소니티스가 제작한 〈홀리데이 킬러(Tentacoli)〉에 할리우드의 기념비적인 인물들이 출연했다는 사실에 더 고무되었을지도 모른다. 〈홀리데이 킬러〉는 존 휴스턴, 헨리 폰다, 셸리 윈터스 등이 거대한 문어의 공격을 받는다는 내용의 영화였다. '〈죠스(Jaws)〉의 표절작' 중에서 꽤 괜찮은 작품이었던 〈피라냐(Piranha)〉의 속편을 만들 수 있는 권리가 당시 아소니티스에게 있었다.

영화 경력이 짧은 것보다 더 불안한 요소는 아소니티스가 B급 카테고리 영화를 직접 연출하기로 방향을 바꾼 것이었다. 예술성이라고는 없는 방식으로 말이다. 하지만 워너브러더스와의 계약 조건상 미국에서 영화를 배급하기 위해선 꼭 현지 감독과 배우를 채용해야만 했고, 아소니티스는 방법을 찾아야만 했다. 그리고 편법을 생각해냈다. 미국의 인력들 중에서 (카메론의 경우에는 사실상 귀화한 캐나다인이지만) 감독을 간절히 원하는 초짜를 고용하고, 촬영에 들어가기 몇 주 전에 대충 이유를 둘러대며 해고하는 방법이었다.

"나를 고용하고 해고하는 거죠. 아소니티스는 계속 이 생각을 하고 있었을 겁니다." 카메론은 이렇게 회상했다. 그는 몇 주에 걸쳐 찰스 H. 이글리가 쓴 시나리오를 다시 쓰기 위해 최선을 다했으나 자메이카에 도착했을 때 스토리보드 작업과 특수효과용 소품 작업이 매우 '조악하고 형편없는' 것을 보고 충격을 받았다. 아이러니하게도 바로 그 시점에는 아소니티스가 그에게 머물러 달라고 설득했다.

언제나 짐에게 적대적인 것처럼 보이는 시간은 계속해서 흘렀다. 그는 단테의 오리지널 영화의 컬트적 진가가 가져온 블랙코미디의 명맥을 계속해서 유지하기를 원했다. 그는 대단한 시각적 아이디어를 갖고 있었지만 적은 예산으로 어떻게 그것을 실현할지 아직 확신하지 못한 상태였다. 그는 한 희생자가 굶주린 날치 떼에 휩싸여 뼈대만 남긴 채 사라지는 모습을 그렸다. 〈피라냐 2〉의 줄거리는 단순했다. 정부가 조종하는 살인 물고기 떼가 부유한 카리브해 휴양지를 덮치고, 해양 생물학자(트리샤 오닐)와 그녀의 우락부락한 전 남자 친구인 지역 경찰서장(랜스 헨릭슨)이 투숙객을 구한다는 내용이었다.

태양이 촬영장에 길게 드리워졌고, 바다는 깊고 푸르렀지만 '지원 그룹'이 몇 킬로미터나 떨어져 있는 상태에서 촬영은 대실패로 돌아갔다. 그 짧고 정신없는 와중에도 역경 속에서 우정이 피어났는데, 헨릭슨은 이 젊은 감독이 '핏불의 끈기'를 가졌음을 느꼈던 것이다. 카메론은 자신에게 온 기회를 이용하려 했던 것이 분명했다. 그는 배우들과 스태프들과 함께 열심히 일했고 촬영 장소를 옮길 때면 코먼에게서 받은 훈련을 적용했다. 다른 것은 몰라도 그는 자신의 스토리가 통할 것이라고 느꼈다. 하지만 예산은 겨우 50만 달러로 비참할 정도로 적었다. 물 위를 나는 돌연변이 피라냐들의 광란은 정교하고 완벽한 CGI가 아니라 전날 밤 그가 호텔 방에서 직접 만들

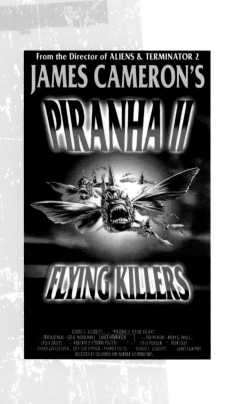

고 칠한 고무 물고기를 카메라 앞에 던지는 것으로 만들어내야만 했다.

영안실 장면은 카메론이 〈피라냐 2〉에 남긴 가장 큰 흔적일 것이다. 늑골에서 빛이 흘러나오는 장면은 누아르고 표현할 수 있었다. 그날 아침 촬영을 위해 세인트 앤스 베이의 영안실에 도착했을 때 방 안은 여전히 시체들로 가득했다. 시체들은 눈에 보이지 않도록 방 안 곳곳에 쌓여 있었고 미래의 오스카 수상자가 바닥에서 진짜 피를 닦고 있었다.

촬영한 모든 필름은 현상을 위해 로마로 곧바로 보내졌기 때문에 카메론은 자신의 편집용 프린트를 확인하지도 못했다. 아소니티스는 촬영이 시작된 지 2주, 실제 촬영 일수로 12일이 지나 자메이카에 도착했다. 세트와 배우를 체크하고 스태프들이 열심히 일했는지를 조사한 후에 그는 카메론을 사무실로 불렀다. 그리고 카메론에게 촬영한 영상이 잘려 나가게 될 것이라고 통보했다. 카메론은 당시를 떠올리며 '덫이 탁 하고 닫히는 것 같았다'고 표현했다. 그는 밀려났고, 아소니티스가 모든 것을 가로챌 것이었다.

창조적인 방향타가 부재한 채로 영화가 완성될 동안 카메론은 자신이 처한 상황에 대해 곰곰이 생각했다. 정말로 모욕적인 것은 아소니티스가 그에게 "제대로 된 영상을 찍을 수 없기 때문에 물러나야 한다"고 말했다는 사실이었다. 그는 영화가 쓰레기라는 것을 알고 있었지만 그 영상들이 쓰레기일지라도 자신의 쓰레기여야 했다. 그러나 달리 방법이 없었다. 필름을 부치고 나서 카

메론은 그의 영상들을 영화에 사용할 만하다는 것을 증명하기로 결심하고 다시 로마로 날아갔다. 자기 자신에게만 쓸모 있는 영상이라 할지라도 상관없었다.

스물네 살의 카메론은 위협적인 모습으로 나타났다. 그는 자그마한 이탈리안 프로듀서를 내려다보았다. 신화의 단편이 된 이 이야기에는 여러 가지 버전이 존재한다. 아소니티스는 다른 현실에서 넘어온 이 무시무시한 존재를 막기 위해 편지 개봉용 칼을 들고 책상 뒤에 웅크리고 앉아 있었다. 그러나 화해에 도달할 만큼 열기가 충분히 냉각되었고 카메론은 (최종 편집본으로 다듬어지기 전의 필름을 일컫는) 러프 컷을 편집하는 작업에 초대받았다.

〈피라냐 2〉의 편집본은 조악하기가 이루 말할 수가 없었다. 상의를 벗은 채 요트 위에 널브러져 있는 여성들이 나오는 장면으로 화면을 가득 채운 아소니티스의 영상은 〈죠스〉의 재림이라며 투자를 받았으나 유머라고는 찾아볼 수 없었다. 그나마 영안실 장면이 블랙 유머에 기름칠을 한 것처럼 눈에 띄는 순간이었다. 물고기가 시체의 늑골 사이에서 터져 나오는 장면은 〈에이리언〉을 개그로 소비한 것이나 마찬가지였다. 영상의 충격적인 상태를 목격한 그날 밤, 카메론은 프리프로덕션에서 사용했던 비밀번호를 기억해내 편집실로 몰래 잠입해 들어갔다. 그리고 자신의 필름 몇 통을 찾아서 그 영상들이 영화에 삽입할 수 있는 수준이라는 것을 증명하기 위해 영화를 다시 편집하기 시작했다.

하지만 외부로 공개된 것은 여전히 아소니티스의 영상들이었다. 카메론은 워너브러더스에 자신의 잘못이 아니라고 애원하며 명예를 회복하기 위해 필사적으로 대응했지만 변호사를 선임할 돈이 없었다. "나는 그게 내 첫 작품이라고 생각하지 않습니다." 영화가 엉망이라고 하더라도 카메론은 비난받아서는 안 되었다. 하지만 결국 아소니티스는 마지막에 가서 웃음거리가 되었다. 후속작을 공개하면서 〈피라냐 2〉가 카메론의 작품이라는 것을 크게 홍보했기 때문이다. 1982년 눈에 띄지 않는 심야 상영 극장에서 '디렉터스 컷'이 잠깐 개봉되었지만 카메론의 머릿속을 울리는 것은 자신이 코먼과 큐브릭의 자식이 확실하다는 이유로 이용당했다는 사실이 아니었다. 이것보다 훨씬 더 잘했어야 했다는 자기반성이었다. 나이가 들고 경력에 안정감이 더해지자 비로소 카메론은 그의 출발점에 대해 언급하며 농담을 주고받을 수 있었다. "뭐 그래도 지금껏 만들어진 '물 위를 나는 피라냐 영화' 중 최고였어요." 그는 빙긋 웃으며 말했다.

〈피라냐 2〉 개봉 이후에도 카메론은 로마에 있었다. 돈도 떨어지고 말도 잘 통하지 않았으며 타고 온 티켓은 편도였다. 식사조차 제대로 할 수 없었던 그는 매일 아침 호텔 복도의 룸서비스 아침 식사에서 빵을 훔치곤 했다. 각 트레이에서 한 덩이씩만 가져왔기 때문에 다행히 사람들에게 들키지는 않았다. 영화감독으로서의 커리어가 이렇게 시작도 못하고 끝나는 것일까? 안개와 유령들로 가득 찬 열병이 마법의 주문처럼 그를 데려갔다. 고열 때문에 침대에 쓰러진 카메론이 죽을지도 모른다는 두려움에 사로잡힌 바로 그때, 붉은 눈에 강철 같은 미소를 지으면서 '미래'가 그에게 다가왔다. '사이보그'가 타오르는 불꽃 밖으로 기어 나오고 있었던 것이다.

카메론은 깜짝 놀라 잠에서 깨어났다. 그것은 전기 충격과 같았다. 냉동된 벌레를 휘저을 때 분출되던 충격에 맞먹었다. 그는 호텔에 비치된 메모지로 손을 뻗어 꿈에서 본 이미지가 희미해지기 전에 얼른 그려 나가기 시작했다. 그림을 그리면서 더 많은 아이디어가 떠올랐다. 아이디어 리스트는 그림 아래에 적어 내려갔다. 그것은 단편적인 스토리였다.

며칠 후 열이 내리고, 짐은 갑작스러운 비에 흠뻑 젖은 영원불멸의 도시 뒷골목을 돌아다녔다. 그곳에서 버려진 20달러짜리 리라 지폐를 발견했다. 그에겐 구원과 같았다. 짐은 연료를 충전하듯 에스프레소를 사 마시고, 자신이 만들 영화와 미래에 대해 열중했다.

오른쪽 사진 설명: **물고기와 함께 잠을 :** 제임스 카메론의 '데뷔작' 〈피라냐 2〉에서 트리샤 오닐(가운데)과 사람들이 수작업으로 완성한 물 위를 나는 물고기 모형을 살펴보고 있다.

"뭐 그래도 지금껏 만들어진 '물 위를 나는 피라냐 영화' 중 최고였어요."

# 본론으로
# 들어가기

# 〈터미네이터 (The Terminator)〉 (1984)

산 페르난도 계곡이 넓게 펼쳐진 LA의 노스 포프 스트리트에 위치한 수도전력부의 밤이 깊어지자, 제임스 카메론은 자신의 행운이 달라졌다고 느꼈다. 주차장의 얼룩진 주황색 불빛 아래의 터미네이터는 결코 멈출 수 없는 것처럼 보였다. 아놀드 슈워제네거는 촬영이 시작되고 나서 3주, 카메론이 운명적인 꿈을 꾼 그날로부터 2년이 지난 오늘, 촬영장에 도착했다.

카메론은 자신의 스타가 인간인 척하는 기계로 변장하고 경찰차에 올라 버려진 차고지를 돌며 영웅 사라 코너와 카일 리스의 행방을 스캔하는 장면을 유심히 지켜보았다. 이는 꽤나 기능적인 면에 치중한 신이었다. 미디엄 클로즈업과 클로즈업 위주였고 대사는 없었다. 슈워제네거는 영화 내내 대사라고는 17개밖에 없었지만 그는 과묵한 무비 스타의 우아함, 사이보그적 기능이 주는 미묘함을 잘 표현하고 있었다. "촬영은 꿈꾸던 속도로 진행되었어요. 시간이 팽창된 것 같았죠." 카메론은 이렇게 회상했다. 슈워제네거의 얼굴에는 아무런 표정도 없었고, 시선이 좌우로 쏠리는 모습도 정해진 신대로 잘 구현되었다. 그는 아주 약간의 짜증이 묻어난 채로, 부자연스러움을 매우 자연스럽게 연기했다.

촬영감독 애덤 그린버그는 그 순간에 적절한 조명을 선사했다. 물처럼 느껴지는 녹색의 광채는 슈워제네거의 조각 같은 모습을 강조했다. 그린버그는 냉혹한 운전자를 들여다보기 위해 자동차 보닛에 카메라를 고정하고 인간미라고는 존재하지 않는 공간을 촬영했다. 카메론은 짙은 파란색과 방사능 같은 녹색, 넘실거리는 네온을 화면에 담기 위해 LA의 중심가에서 촬영을 시작하려고 계획했다. '넘쳐나는 강한 빛'을 얻으려 LA로 촬영지를 결정한 것이다. 카메론은 이를 '테크누아르'라고 불렀으며 슈워제네거의 무자비한 터미네이터가 지저분한 나이트클럽의 간판을 산산조각 내는 장면에서 특히 이런 요소를 강조했다. '비평가들을 위한 이름'이라고 감독은 빈

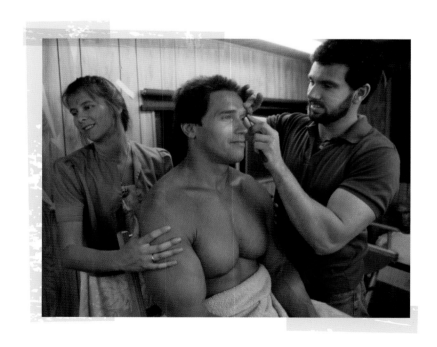

앞장 사진 설명: **죽음을 부르는 붉은 눈** : 제임스 카메론이 구상하고 모델 제작자인 스탠 윈스턴이 만든, 미소 띤 터미네이터의 금속 두개골이다.
반대편 사진 설명: 터미네이터의 내골격과 아놀드 슈워제네거의 눈부신 외모가 어떻게 완벽하게 일치했는지를 보여주는 홍보 사진이다.
위 사진 설명: 아놀드 슈워제네거는 T-800이 전투로 인해 부서진 모습을 보여주기 위해 힘든 분장 과정을 거쳐야 했다.

정대며 말했다. '테크누아르'라는 이름은 실제로 번쩍이는 전구가 달린 액자와 함께 촬영장의 지저분한 벽에 달려 있었다.

카메론은 비평가와 영화 팬 모두 이 영화를 좋아할 것이라고 생각했다. 자신이 입양된 도시의 거리를 질주하면서 만든 액션과 호러, 공상과학의 강력한 혼합물 이면에는 유머가 자리하고 있었다. 오스트리아 출신의 보디빌더 슈워제네거는 특유의 발레적인 움직임과 본연의 융통성 없는 발음이라는 매력적인 자질을 갖추고 있었다. 그는 영화 속의 공포를 가볍게 만들었다. 관객은 주인공들을 응원하는 한편 아무렇지도 않게 사회적인 관습의 문을 걷어차고 있는 이 '단일 회로의 단단한 아이콘'에서 오싹함을 느낄 것이다. 카메론이 웃으며 말했듯 〈터미네이터〉가 주는 즐거움은 '그가 최소한의 저항이라는 방법을 택한다'는 것이었다.

이후의 성공을 바탕으로 카메론은 허무주의가 자신의 영화에서 핵심이라고 설명했다. "모든 사람은 터미네이터적인 면을 조금씩 가지고 있습니다." 터미네이터는 프로그램된 목표를 달성하기 위해 자신이 원하는 모든 것을 했다. 시민적 책임은 존재하지 않았다. 카메론은 자신이 터미네이터를 통해서 '어두운 카타르시스라는 환상'을 마침내 만들어냈다고 생각했다. 그것은 따뜻한 3월 저녁인 오늘, 바로 자신의 눈앞에 있는 슈워제네거였다.

슈워제네거는 눈을 한 번도 깜빡이지 않았을지 모르지만, 터미네이터는 관객에게 눈짓을 하고 있었다. 그 눈짓에는 '대혼란을 일으키려는 집단적 욕망에 대한 유쾌한 농담'이 깃들어 있었다. 그리고 이것이 바로 이 영화가 성공한 이유였다. 평론가 톰 샤인은 할리우드의 과도한 블록버스터에 대한 연구에서 이를 '극단적인 놀라움'으로 분류했다. 이런 특성이 매력적이라는 것이 세상에 증명되었고, 이후에는 무표정한 얼굴로 활보하는 인물이 액션영화를 유행처럼 물들었다. 〈로보캅(RoboCop)〉이든 〈다이 하드(Die Hard)〉든 이제 액션 장르는 대학살을

기본으로 한 자체적이고 연속적인 논평을 갖게 되었다. 아이러니를 자극하는 영화들이 재생산된 것이다.

카메론은 당시에는 몰랐을지 모르지만, 그의 B급 영화의 보닛 아래에선 문화적 변화가 일어나고 있었다. 예산제약에도 불구하고 카메론은 스토리텔링으로 돌진했다. 공포영화라는 형식 아래에서 야망이 불타올랐다. 하지만 핵심은 슈워제네거였다. 카메론의 경력은 자신의 의지로 이뤄낸 승리처럼 보였지만 이 위대한 188센티미터의 배우는 〈터미네이터〉 이후 행운의 가속 페달을 밟고 있었다.

로마에서 열병을 앓은 이후 카메론은 아버지에게 항공료를 빌려 다시 LA로 돌아왔다. 필립 카메론은 여전히 아들을 걱정하면서 아들이 다른 진로를 택하기를 밧줄의 다른 한쪽 끝을 잡듯 바라고 있었다. 그러나 카메론은 영화 속으로 더 깊이 파고들었다. 카메론이 LA에서 가장 먼저 한 일은 명예에 대한 빚을 갚는 것이었다. 그는 게일 앤 허드와 계약을 맺었고, 그녀에게 자신의 새 영화에 대한 지분을 1달러에 파는 데 동의했다. 〈터미네이터〉라는 이름은 대서양 어딘가에서 지었다. 그들은 계속해서 유대감을 유지할 필요가 있었다. 둘은 영화를 그들의 방식으로 만들 것을 약속했고, 카메론은 작가이자 감독, 허드는 작가이자 프로듀서를 맡기로 했다. 그녀는 사라 코너의 캐릭터를 잡는 데 도움을 주었다.

카메론과 허드가 프로젝트의 모델로 삼은 존재는 존 카펜터와 데브라 힐이었다. 둘의 파트너십은 할리우드 스튜디오 본거지 밖에서도 이미 유명했다. 〈터미네이터〉는 많은 부분에서 〈할로윈〉과 비슷했다. "유혈이 낭자한 잔인한 스타일이죠." 카메론은 자신의 기계적 킬러에 대해 말했다. 터미네이터의 눈을 통해 보이는 데이터가 화면에 나오는 순간이 있었는데, 이는 카펜터가 창시한 먹잇감을 찾아 교외의 집들을 배회하는 살인자의 관점과 거의 같다고 할 수 있었다.

〈터미네이터〉의 초안은 벼락과도 같았다. 시간 여행

# "모든 사람은 터미네이터적인 면을 조금씩 가지고 있습니다."

의 반전과 숭고한 논리, 잔인한 폭력과 로맨스가 혼재했고, 현대 LA를 배경으로 한 덕분에 경제적이기까지 했다. 글에 담긴 기세가 곧 화면으로 직행할 것만 같았다.

카메론은 자신이 상상한 미래를 구현할 만한 예산을 생판 모르는 사람에게 선뜻 내놓을 회사는 없을 거라 예상했고 기계에 파괴된 종말 이후의 LA를 보여주는 장면을 가능한 한 최소화했다. 관객의 마음속에 어둡고 우울한 기대를 심어주는 것만으로 충분했기에, 영화는 1984년 현재의 모습 위주로 만들어졌다. 카메론은 특수효과를 피하는 전략을 택했다. 엔지니어로서의 충동에 따라 그는 이야기에 필요한 것만 창조하는 데 전념했다. 그는 터미네이터처럼 생각했다. 오늘날 〈터미네이터〉에서 가장 두드러진 특징이라면 (특수효과보다는) 억제된 터미네이터의 모습일 것이다.

영화 전반을 지배하는 분노 때문인지, 카메론의 시나리오가 '구조적으로 얼마나 아름다운지' 잊어버리곤 한다. 〈터미네이터〉의 두 가지 버전의 시나리오는 모두 경제적인 비주얼 속에서 시적이며 놀라운 서사적 정교함을 내뿜고 있었다. 〈터미네이터〉는 마치 계속해서 앞으로 나아가야 한다는 걸 보여주는 듯 꽤 오랫동안 동적인

진행만 보여주는데, 모든 장치가 필요에 의해서만 작동하는 무성영화 같았다. 본질적으로는 '강철 뼈대를 기반으로 한 추적 시퀀스'가 확장된 형태라고 할 수 있었다. 〈터미네이터〉는 버스터 키턴(찰리 채플린에 비견할 정도로 미국 무성 코미디 시대를 이끈 창조적 스타_편집자 주)만큼이나 웃음기가 없는 영화이다.

카메론은 또한, 히치콕이라는 바다를 향해 방향키를 잡고 있었다. 평범한 영혼이 뜻하지 않게 비범한 세계에 발을 들인 것이다. 하지만 그는 케리 그랜트가 음모 속으로 돌진했던 것보다 훨씬 더 멀리 갈 작정이었다. '만일 세계를 뒤흔들 사건이 한 사람에게 달려 있다면 이 임무를 완수할 가능성이 가장 낮은 사람은 누구일까?' 카메론은 스스로에게 물었다. 이것이 빅 제프(〈터미네이터〉에서 사라 코너가 일하는 레스토랑. 카메론은 자신이 자주 갔던 '밥스 빅 보이'에서 이름을 따왔다)에서 교대 근무를 하며 하루하루를 고군분투하는 웨이트리스에게 세계의 운명이 맡겨진 이유였다. '악당이 기계라면 히어로는 가능한 한 인간적이어야 한다는 것.' 카메론의 커리어에서 소용돌이치는 영화들을 다시 살펴보면, 이것이야말로 카메론이 좋아하는 '욕망의 가장 순수한 표현'인 것

같다. 물론 그럼에도 사라는 커피숍에서 일하는 웨이트리스에서 미래의 어머니로 설득력 있게 진화하지만 말이다.

카메론은 프레익스가 소개해준 에이전트에게 〈터미네이터〉를 처음으로 떠올렸던 일과 스토리를 보여주었다. '미래에 메시아 같은 존재가 될 아이'를 낳을 여자를 죽이기 위해 미래에서 온 암살자. 아직 태어나지 않은, 임신조차 하지 않은 그녀의 아들 존 코너가 시간 여행을 발전시킬 수 있을 만큼 정교한 인공지능의 지배 아래에서 기계에 맞서 반란을 일으키는 것, 그리고 그 기계의 이름이 '스카이넷'이며, 사람의 피부를 겉에 덮고 위장한 암살자의 이름은 '터미네이터'임을 말이다.

이름 없는 에이전트가 움찔하고 숨을 들이쉬었다. 할리우드의 오랜 관습처럼 그는 머리를 익숙하게 가로젓고는 투덜대며 말했다. "나쁜 아이디어예요, 나쁜 아이디어. 다른 걸 해보세요." 그는 자신이 코먼의 아이인 카메론을 구하고 있다고 생각했을지도 모른다. 로봇과 시간 여행, 이건 안 된다. 카메론은 여전히 미래가 불확실한 상태였지만 에이전트를 그 자리에서 해고했다.

〈터미네이터〉는 그의 영역이었다. 이것은 그가 글을 읽을 수 있을 때부터 몰두했던 무시무시한 풍경이었고, (적어도 카메론에게는) 자신의 영화가 인용문으로 구성된 수준이라는 사실에도 상당히 신뢰할 만한 것이었다. 또한 다소 뻔뻔하긴 했지만 코먼의 방식이었다. 카메론은 1960년대 공상과학 TV 시리즈 〈아우터 리미츠(The Outer Limits)〉의 영향을 받아 시간을 가로지르는 것에 대한 비유와 기계가 명령하는 종말론, 그리고 누아르영화의 미학을 그렸다. 그는 〈아우터 리미츠〉가 거의 '1940년대 영화와 1930년대 독일 표현주의 영화'와 비슷한 모습이라고 생각했다. 최근에서야 리들리 스콧은 〈블레이드 러너〉에서 LA의 낡아 빠진 미래의 예시를 보여주었다.

소송을 즐기는 까칠한 성격의 장르 작가 할런 엘리슨은 〈터미네이터〉와 자신이 쓴 〈아우터 리미츠〉의 특정 에피소드의 줄거리가 비슷하다는 이유로 표절 소송을 제기해 카메론을 괴롭혔다. 〈터미네이터〉에 집착한 엘리슨은 변호사에게 전화를 걸었다. 그는 자신의 에피소드 중 두 개를 언급했는데 〈유리 손을 가진 악마〉(일시적으로 재배치된 기억에 관한 이야기)와 〈솔저〉(시간 여행하는 경찰관에 관한 이야기)가 그것들이었다. 카메론은 이 장르에 너무 깊게 빠져 있었기 때문에 수백 개의 출처를 댈 수 있었다. 시간 여행과 로봇은 〈아우터 리미츠〉에만 국한된 것이 아니었다. 하지만 최종 후원자들은 법정 밖에서 자신들 멋대로 소송을 해결해버렸고 카메론

은 그저 어안이 벙벙했다. 시간이 지나 함구령이 해제되자, 카메론은 소송에 대한 자신의 견해를 분명히 밝혔다. "할런 엘리슨은 제 엉덩이를 핥는 기생충입니다."

그는 〈터미네이터〉에는 전에 없던 것들이 존재한다고 확신했다. 현재와 미래를 넘나드는 관계 설정과 지구가 핵으로 인해 곧 멸망할 것이라는 사실에 사라가 부담을 느껴 홀로 남겨진다는 내용 등이었다. 그러나 영화사들은 늘 하던 대로 행동했다. 시나리오는 마음에 들었지만 그들에게 카메론은 검증되지 않은 감독이었다. 〈피라냐 2〉의 대실패 때문에 카메론은 미래의 고용주들에게 사랑받지 못했다. 그들은 감독이나 제작자 둘 중 하나가 하차하면 프로젝트를 진행하겠다고 제안하면서 카메론과 허드를 서로 대립하게 만들었다. 둘이 확보한 예산은 Z급 영화밖에 만들 수 없는 정도여서 어쩔 수 없이 카메론의 현대적인 야망을 상당 부분 포기하고 코먼 스타일로 돌아가야 할지도 모를 상황이었다.

그런데 구원의 손길이 두 곳에서나 왔다. 영국 태생의 프로듀서 존 데일리는 선셋 스트립에 있는 2층짜리 타운하우스에서 인디 의상실 헴데일을 운영했는데, 바람둥이라는 겉모습 뒤에 이스트런던의 교활함을 숨기고 있는 사람이었다. 그는 1980년에 할리우드로 건너와 케이블TV 프로그램과 영화 제작으로 사업을 다각화하기 전에 도매상, 상선의 선원, 보험 판매원 그리고 운전기사로 일했었다.

데일리는 거대 영화사가 손대지 않을 프로젝트에서 해적과 같은 열정을 갖고 있었다. 그는 언더도그를 가려내는 본능을 자랑하면서 "서투르고 거절당하는 데에 이골난 작품을 가져오면 우리가 황금빛 꿈으로 만들어줄 겁니다"라고 말하곤 했다. "우리는 거의 거절당한 작품으로 영화를 만드는 이 동네의 해적 무리입니다." 하지만 모든 해적 선장과 마찬가지로 그는 자신의 돈을 낭비하거나 과도하게 쓰는 것에 대해선 잔인한 태도를 보였다. 카메론은 데일리에게 깊은 인상을 주고 싶었고 그를 놀래주고 싶었다. 무엇보다도 그를 즐겁게 하는 게 목적이었다. 그래서 카메론은 그와의 첫 만남에 바이커 부츠와 낡은 가죽 재킷을 걸치고 이마에 보철물을 넣은 상처 투성이 배우 랜스 헨릭슨과 동행하려 했다. 헨릭슨은 카메론이 채택하려고 했던 초기 터미네이터 스타일의 집

합체였다. 금박의 껌 포장지로 앞니를 덮을 생각은 카메론이 즉석에서 낸 아이디어였다. 카메론이 늦는 척하며 핑계를 대고 나타나지 않는 동안, 헨릭슨은 화강암 같은 얼굴로 데일리의 비서와 마주하고 있었는데, 카메론이 도착했을 때 겁에 질린 그녀는 경찰을 부를 참이었다.

한편 허드는 몇몇 오래된 조력자들에게 전화를 걸었다. 오리온은 거대 영화사 유나이티드 아티스츠 출신 직원들이 만든 영화사로, 평판이 좋은 프로젝트를 육성하는 유나이티드 아티스츠의 접근 방식을 차용한 모험적인 스타트업 회사였다. 이 중간급 영화사는 향후 올리버 스톤의 〈플래툰(Platoon)〉과 베르나르도 베르톨루치의 〈마지막 황제(The Last Emperor)〉로 오스카상을 수상하게 된다. 하지만 여느 할리우드의 회사와 마찬가지로 그들은 자신들의 야망이라는 바퀴에 기름칠을 할 현금이 필요했다. 그래서 그들은 로저 코먼의 더 큰 작품을 배급한다는 계약을 맺었고, 이 때문에 허드는 그들과 만날 수 있을 만큼의 영향력을 가질 수 있었다.

오리온 소속인 마이크 메다보이는 전직 에이전트로서, 카메론의 잠재성을 눈여겨본 사람이다. 그는 스티븐 스필버그를 거절한 것으로 유명했지만 영화사의 임원으로서의 재능을 잘 키워왔다. 그는 카메론이 '영화 전체를 대형 아트패드에 스케치'한 것에 좋은 인상을 받고, 그가 시각적으로 생각하는 감독임을 알아차렸다.

HBO가 텔레비전 중계권을 가져가면서 640만 달러의 금액으로 3자 간 협상이 타결되었을 때의 일이다. 존 데일리와 마이크 메다보이는 카메론에게 이중으로 간섭하면서 그에게 완전한 재량을 주려 하지 않았다. 카메론의 커리어 최전선에서 다시 전투가 벌어지려 했다. 카메론은 언제나 민감한 영역인 캐스팅을 조준해서 선제적으로 발사했다. 캐스팅은 임원들과 프로듀서들이 상업적 영향력을 가장 크게 행사할 수 있다고 느끼는 영역이었다. 적정한 출연료에 적정한 배우를 캐스팅하는 것은 그 자체로 관객이 극장 문으로 들어오게 만들기 때문이다.

이 과정의 에피소드가 담긴 몇 가지 재미있는 문서들이 남아 있다. 카메론이 커다란 종이에 손으로 쓴 일기에는 1982년부터 1983년까지 〈터미네이터〉의 다사다난했던 캐스팅 과정과 예리한 통찰이 담겨 있다. 세 명의 주연배우에 대해 토론하고 의견을 모으고 전화를 하고

위 사진 설명: **미래에서 온 쇼크 :
그리스신화에 등장하는 신처럼
아놀드 슈워제네거는 전기 불꽃이 쏟아지는
가운데 T-800으로 등장한다. 제임스
카메론은 시간 여행의 방법을 관객의
상상에 맡기는 것에 만족했다.**

제임스 카메론은 〈터미네이터〉에는
전에 없던 것들이 존재한다고 확신했다.

거절당하고 협상을 시작한 후, 마침내 최종적인 발표가 있기까지의 기록이다. 이 캐스팅 비화를 보면 1980년대 초반에 누가 돈을 벌어다 줄 수 있다고 생각되었는지에 대한 재미있는 상황을 알게 된다.

〈슈퍼맨〉으로 유명한 크리스토퍼 리브는 1982년 3월 초에, 카일 리스 역에 관심을 가졌고 백만 달러에 계약할 수도 있었다. 커트 러셀과 멜 깁슨에게 시나리오를 보냈지만 연락은 없었다. 트리트 윌리엄스, 토미 리 존스, 맷 딜런, 스콧 글렌, 미키 루크는 모두 한 번씩은 언급된 배우들이었다. 10월경에 〈터미네이터〉 시나리오는 영화를 한 번도 찍어본 적이 없는 브루스 스프링스틴의 손에 넘어갔다. 그는 출연할 생각에 마음이 들떴지만 투어 리허설을 변경할 수 없었다. 스팅은 데이비드 린치의 거대해진 프로젝트 〈듄(Dune)〉에 출연하기로 약속한 상태였다.

카일은 상반되는 부분이 많은 캐릭터였다. 그는 히어로이기도 하고 아니기도 했다. 이야기가 결말로 접어들면서 사라는 히어로의 면모를 드러낼 것이고 운이 다한 카일은 부드러운 면을 보일 것이다. 시간을 거슬러 올라가면 그의 임무는 표면적으로는 사라를 구하는 것이지만 시나리오상의 비밀스러운 타임 루프 안에서 보자면 미래의 구세주 존 코너가 자신의 아버지로 만들기 위해 과거로 보낸 인물이다. 카메론은 그래서 〈터미네이터〉를 '로맨틱한 악몽'이라고 말했다.

카일은 로맨틱하면서 외모가 멋져야 했다. 동시에 그는 남루하고 절망적인, 그러나 유능한 군인이어야 했다. 결정적으로 그는 추격이 펼쳐지는 와중에도 사라와 관객 모두에게 설명적인 대사를 단숨에 전달하는 중요한 역할을 맡고 있었다. 카메론은 그에게 '어빙 엑스포'라는 별명을 지어주었다.

"아놀드가 합류하고 나니 다른 배역에게 쓸 돈이 거의 없었어요." 허드가 말했다. 검증된 이름에 돈을 지불하니 이제 누가 주인공인지 경계가 모호해졌다.

결과적으로 카일 리스 역을 맡은 마이클 빈은 오디션장으로 가던 중 자신의 에이전트에게 영화에 대한 설명을 들었지만 크게 고무되지는 않았다고 했다. "미래에서 과거로 온 로봇이 밥스 빅 보이에서 일하는 여자를 추격하는 이야기예요." 그러나 감독은 무려 〈피라냐 2〉의 제임스 카메론이었다! 빈은 긴장했다. 게다가 늦는 바람에 뛰어야 했다. 이 모든 것이 그의 오디션 연기에 적당하게 가쁜 숨을 더해주었다. 잿빛 금발에 훤칠하게 잘생긴 앨

라배마 출신의 배우는 운명적으로 주인공이 되었다. 카메론의 입김이 아니고서는 결코 있을 수 없는 일이었다. 그의 이력서에는 〈그리스(Grease)〉에 카메오로 출연했고 〈정의의 사관(The Lords of Discipline)〉에서 작은 역할을 맡았다고 적혀 있었다. 그날 아침 그는 연극 〈뜨거운 양철 지붕 위의 고양이(Cat on a Hot Tin Roof)〉의 오디션을 보고 왔는데, 이 때문에 〈터미네이터〉 첫 오디션 때 남부 악센트가 살짝 묻어 있었다고 한다. 다행히 두 번째 오디션에서는 사라졌지만 말이다.

사라는 또 다른 성공 사례였다. 카메론의 노트에는 '예쁘지만 결점이 있으며 접근하기 쉬운 유형이면서 숨겨진 힘을 지니고 있다'라고 캐릭터가 묘사되어 있었다. 배우의 리스트는 제니퍼 제이슨 리, 로재나 아켓 그리고 감독의 눈에 그리 멀지 않은 곳에 있는 메릴랜드 출신의 젊은 연극배우로 좁혀져 있었다. 허드는 그 연극배우가 이 임무를 수행할 준비가 전혀 되어 있지 않다고 생각했다.

그 연극배우는 후에 사라 역을 맡는 린다 해밀턴으로, 이력서를 제출할 당시에는 스티븐 킹의 소설을 영화로 만든 범작 〈옥수수밭의 아이들(Children of the Corn)〉에서 주인공 역을 맡은 경력이 있었다.

카메론은 여전히 헨릭슨을 터미네이터 역으로 캐스팅하고 싶다는 확고한 의지를 피력했다. 헨릭슨은 걸어 다니는 기계에 잘 어울리는 포커페이스 기질을 갖고 있었고 호리호리한 체격이라 사람들 눈에 띄지 않게 군중 속으로 숨어들 수 있었다. 터미네이터 역을 맡을 걸로 생각한 헨릭슨은 비상구를 오르내리며 운동에 매진했다고 한다.

한편 오리온은 O. J. 심슨을 적극 추천했다. 유명한 풋볼 선수였던 데다 스크린 스타덤에도 올라 있었기 때문이다. (그러나 그의 전성기는 그가 LA 고속도로를 질주해 달아나는 사건을 일으키면서 끝났다.) 또한 당시 방영되고 있던 헤르츠 렌터카 광고에서 공항을 뛰어다니며 짐을

반대편 사진 설명: **시간 여행자 카일 리스 역의 마이클 빈.** 제임스 카메론은 그가 아주 빠른 속도로 전달해야 할 정보가 많은 인물이므로, '어빙 엑스포'라고 불렀다.
아래 사진 설명: **제임스 카메론이 처음에 터미네이터 역으로 선택했던 랜스 헨릭슨**은 현명하고 멋진 **LA 경찰 부코비치 역으로** 나와 짧지만 강한 인상을 남겼다.

> "미래에서 과거로 온
> 로봇이 밥스 빅 보이에서
> 일하는 여자를 추격하는
> 이야기예요."

뛰어넘고 카운터로 달려가는 역동적인 모습을 보여주고 있어 오리온은 그가 적격이라고 생각했다. 메다보이도 마찬가지로 심슨이 대단한 운동 능력을 갖고 있다고 생각했다. 그러나 카메론은 그들의 제안을 뒤로 밀어버렸다. 그런 모습은 허울뿐이라고 느꼈기 때문이다. 그때 메다보이가 슈워제네거를 거론했다. 카메론은 그가 미쳤다고 생각했다. 슈워제네거는 몸집뿐만 아니라 출연료도 집채만 했기 때문이었다.

오스트리아의 시골 마을 탈에서 태어난 아놀드 슈워제네거는 경찰 아버지와 예술가 어머니로부터 극기심과 예술적인 면모를 물려받았다. 그는 유전적으로 '완벽한 신진대사'를 선물받았다고 생각했다. 카메론이 〈2001 스페이스 오디세이〉를 뚫어지게 쳐다보던 시절, 일요일 아침 14살의 마른 소년 슈워제네거는 체육관 창문을 깨고 나올 정도의 열정으로 보디빌딩에 뛰어들었다. 그는 20대 초반에 이미 다섯 차례나 미스터 유니버스에 올랐고 자기 자신을 개발하는 데 달인이었다. 연기로 진로를 전환하기에 앞서 능숙한 부동산 거래 능력으로 이미 백만장자가 되어 있었다. 몇몇 형편없는 B급 영화와 밥 라펠슨의 코미디 〈스테이 헝그리(Stay Hungry)〉, 보

```
 8  ••••••••••••••••••••
 9
10          ORG    $4000
11 A1       =      $3C
12 A2       =      $3E
13 A4       =      $42
14 AUXMOVE  =      $C311
15
16  ••••••••••••••••••••
17  • SETUP - move data for VTOC
18  • and catalog to auxmem at
19  • B000-B3FF (pseudo trk 11
20  • 0-3)
21  ••••••••••••••••••••
22 SETUP    LDA    #<VTOC
23          STA    A1
24          LDA    #>VTOC
```

디빌딩과 관련된 내용을 다룬 다큐멘터리 〈펌핑 아이언(Pumping Iron)〉에 출연했다. 존 밀리어스의 강력한 판타지 〈코난-바바리안(Conan the Barbarian)〉에서 주연을 맡아 박스 오피스에서 7천만 달러를 벌어들였다. 이 점이 메다보이의 주의를 끌었던 것이다. 카메론은 로버트 E. 하워드의 대체역사물 유니버스 히트작의 진정한 팬이었고 그가 최근에 각색한 작품을 좋아했다. 하지만 슈워제네거의 56센티미터의 티크색 이두박근과 100킬로그램에 달하는 체격은 그의 공상과학 스릴러를 위한 현실적인 방향과 전혀 맞지 않았다. (또한 논리적으로 보자면 T-800은 비교적 평범하고 보통 체격의 인간으로 위장된 침투부대여야 했다.) 그럼에도 불구하고 카메론은 자신의 상사를 달래기 위해 슈워제네거와의 점심 식사에 동의했다. 그 자리에서 슈워제네거가 스스로 물러나도록 할 계획이었다. 카메론의 전략은 위험하지만 단순했다. 그는 '코난을 만나러 가서' 싸움을 걸 작정이었다. 일이 계획대로 진행되면 슈워제네거는 자리를 박차고 나갈 것이다.

이날의 일화에 대해선 누구에게 물어보느냐에 따라 이야기가 달라진다. 신화는 현실을 왜곡하는 경우가 많다. 카메론은 샌타모니카 대로의 어딘가에서 슈워제네거를 만났다고 기억하지만 슈워제네거는 샌타모니카에 있는 시끌벅적한 독일 식당이었다고 확신한다. 두 사람이 모두 동의하는 것은 그들이 오토바이와 건강, 돈 그리고 일반적인 업계의 소문에 대해 의견을 교환하면서 순식간에 죽이 맞았다는 것이다. 둘은 놀라울 정도로 공통점이 많았다. 둘 다 도전적이고 자신만만하며 야망으로 똘똘 뭉친 이민자였다. 슈워제네거는 자신이 이 대본을 얼마나 좋아하는지부터 이야기하기 시작했다. 그는 〈터미네이터〉가 히트할 것이라 확신했다. 그에겐 터미네이터라는 캐릭터의 콘셉트가 매우 흥미로웠다. 슈워제네거는 누가 터미네이터를 연기하든 장전하거나 재장전할 때 절대 총을 보면 안 된다고 말했다. "백 번은 연습해야 합니다." 그는 손가락으로 탁자를 두드리며 강조했다. 또한 대사를 할 때 절대 머리를 움직여서는 안 되고, 자동 응답기처럼 천천히 말해야 하며, 총을 쏠 때도 눈을 깜빡여선 안 된다고 말했다.

캐릭터를 완벽하게 분석한 슈워제네거를 보면서, 카메론은 그와 싸우겠다는 비밀 계획을 모두 잊어버렸다. 그는 자신의 반대편에 있는 슈워제네거의 얼굴을 보며 감탄했다. 피부를 밑으로 눌러 그의 기하학적인 뼈 구조까지 알고 싶었다. 카메론은 점심 식사 데이트를 냅킨에 스케치하기 시작했다. 반은 터미네이터이고 반은 슈워제네거의 모습이었다. 둘의 커리어는 모두 짜릿한 미래를 향해 재편되었고 영화 업계는 한 시간 동안의 점심 식사를 통해 돌이킬 수 없을 정도로 변화하고 있었다. 무엇보다도 카메론은 딱딱한 오스트리아 억양을 버리지 않고 있는 이 카리스마 넘치는 근육맨을 중심으로 자신의 영화를 즉각적으로 수정하는 중이었다. 슈워제네거가 마침내 빵만큼이나 커다란 시가를 한 모금 마시기 위해 움직임을 멈춘 순간, 카메론은 스스로를 억제하지 못하고
```
```

"당신이 터미네이터를 맡아야 해요."

이렇게 말했다.

"당신이 터미네이터를 맡아야 해요."

시간이 멈춘 것 같았다. 슈워제네거의 대칭적인 얼굴이 혼란스러운 듯 약간 일그러졌다. "오, 난 다른 배역 때문에 왔는데요." 그는 이렇게 말했다.

누가 그 미팅 전에 슈워제네거에게 어떤 배역을 제안했는지에 대해서는 의견이 분분하다. 슈워제네거의 에이전트인 루 피트는 자신의 고객이 경력 초기에 악당의 역할을 맡는 것을 꺼려 T-800보다는 카일 역을 주장했을 가능성이 있다. 카메론은 그 아이디어가 재미있다고 생각했다. "그 당시의 아놀드는 대사를 소화할 수 없을 것 같았습니다." 물리적으로도 말이 되지 않았다. 어떻게 주인공이 사이보그 악당보다 클 수 있단 말인가? 메다보이는 의심에 찬 슈워제네거에게 사이보그 역을 권했다고 주장했다. "내가 어두운 악당을 연기하길 바란다는 건가요?" 그 스타는 전화 통화에서 이렇게 항의했다고 한다.

카메론은 낡은 쉐보레를 타고 곧장 헴데일로 달려가서 데일리의 사무실로 뛰어들었다. "그는 카일 리스가 아닙니다." 카메론은 자신의 프로듀서에게 이렇게 통보했다. "그는 끝내주는 터미네이터가 될 겁니다."

〈터미네이터〉 촬영 스케줄이 잡히자 예상치 못한 문제가 발생했다. 이번에 등장한 인물은 프로듀서 디노 드로렌티스였다. 그는 〈코난-바바리안〉의 투자자였는데 코난의 계약서를 꼼꼼히 들여다보던 중 속편을 진행할 경우 오스트리아인에 대한 우선적인 권리를 가진다는 내용이 깨알 같은 글씨로 적혀 있음을 찾아냈다. 속편은 이상할 정도로 신속하게 진행되었고 슈워제네거는 〈저주받은 도시〉 로마와 〈코난 2-디스트로이어(Conan The Destroyer)〉의 진부한 환상에 갇혀 〈터미네이터〉를 시작할 날짜를 정할 수 없었다.

카메론은 가혹한 선택에 직면했다. 촬영을 6개월 연기해서 그의 혈관에 흐르는 모든 급박한 에너지를 잠시 멈추어 저장해놓거나, 아니면 배우를 다시 캐스팅해야 했

다. 선택의 여지가 없었다. 허드의 예언대로 그들은 이미 마음속에서 '슈퍼맨의 어두운 면'인 '터미네이터'에 대한 영화를 슈워제네거와 만들고 있었다.

결국 일정이 8개월이나 지연되었지만 그 공백기가 상당한 도움이 되었음은 부정할 수 없는 사실이었다. 새로운 스케줄 덕분에 토론토로 대체하려고 했던 촬영지를 LA로 바꿀 수 있었다. 무질서하고 불규칙한 배열로 탄생한 카메론의 영화 〈터미네이터〉와 슈워제네거처럼 생긴 터미네이터도 즉시 어울릴 만한, 다양성이 용광로처럼 들끓는 이 도시에는 무언가가 존재하고 있었다.

또 일정이 연기된 동안 카메론은 시나리오를 다듬는 한편 세부사항을 점검하고 촬영 준비에 만전을 기했다. 하지만 경제적으로는 여전히 궁핍했다. 그에게는 일이 절실히 필요했다.

운이 좋게도 개발부서의 임원 래리 윌슨은 초기 자금 조달 시도에서 탈락한 〈터미네이터〉의 복사본을 발견했다. 시나리오를 보고 감전된 것처럼 놀란 그는 상사의 책상 위에 복사본을 가져다 놓았다. 윌슨은 프로듀서 겸 시나리오작가인 데이비드 길러와 감독 월터 힐이 운영하는 제작사 브랜디와인에서 일하고 있었다. 그는 〈워리어(The Warriors)〉나 〈롱 라이더스(The Long Riders)〉 같은 영화를 만든, 타협이라고는 모르는 거칠고 남자다운 사무장이었다.

카메론은 곧바로 미팅을 하자는 전화를 받았다. 예감이 좋았다. 길러와 힐은 '우주의 스파르타쿠스' 콘셉트를 제안하며 젊은 시나리오작가를 유혹했다. 그가 초보 감독임은 인식하지 못했다. 카메론은 카메론이었다. 그는 2.5미터의 로봇 전사들을 포함한 많은 헤비메탈적인 아이디어를 생각했다. 하지만 안타깝게도 길러는 말 그대로 다른 행성을 배경으로 샌들을 신고 칼을 찬 영화를 원한다는 것을 분명히 했다. 그러나 카메론은 〈코난〉 외의 구시대적 판타지에는 별다른 감흥이 없었다. 카메론의 노트에만 적혀 있는 내용을 살짝 밝히자면, 그 자리에서 길러는 〈에이리언〉의 속편을 개발하는 중이라고 언

위 사진 설명: 아놀드 슈워제네거가 연기한
벌거벗은 T-800은 상징적인 그리피스
천문대에 도착하자마자 동네 불량배들과
맞닥뜨린다.
왼쪽에서부터: 브래드 리어든, 곧 카메론의
단골 배우가 될 빌 팩스턴 그리고 브라이언
톰슨.
반대쪽 사진 설명: "He'll. Be. Back."
아놀드 슈워제네거의 T-800은 당직
경찰에게 자신의 의도를 알렸고 이 짧은
대사는 전설이 된다.

급해버렸다고 한다. 카메론은 브랜디와인과 리들리 스콧의 히트작 사이에 관계가 있다는 생각을 하지 못했다. 길러와 힐은 함께 오리지널 시나리오를 다시 썼으며 코먼 스타일의 이런저런 요소들을 넣어 긴장된 리얼리즘이 있는 B급 영화로 발전시키는 중이었다. 그들은 영화의 혈관에 염산을 집어넣고 있었다.

카메론은 자신의 머릿속에 "핀볼이 반짝거리고 종소리가 울렸다"고 회상했다. "온몸이 소리굽쇠가 된 기분이었다." 그는 〈에이리언 2〉를 누구보다도 잘 만들 수 있다고 생각했다.

2년 전 〈스타워즈〉 때와 마찬가지로 1979년 5월 25일 〈에이리언〉이 개봉했을 때 카메론과 프레익스, 위셔는 영화를 보기 위해 시내로 달려갔다. "〈에이리언〉은 내게 엄청난 영향을 미쳤어요." 카메론은 이렇게 기억했다. "〈에이리언〉은 공상과학영화의 시각적 디자인의 기준을 확립한 영화입니다." 또 다른 전구가 그의 상상력을 가로질러 번쩍였다. 우울함에 기능적인 면들을 더한 광경들은 공상과학영화에 대한 그의 접근 방식을 완전히 바꾸어놓았다. 독창적이고 유별난 스위스 아티스트(〈에이리언〉에서 미술을 담당한 H. R. 기거)의 마음속 깊은 곳에서 탄생한 생명체가 승무원의 배를 뚫고 나오는 장면은 〈에이리언〉을 더 특별하고 강력하게 만들었다. 리들리 스콧은 승무원들을 '우주의 트럭 운전사'라 부르기를 좋아했다. 카메론은 이들이 하나씩 제거될 때마다 그들에게 공감했다. 〈에이리언〉은 〈할로윈〉과 마찬가지로 결연한 여주인공과 냉혹한 적이 최후의 대치 상황으로 발전한다. 〈2001 스페이스 오디세이〉, 〈스타워즈〉, 〈할로윈〉과 마찬가지로 그는 자신이 열렬한 팬이 아니라 질투에 사로잡힌 라이벌이라고 느꼈다.

브랜디와인의 회의실에서 카메론은 냉정을 유지하며 그저 후속작에 대해 어떤 생각을 갖고 있는지 물었다. 길러는 "리플리와 군인"이라고 대답했고 카메론에게는 이 말만으로 충분했다. 하지만 그들의 노트에는 영화 시작 부분의 20분에 해당하는 반쪽 분량의 개략적인 설명만 적혀 있었다. "구체적인 것은 하나도 없었습니다." 카메론이 말했다. 리플리는 정체가 분명하지 않은 군인들과 행성으로 향하고 케인은 수백 개의 알을 봤던 버려진 우주선 LV-426으로 되돌아간다. 카메론은 이 이야기가 어

# "그 당시 아놀드는 대사를 소화할 수 없을 것 같았습니다."

떻게 이어질지 감이 오지 않았다. 그는 웃음을 터뜨렸다. "전 그 노트를 절대 잊지 못할 겁니다. 그것은 '그러고 나서 어떤 개소리 같은 일이 일어난다'라고 끝맺고 있었어요." 카메론은 자신이 '어떤 사건이 일어나는지'를 알아내겠다고 제안했다.

리플리에게 '무슨 일이 일어났는지' 알아보겠다며 브랜디와인 사무실을 떠난 바로 그날, 카메론은 〈람보(Rambo)〉의 속편 〈람보 2(Rambo: First Blood Part II)〉의 각본 작업을 의뢰받았고 단순하게 '미션'이라는 제목을 붙였다. 〈람보 2〉는 실베스터 스탤론이라는 다른 지배자가 있는 괴물 같은 영화였다. 카메론은 그저 고용된 전문가일 뿐이었고 스탤론은 자신만의 정치적 수단을 사용할 것이었다. "〈람보 2〉를 보았을 때 마치 다른 누군가가 쓴 영화를 보는 것 같았어요." 그는 한숨을 쉬었다. 하지만 그 영화가 돈을 벌 것이라는 사실 또한 알고 있었다.

광풍과 같은 몇 달이 흘렀다. 허리에만 옷을 두른 괴짜 악마를 해치우는 작업이 거의 끝나자 슈워제네거는 드디어 〈터미네이터〉가 현실이 되리라는 것을 알게 되었다. 하지만 모든 노력에도 불구하고 〈에이리언 2〉의 시나리오는 아직 끝이 보이지 않았다. 카메론이 전화로 마감 일정에 맞추지 못할 것 같다고 말하자 길러는 격분했다. "실제로 그는 내게 할리우드에서 듣게 되리라곤 전혀 생각지 못한 말을 했습니다. '이 동네에서 다시는 일하지 못할 거야'라고 말이죠." 카메론은 아직도 쓰라린 기억을 생생하게 떠올리며 말했다.

다행히 보다 절제력 있는 힐에게는 카메론에게 지금까지 쓴 것을 보내라고 말하는 센스가 있었다. 60쪽짜리

시나리오로 절반 정도 완성됐지만 충분히 인상적인 작품이었다. 힐은 카메론을 기다려주기로 했다. "〈터미네이터〉만 망치지 마." 그는 씩 웃었다. 카메론은 당연히 그럴 생각이 없었다.

〈터미네이터〉의 공식적인 촬영은 1984년 2월 8일에 시작되었다. 하지만 그 오스트리아인은 3주 뒤에나 올 예정이었다. 카메론은 기본적으로 촬영 초기에는 공동 주연인 해밀턴과 빈에게 집중했다. 둘은 호흡이 잘 맞았고 영화에 깔려 있던 로맨스도 구체화되고 있었다. 하지만 촬영은 쉽지 않았다. 예산이 너무 적었고 계절에 맞지 않게 찾아온 폭염과 해충으로 인해 맥을 못 추는 도시를 가로지르면서 게릴라 스타일로 촬영해야만 했다. 파리를 쫓기 위한 산성 방충제 연기는 더 문제였다. 험악한 분위기가 지속될 때, 코먼 밑에서 일하던 시절에 훈련받은 것들이 빛을 발했다. 카메론은 독립적으로 생각할 수 있었다. 그리고 단호했다.

그는 자신의 영화와 생활했고 함께 숨을 쉬었다. 그는 캐릭터 그 자체였다. 살아남기 위한 수단을 찾는 사라이자 지식의 원천이며, 반드시 수행해야 하는 임무의 쓰레기 같은 현실을 마주하는 카일이며, 당연히 T-800이자 모델 101이었다. 그리고 자신의 영화를 끈질기게 추구하는 터미네이터였다.

슈워제네거는 누군가가 '억지스러운' 무언가를 제안한다고 해도 협업을 좋아한다며 웃는 사람이었다. 도저히 참지 못해 짜증이 폭발하기 전까지는 그랬다. 해밀턴은 결승점까지 도달한 것을 과도하게 기뻐하는 사람이었다. "음, 그에겐 기계 같은 면이 있어요." 그녀는 눈치가 빠르고 영리했다. 하지만 카메론은 아직 신화 속의 제

임스 카메론이 아니었다. 아직은 영향력이 없었다. "그는 그저 '짐'이었고 그 영화를 만들 때 커다란 행복을 느꼈습니다." 빈은 이렇게 회상했다.

그들은 반 누이스, 사우스패서디나, 헌팅턴파크, 피게로아 스트리트, 켈러 스트리트, 웨스트 7번가, 시티 오브 인더스트리 등 LA를 가로질러 이동하며 몰래 촬영을 이어나갔다. 이곳은 영화 속 실제 배경이 되는 장소였다. 정전기적인 돌풍과 딱딱거리는 불꽃(1931년 〈프랑켄슈타인(Frankenstein)〉에서 사용한 것과 동일한 테슬라 코일로 만든)이 난무하는 시끄러운 소리로 T-800의 도착을 알리는 장면은 그리피스 천문대에서 촬영했다. 카메론은 이 짧은 에너지의 폭발을 묘사하는 데 만족했고, 시간 여행의 세부적인 사항은 관객의 상상에 맡겼다. 카일은 쓰레기가 널린 LA 다운타운의 콘크리트 위로 떨어졌고, 술에 취한 부랑자가 그를 쳐다보았다.

그 후 몇 주 동안 카메론에게는 재앙이 뒤따랐다. 해밀턴이 개와 놀다가 발목이 부러지는 부상을 입은 것이었다. 다시 캐스팅하기에는 너무 늦었기에 달리는 장면을 촬영 막바지까지 연기하면서 스케줄을 조정했다. 그동안 해밀턴과 똑같이 1980년대를 휩쓸었던 헤어스타일을 한 스턴트 더블은 그녀를 대신해 엄청나게 고생했다. 그럼에도 해밀턴은 촬영장에 복귀한 후 이틀 동안 눈에 띄게 절룩거렸다.

슈워제네거는 동료 배우들과 거리를 두면서 기계 같은 냉정함을 유지하려 했다. 하지만 카메론과는 금세 동반자 관계가 되었다. 카메론은 슈워제네거가 정한 규율과 자제력에 매력을 느꼈다. 슈워제네거는 자동차 지붕에

묶이거나 팔에 불을 붙이자는 말에 눈 하나 깜짝 안 하고 그의 요구를 이루어주기 위해 전념했다. 그는 눈을 가린 채 9mm 우지(Uzi) 소기관총을 조립하고 분해하면서 보디빌더 특유의 강박관념으로 터미네이터의 흠잡을 데 없는 효율성을 유지했다.

그가 말을 할 때면 마치 종이 치는 것 같았다. 슈워제네거의 쨍그랑거리는 모노톤의 목소리는 아이러니한 즐거움을 더했다. 불멸의 신화는 뜻밖에도 가장 단순한 장면에 찾아왔다. 선글라스로 눈을 가린 채 존 웨인을 모델로 삼아 빠르고 성큼성큼 걷는 T-800이 사라의 행방을 쫓아 경찰서에 도착했을 때 강경한 당직 경사가 강하게 버티고 있는 장면에서부터 신화가 탄생한다. T-800의 내부 서버가 가장 저항이 적은 방법으로 이 불운한 지역을 공격한다는 논리적 결론에 도달하는 동안, 두 인물이 빙산처럼 완고하게 마주하는 멋진 정지 장면이 연출된 것이다.

시나리오에는 터미네이터가 그저 다시 오겠다며 "I'll be back"이라고 말하고 돌아서서 문 밖으로 나간다고 쓰여 있다. 하지만 축약형은 슈워제네거의 치명적인 아킬레스건이었다. 그가 "I will be back"이라고 대사를 치겠다며 감독을 몰아붙이면서 감독의 위상에 도전하는 드문 상황이 연출되었다. 어떤 면에서는 이 대사가 더 기계 같지 않은가? 하지만 카메론은 양보하지 않았다. 그에게는 시나리오의 따옴표조차 논쟁의 대상이 될 수 없었다. 슈워제네거는 패배로 다소 당황했을지 모르지만 다시 카메라 앞에 서서 쇠망치처럼 끊어서 대사를 읊었다. "I'll. be. back."

앞장 사진 설명: 테크누아르
나이트클럽에서의 총격전 : 관객은 사회적 제약에서 완전히 벗어난 아놀드 슈워제네거의 모습을 좋아할 게 분명했다. 그에게는 부조리를 허용할 여지가 있었다.
반대편 사진 설명: 사라 코너가 카일 리스의 몸을 가로지르는 '미래의 상처'를 보고 있다. 로맨스 역시 〈터미네이터〉의 한 축이었다.

영화 역사상 가장 유명한 인용문들은 글로 쓰인 상태로는 세상에 알려지지 않는다. 스타들의 입을 통해 세상으로 나와야 한다. 완벽하지 않더라도 화면에 담겨야만 비로소 탄생하는 영화의 신비로운 마법과도 같은 결정체이다. 큰 의미 없이 던지는 이 문구는 사실 슈워제네거가 제대로 대사를 전달하지 못한 것이었지만, 운 좋게도 커리어가 쌓이고 프랜차이즈가 만들어지는 중요한 역할을 하게 되었다. 그리고 이 대사는 끊임없이 패러디되어 영화의 명장면들 리스트에서, 선거 연설에서, 세계를 하나로 묶는 여러 대중문화에서 여전히 울려 퍼지고 있다. 그저 코믹한 미사여구에 불과했던 재치 있는 대사는 하나의 슬로건이 되었다. "I'll. be. back." 카메론이 예언했듯이 우리는 그 장난에 동참했다. 우리는 그것이 터미네이터를 통제하지 못한다면 어떤 일이 벌어지는지 보여주는 신호라는 것을 알게 된다. 경찰들이 학살당하는 장면은 일주일에 걸쳐 촬영되었다.

터미네이터 연기는 일종의 반(反)연기가 필요했다. 슈워제네거의 임무는 표현을 줄이는 것이었다. 하지만 그 사악한 매력은 여전했다. 그에게는 아르니의 중력 필드로 끌려 들어가는 즐거움과 부조리를 허용할 여지가 있었다. 일단 터미네이터가 오스트리아인의 피부를 벗고 나면 영화는 전통적인 도덕적 충동으로 되돌아가고 관객은 상실감을 느낀다는 것이 주목할 만한 점이다.

카메론은 그가 본모습을 드러내는 것에 전율을 느꼈다. 터미네이터가 끔찍한 빨간색 렌즈가 달린 눈알을 제거하면서 〈2001 스페이스 오디세이〉의 할처럼 스스로를 수리하기 위해 잠시 멈추는 시퀀스는, 루이스 부뉴엘의 〈안달루시아의 개(Un Chien Andalou)〉의 상징적인 눈알을 가르는 장면을 인용한 것으로 비평가들에게 또 다른 쟁점을 던진다. (〈터미네이터〉의 또 다른 가치라면, 카메론이 터미네이터의 관점에서 세상을 볼 수 있는 장치라고 언급했던 테르모비전이 초창기 애플2로 만든 것이고, 이 기술이 후에 〈아바타〉까지 이어진다는 것이다.) 이 시퀀스는 또한 살아 있는 조직 아래에 있는 내골격을 처음 드러내는 장면이기도 하다. 내골격은 올라가다가 죽더라도 그만한 가치가 있는 또 다른 언덕이었다.

카메론은 기대했던 관객 수를 줄이거나 바꾸려고 하지 않았다. "우리는 먼저 관객에게 재미를 제공해야 합니다." 그는 이렇게 주장했다. 풍자적인 여파가 무엇이건 간에 이 영화는 근본적으로 킬러 로봇에 관한 이야기였다. 〈이색지대(Westworld)〉에서 가정용 라디오의 다이오드와 회로만 드러내고서 물러나는 율 브리너의 얼굴이 카메론의 마음속에 어렴풋이 떠올랐다. 마찬가지로 관객이 〈스타워즈〉에 등장하는 C-3PO가 비틀거리며 사막을 걷는 광경을 좋아하는 만큼, (그 반대인) 실제 로봇이 아닌 사람이 로봇 슈트를 입고 연기하는 할리우드의 전통적인 방법은 리얼리즘의 실패가 될 것이었다. 그래서 카메론은 죽음의 도살자처럼 빙긋 웃는 내골격을 보여주려고 했다. 다만 아직 그 방법을 알아내지는 못했다.

버지니아 알링턴에서 태어난 스탠 윈스턴은 카메론처럼 마니아적 광채로 빛나는 눈과 이과와 문과적 마인드를 모두 지니고 있었다. 조각과 연기를 전공한 절반은 예술가이며 절반은 엔지니어인, 지역에서 가장 기발한 기계장치 전문가였다. 텔레비전 영역까지 진출하게 된 그는 카메론의 눈에 확실히 들게 된 존 카펜터의 영화 〈괴물(The Thing)〉에서 롭 보틴을 도왔으며, 특수분장 아티스트 딕 스미스로부터 실력자라는 진심 어린 추천을 받았다. 스미스는 카메론에게 "스탠은 로봇을 잘 만들어요"라고 말했다. 윈스턴과 카메론은 금세 의기투합했다. "그와 짐은 매우 깊은 정신적 교류를 나누었어요." 허드는 한숨을 쉬며 말했다. 그들은 같은 강렬함을 지니고 있었다.

윈스턴은 회색 털과 수염이 달린 브릴로 패드와 가는 철사를 이용해서 슈워제네거의 매끄럽지만 기계적인 걸음걸이를 내골격에 반영하는 임무를 맡았다. 그는 그 문제를 해결하기 위해 두 가지를 완성했다. 먼저 그는 카메론의 스케치를 참고해 앞으로 휘청거리는 사이보그의 와이드 숏을 연출하기 위해 60센티미터짜리 스톱모션 버전을 만들었다. 또한 터미네이터의 클로즈업을 위해 다양한 섬유유리를 혼합해 풀 사이즈 '엔도스켈렉톤'(피부가 벗겨진 내골격 상태의 터미네이터)을 만들었는데, 손과 팔다리, 그리고 상체와 빙긋 웃는 금속 두개골까지 제작했다. 윈스턴은 이 모델이 연기를 할 수 있도록 하겠다고 감독에게 약속했다. 그리고 그는 약속을 지켰다. 기계라는 정체성을 유지하는 이글거리는 붉은 눈과 슈워제네거의 고의적인 부자연스러움이 이를 가능하게 했다. 또한 윈스턴은 수술 시퀀스를 위해 보철물을 단 인공 신체에 분장을 했는데, 이는

반대편 위 사진 설명: **살점이 떨어져 나간 상처 : 스탠 윈스턴은 T-800의 살아 있는 조직 아래 기계를 노출시키는 장면에서 피 묻은 인공 보철물을 이용했다.**

반대편 아래 사진 설명: **제임스 카메론은 자신의 새로운 하위 장르를 '테크누아르'라고 명명했고 이 이름을 영화 속 LA 나이트클럽의 벽에 조명으로 비추며 강조했다.**

# "스토리가 명확하게 전개됨에 따라 〈터미네이터〉의 마지막 부분은 현대 특수효과 영화의 위대한 서사 구절 중 하나가 된다."

## -데이비드 톰슨

로봇의 머리에 또 다른 가짜 머리를 덧대는 분장이었다.

이 영화는 추진력을 모으고 관객이 잠시 숨을 고르도록 틈을 주기 위해 멈출 뿐 사실상 하나의 '추격 시퀀스'라고 할 수 있었다. "카메론은 〈매드 맥스(Mad Max)〉처럼 우뚝 솟을 수 있는 영화를 만들고 싶어 했어요." 편집자 마크 골드블랫이 말했다. 카메론은 마음에 든 테이크에 대해 재잘거리며 함께 러시 필름을 보았다. 시간이 충분하지 않았기 때문에 골드블랫은 주파수를 빨리 맞춰야 했다. "하지만 카메론은 무엇을 해야 할지 처음부터 끝까지 정확히 알고 있었습니다." 그가 말했다. "모든 것이 이어져 있었어요. 심리학적인 움직임이 모든 것을 연결시키고 있었습니다."

몇 년 후, 카메론과 긴 시간 동안 이야기를 나누었을 때 그는 지극히 솔직하고 자기 비판적이었다. "최근에 〈터미네이터〉에서 사용했던 두 로봇을 다 보았어요. 당시에는 터미네이터를 살아 있는 생명체로 여기고 있었기 때문에 가짜 같은 모습을 받아들이기 힘들었습니다. 영화를 제작하는 입장에서는 너무 거칠다고 느꼈던 거죠. 당시에, 그 시기에는 괜찮았다고 생각합니다. 여전히 스토리는 끝내주는 것 같아요. 그건 분명히 처형에 대한 스토리텔링의 승리입니다."

당시의 스톱모션과 메이크업의 효과는, 현대의 베리시밀리튜드(실사적 CGI를 추구하는 그의 연구소) 수준으로 보면 현실적이라고 할 수는 없지만 분명 실체적 느낌을 지니고 있었고 매우 창의적이었다. 그리고 관객이 〈죠스〉의 고무 상어를 크게 개의치 않는 것처럼 〈터미네이터〉 또한 뛰어난 스토리텔링 덕분에 단점이 커 보이지 않는다. 〈뉴요커〉는 이를 '순수하면서도 고도로 집중된 노력의 감각'이라고 정의했다. 바로 카메론의 전형적인 특

징이자 성공 비결이라고 할 수 있는 '치열하고 멈추지 않는 추진력'이다. 여기에 신시사이저를 적극 활용한 브래드 피델의 주제가도 한몫을 담당했다.

"스토리가 명확하게 전개됨에 따라 〈터미네이터〉의 마지막 부분은 현대 특수효과 영화의 위대한 서사 구절 중 하나가 된다." 좀처럼 어떠한 평가를 감정적으로 분출하지 않는 영화평론가이자 역사가인 데이비드 톰슨은 이렇게 썼다.

영화 속 최후의 대결은 자동화 로봇 설비가 갖춰진 공장의 바닥에서 벌어진다. 공업제품들이 어지럽게 흩어진 그곳에서 추격전이 막바지에 다다른다. 내골격과 다리가 잘려 나간 T-800의 조각난 뼈대가 궁지에 몰린 사라를 향해 간신히 걸어간다. 카메론의 꿈은 마침내 현실이 되었고 터미네이터에게 죽음이 찾아온다.

혹시라도 기회가 주어진다면 카메론은 자신의 영화의 전형적이지 않은 표상들을 철학적 관점에서 바라볼 것이다. 터미네이터는 집요한 죽음을 상징하고, 태어나지 않은 아이는 생명을 상징한다. 어머니이자 보호자 역할을 하는 사라와는 반대되는 개체이다. 카메론은 모성애가 영화의 반복적인 주제가 될 것임을 느꼈다. 그는 "그 모든 것들을 잊어버리지 않았어요"라고 주장했다. 이는 감독 자신이 영화와 얼마나 깊게 연결되기를 원하는지에 달려 있다. 팬덤과 학계 모두 이 영화를 고전의 반열에 올리려 했다. BFI(British Film Institute, 영국영화협회) 고전영화 연구에서 숀 프렌치는 소니의 워크맨에서 핵으로 인한 폐허에 이르기까지 〈터미네이터〉가 어떻게 '기술의 오류'에 대한 영화인지를 서술했다.

그러나 카메론의 투자자들에게는 그 어떤 것도 전달되지 않았다. 머리가 두 개인 용이 투자자를 앞에 두고 전

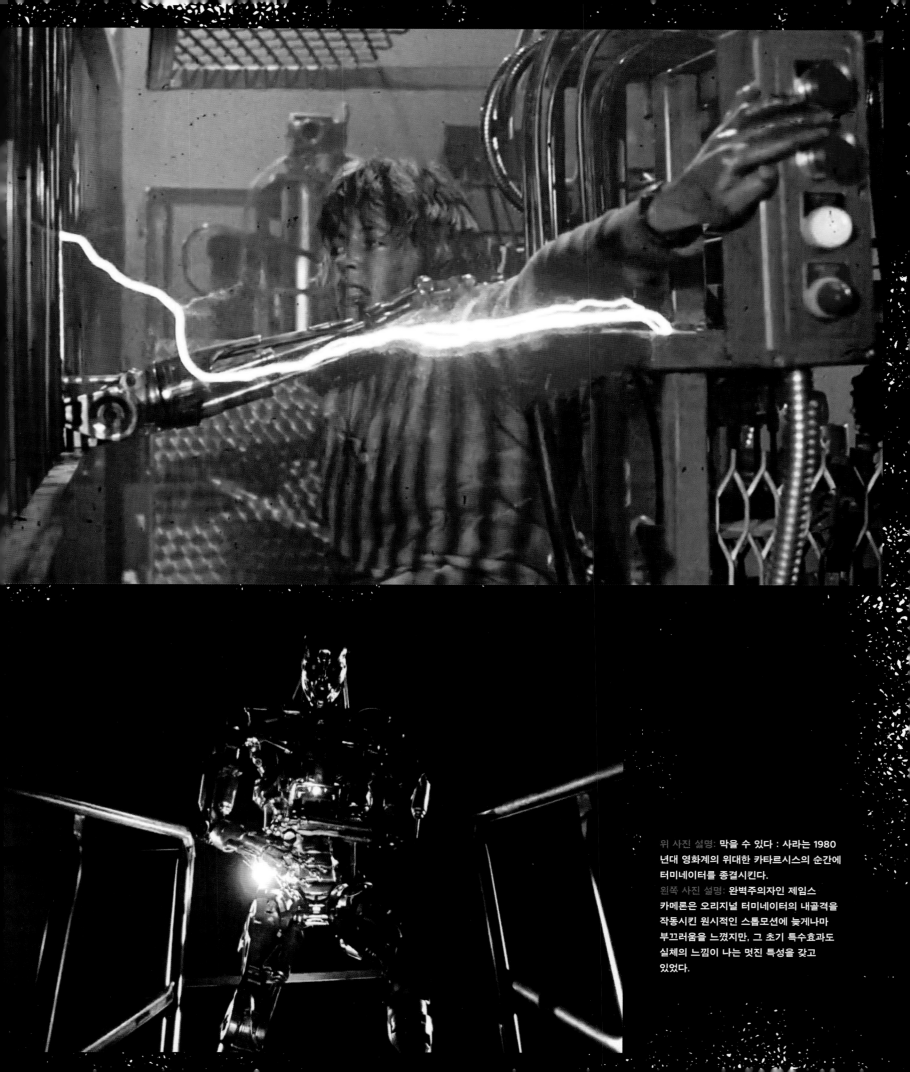

위 사진 설명: 막을 수 있다 : 사라는 1980
년대 영화계의 위대한 카타르시스의 순간에
터미네이터를 종결시킨다.

왼쪽 사진 설명: 완벽주의자인 제임스
카메론은 오리지널 터미네이터의 내골격을
작동시킨 원시적인 스톱모션에 늦게나마
부끄러움을 느꼈지만, 그 초기 특수효과도
실체의 느낌이 나는 멋진 특성을 갖고
있었다.

위 사진 설명: 화염 속에서 몸을 일으키는 내골격 : 제임스 카메론이 악몽의 순간에 본 환영은 1984년 큰 흥행 성적을 거두었으며, 그는 영화 역사상 가장 성공적인 커리어를 시작할 수 있었다.

반대편 사진 설명: 시간의 고리를 둘러싼 사랑 : 카일 리스가 임무를 맡겠다는 결심을 하게 된 결정적 계기인 사라의 폴라로이드 사진.

투를 재개했다. 카메론은 데일리가 분쟁에서 억지로 자기 방식을 관철시키려고 프로젝터의 빔 쪽으로 일어서서 임원다운 실루엣을 드리웠던 장면을 기억하며 아직도 화를 낸다. 그는 자신의 사소한 제안이 받아들여지지 않은 것에 불쾌해하며 영화를 끝까지 보지도 않았다. 카메론은 그들의 코앞에서 마지막 숏을 훔치기 위해 다시 거리로 나섰다. 슈워제네거는 팔로 차의 앞 유리를 내려쳐 부쉈으며, 카일은 시체 보관백 속으로 들어가고, 사라는 고속도로를 타고 미래로 향한다. 그녀와 동행한 개는 허드 어머니의 개였다.

〈터미네이터〉가 성공하리라는 것은 그 누구도, 심지어 카메론의 투자자들조차 기대하지 않았다. 1984년 말 영화가 대성공을 거두고 카메론은 자신이 옳았다는 사실을 증명했다는 자기만족에 빠져들었다(이는 일종의 습관이 된다). 사라가 "넌 끝났어, 개자식아"라고 말하며 금속 프레스 버튼을 누를 때 관객은 그녀에게 환호한다. 그들은 그의 카타르시스적 악몽에 질리지 않았다. 카메론은 그날을 '환상 같았다'고 묘사했다.

그러나 모든 것들이 그들에게 불리하게 돌아갔다. 배급사인 오리온은 이 영화를 일요일 밤쯤이면 잊힐 싸구려 공포영화라고 생각하고 개봉 첫 주말 초반에만 광고를 편성했다. 그런데 〈2010 우주여행(2010: The Year We Make Contact)〉과 〈사구(Dune)〉처럼 영화사에서 대규모 자본을 투자한 영화들이 줄줄이 흥행에 실패하면서 〈터미네이터〉는 몇 주 동안이나 박스 오피스 1위를 차지했다. 별 볼 일 없는 슬래셔영화의 최종 성적은 전 세계적으로 7,800만 달러에 달했다.

성공의 냄새를 맡은 슈워제네거 에이전트의 성화에 못 이긴 오리온은 뒤늦게나마 평론가들을 위해 단일 상영을 해야 했다. 평론가들은 거의 평생에 걸친 습관처럼 극찬했다. 〈뉴욕타임스〉는 이 B급 영화에 '신기한' 무언가가 있다고 보도했고, 〈타임〉은 〈터미네이터〉를 그해 최고의 영화 10편 중 하나로 선정했다. 수십 년이 지난 후에 〈슬랜트〉는 '신화적인 휴머니즘이 가진 힘은 소멸되지 않는다'라며 경의를 표하기까지 했다.

심지어 메다보이조차 영화가 헐값에 팔렸다고 인정했

다. 더 좋은 대우를 받을 수도 있었다. 하지만 이는 그의 영역이 아니었다. 카메론은 자신의 경력에서 어쩌면 가장 결정적이었을지도 모를 순간을 되돌아보며 여전히 씁쓸함을 느낀다. 하지만 사라와 마찬가지로 그 오래된 상처는 그를 미래로 이끌었다.

어느 날 허드는 옛 상사였던 코먼과 점심을 먹으면서 그에게서 〈터미네이터〉의 성공을 발판으로 힘을 키우라는 충고를 들었다. 코먼은 허드에게 '할리우드는 냉소적인 동네이고, 모든 관계는 일회성이며, 어떤 작품을 만들어도 뜻밖의 요행이라고 깎아내리는 사람들이 있을 것'이라고 말했다. "그런 말은 믿지 말게나. 자넨 길고 성공적인 커리어를 쌓을 것이고 미래에는 더 많은 〈터미네이터〉가 있을 걸세." 은유적으로나 문자 그대로나 돈에 관해서는 코먼이 옳았다.

그러나 가까운 미래에는 똑같이 종결에 저항하는 다른 적이 나타난다. "〈에이리언 2〉의 시나리오를 썼어." 카메론이 슬그머니 말했다. "시나리오는 존재하는데 어떻게 될지는 아직 아무도 몰라…."

# '신화적인 휴머니즘이 가진 힘은 소멸되지 않는다.'
## -〈슬랜트〉

완벽한 속편

# 〈에이리언 2 (Aliens)〉(1986)

There Are Some Places In The Universe You Don't Go Alone.

**ALIENS**

This Time It's War

산 페르난도 밸리에 있는 스탠 윈스턴 스튜디오 산하의 작은 사전 제작팀은 미라 영화에 나오는 고고학자들처럼 런던에서 온 소포를 둘러싸고 있었다. 소포 상자는 관만큼이나 컸고 퀴퀴한 땀 냄새와 고무 냄새가 악취를 풍겼다. 안에는 오리지널 슈트가 들어 있었는데 조금 지저분하고 찢어지긴 했지만 온전한 형태를 유지하고 있었다. 제임스 카메론은 병뚜껑, 마카로니 조각들, 심지어 롤스로이스의 부품들이 디자인적으로 붙어 있는 것을 보고는 기뻐했다. 발 부분에는 라텍스로 덮인 검정 컨버스 테니스화가 놓여 있었다.

잠시 뒤 슈트를 입어본 카메론은 신축성이 없다는 사실에 충격을 받았다. 슈트의 상징과도 같은 커다란 두개골 밑에는 아무것도 없었다. 그가 '이종형'이라고 부르는 생물들이 식민지를 침략하고 있다는 인상을 주려면 그들의 움직임은 잽싸고 유연하며 날렵해야 했다. 따라서 슈트는 가볍고 신축성이 뛰어나야 했다. "에일리언의 실루엣이 가장 중요합니다." 윈스턴은 시각디자이너인 H. R. 기거에게서 괴물의 껍데기를 넘겨받으며 말했다. "하지만 성능도 좋아야 하죠." 그들의 답은 단순했다. 여러 조각들로 분절되어 있는 검은색 타이츠를 활용하는 것이었다. 총 12벌만 제작할 예정이었다. 교묘한 편집과 스펙트럼 조명을 사용해 줄루족처럼 거대한 외계인 무리라고 짐작하게 만들 것이기 때문이었다.

이보다 앞서 몇 주 전에 카메론은 회의를 소집했다. 그는 미래의 상사들에게 자신의 결과물을 보여줄 준비를 마쳤다. 참석자는 고든 캐럴과 감수성이 결핍된 브랜디와인의 듀오 데이비드 길러와 월터 힐이었다. 할리우드의 오랜 베테랑들은 '터미네이터맨'의 새로운 작품을 기대하고 있었다. 그들은 카메론이 스토리 개요와 시각적으로 염두에 둔 것, 예상 제작비 등을 준비했을 것이고, 슬라이드 쇼를 도와줄 조수 몇 명을 데리고 올지도 모른다고 생각했다.

그러나 방으로 들어온 사람은 카메론 단 한 명이었다. 손에는 A4용지 한 장도 들려 있지 않았다. 그는 인사 한마디 없이 칠판으로 성큼성큼 다가가더니 대문자로 'ALIEN'이라고

앞장 사진 설명: **분노한 어머니 : 여왕 에일리언과 대결하기 위해 파워 로더로 무장한 리플리.**

반대쪽 위 사진 설명: **제임스 카메론은 항상 '무엇이 알을 낳는가'에 대한 질문으로 고민했다. 그가 내린 결론은 특별한 존재인 여왕 에일리언이었다.**

반대쪽 아래 사진 설명: **여왕이 비숍을 치다 : 여왕 에일리언이 랜스 헨릭슨이 연기한 인조인간 비숍을 꼬리로 찌르고 있다.**

"나는 '외계인이 이런저런 일을 했다'라는 글을 쓰고 있었습니다. 실제로 그게 맞는 말이었죠. 원작이 가진 모든 힘이 그 말에 들어 있었고 복수의 위협도 암시하고 있었으니까요."

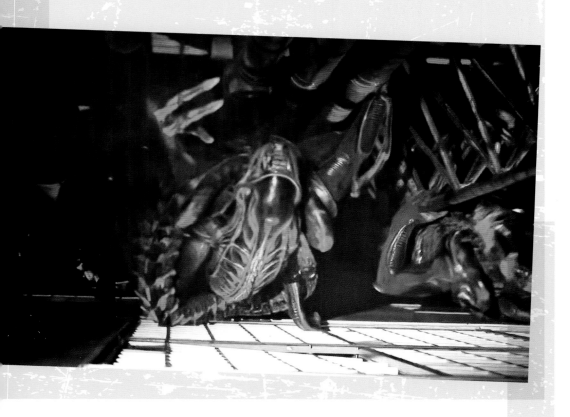

썼다. 당황한 제작자들이 이 상황을 받아들일 수 있도록 잠시 기다린 다음, 그는 마지막에 'S'를 추가했다. 이제 복수형의 'ALIENS'가 되었다. 또다시 드라마틱하게 멈춘 카메론은 다시 S에 두 개의 선을 그어 'ALIEN$'라고 썼다. 그러고는 빙긋 웃었다.

캐럴은 "우리는 그날 1,800만 달러를 주면서 착수하라고 말했습니다"라고 회상하며 자신이 그때까지 본 것 중 최고의 피치였다고 말했다.

그 자만심으로 가득 찬 태도는 카메론의 신비함을 더해주었다. 이후에도 수없이 많은 투쟁이 기다리고 있었지만, 지금 이 시점에 도달하기까지 그는 〈터미네이터〉에서 벌였던 것과 비슷한 전투를 계속 치러야 했다. 〈터미네이터〉에서 그의 무기는 신화를 만들겠다는 의지와 자신에 대한 믿음이었다.

카페인으로 홍채를 확장시키고 LA의 밤이 깊도록 시나리오를 쓰면서 카메론은 계속해서 '에일리언'이라는 단어를 응시했다. 그는 〈에이리언〉의 모태가 되는 작품을 쓴 B급 영화 베테랑인 댄 오배넌과의 인터뷰를 떠올

렸는데 당시에 그 작품은 〈스타비스트〉라는 제목을 달고 있었다. "그는 '외계인이 이런저런 일을 했다'라고 쓰고 있었고 그 페이지에서 외계인이라는 단어가 눈에 띈다는 것을 깨달았습니다. 나 역시 '외계인이 이런저런 일을 했다'라는 글을 쓰고 있었습니다. 실제로 그게 맞는 말이었죠. 원작이 가진 모든 힘이 그 말에 들어 있었고 복수의 위협도 암시하고 있었으니까요."

카메론은 그의 속편이 원작과 일치해야 할 뿐만 아니라 핵심 전제를 이어받아 이를 발전시켜야 한다고 생각했다. 적은 하나가 아니라 집단일 것이다. 원작의 전제를 해체하고 그 힘을 강화하는(이종형 한 마리는 쉽게 죽일 수 있으나 너무 많으면 다 죽이기 힘들다는) 설정이었다. 이는 카메론이 우리 안에 내재된 자극에 대한 집단적 갈망과 악몽에 대한 욕구를 어떻게 건드렸는지에 대해 많은 것을 말해준다. 그는 1970년대 말 공상과학영화의 트리트먼트를 썼는데 의미심장하게도 제목이 'E.T.'였다. 스티븐 스필버그의 달콤한 흥행작이 세상에 나온 이후 타이틀을 〈프로틴(Protein)〉으로, 다시 〈마더(Mother)〉

로 바꾸었다. 어린아이의 생존을 보장하려는 유전자 조작 여성 외계인에 관한 내용이었다. 주인공은 인간 여성이었는데 카메론은 '리플리와 매우 비슷하다'고 인정했다. 마침내 그들이 결투를 벌일 때 여주인공은 카메론이 나중에 '파워 로더'라고 불렀던 것을 몸에 두르고 있었다.

카메론은 여성 적대자를 생각하면 어머니이자 보호자라는 본능을 가진 생물체가 떠올랐다. 반면 남성 적대자들은 기계이면서 흔들리지 않는 목적을 지닌 존재라고 생각했다. 이것이 카메론이 가진 양면이었다. 따뜻한 어머니와 차가운 아버지 말이다.

〈에이리언 2〉는 〈람보 2〉, 〈터미네이터〉와 함께 1983년 초에 시작된 그의 세 가지 임무 중 하나였다. 그는 도전에 직면했을 때 늘 그랬던 것처럼 문제에 정면으로 맞섰다. 이는 육체적으로 생각하거나 창의적으로 생각하더라도 인내와 시간의 문제였다. 그래서 계산을 했다. 각각의 영화는 대략 두 시간 정도 될 것이다. 각 페이지는 영상 1분 정도에 해당하기 때문에 총 360페이지가 될

위 사진 설명: 제작자들이 속편 맡는 것을 만류하는 동안에도 제임스 카메론은 어떻게 〈에이리언〉의 뒤를 따라야 할지 잘 안다고 확신했다. 솔직히 말해서 〈에이리언 2〉는 지금까지 만들어진 속편 중 가장 위대한 영화일 것이다.
반대편 사진 설명: 실제로 제작한 슈트는 12개밖에 되지 않았지만 관객은 이종형 무리에 완전히 압도되었다. 모든 것이 예술적인 편집 덕분이었다.

것이다. 그리고 마감까지 깨어 있는 시간을 360으로 나누고 시간당 완성해야 할 페이지를 계산했다. 프로젝트를 쉽게 구분하기 위해 명확하게 지정된 음악을 듣고 각기 다른 책상에 앉아서 작업을 했다. 〈람보 2〉를 쓸 때는 〈지옥의 묵시록(Apocalypse Now)〉의 쿵쾅거리는 사운드트랙을 들었고, 〈에이리언 2〉 작업 시에는 구스타브 홀스트의 〈The Planets〉을 들었다. 낮에는 〈터미네이터〉 시나리오를 수정하면서 사운드트랙으로 들어갈 헤비메탈을 들었다.

카메론은 커피 주전자와 어머니가 보내준 빅맥 쿠폰으로 연명하면서 성공을 거두었다. 이것이 그를 증명하는 기반이었다. "그는 어린아이 같았어요"라며 마이클 빈은 '사탕 가게에 있는 아이처럼' 분풀이를 하려는 그와 함께 사격장에 간 날을 기억했다.

카메론의 어머니는 어머니라는 칭호에 맞는 분이었고 카메론은 바로 〈에이리언 2〉에 그 아이디어를 접목해 주인공을 리플리로 바꾸어놓았다. 그는 '생각하고 있던 여러 가지 요소들을 한데 뭉쳐버렸다'고 시인했다. '그때는 돈 때문에 일하는 용병처럼 느껴졌다'고도 말했다. 게다가 그가 번갈아가며 만들어내고 있는 국내용 콘셉트들은 멀리 우주 밖 이야기에 모두 희생당하고 있었다. 또래의 다른 아이들과 마찬가지로 카메론 역시 어릴 때 텔레비전에서 베트남이 거실로 쏟아지는 것 같은 경험을 한 적이 있었다. 〈지옥의 묵시록〉을 다시 보고 디스패치의 마이클 허가 쓴 비속적이고 직접적인 보도를 읽을 때 전쟁은 그의 정신의 최전선에서 다시 벌어졌고, 행성 LV-426은 동남아시아에서 미국이 벌인 무모한 전쟁에 대한 은유가 되었다. 람보와 리플리는 둘 다 카메론의 트라우마를 마주하도록 했다.

카메론은 이에 대해 명확한 태도를 취했다. "기술적으로 우세한 군대가 비장하고 비정규적인 적에게 패배하는 스토리는 확실히 베트남전과 비슷합니다." 다시 말하자면 무리 지어 있는 이종형들은 베트콩이다. 카메론은 에일리언을 그토록 강력하게 만든 요소 중 하나가 이들 생물체가 평범한 승무원들 사이에 착륙했다는 사실을 잊지 않았다. 그래서 승무원을 건방진 해병대원들로 대체하여 이 수법을 되풀이했다. 〈에이리언 2〉에서 살아 움직이는 캐릭터들도 훌륭하다. 터프하고 과묵한 힉스(마이클 빈), 익살꾼 허드슨(빌 팩스턴), 진지함의 끝을 보여주는 바스케스(제넷 골드스타인), 그리고 (카메론의 원대한 계획을 방해했던 모든 영화사 경영진을 투사한 것이 분명한 캐릭터이면서) 계략을 꾸미는 뱀 같은 버크(폴 레이저)가 등장한다. 그들의 대화에는 냉혹한 진실과 허를 찌르는 비수 같은 농담들이 스타카토의 속도로 터져 나온다. 〈에이리언 2〉는 〈카사블랑카(Casablanca)〉만큼이나 인용할 가치가 있는 영화이다.

카메론의 '지상파 보병'들은 누구랑 붙어도 지지 않을 것이라 확신했다. (그러나 이들은 후에 혹독함을 배우게 된다.) 그들은 화력에 자신 있는 카메론의 분대였다. 여기에는 〈터미네이터〉의 그림자도 존재했다. 집요한 적에 맞서는 여전사, 그리고 거창한 공상과학소설은 투박하고 인간적인 생존의 이야기로 탈바꿈하여 계속 이어졌다.

카메론의 초고가 무척 마음에 들었던 길러와 힐은 즉시 카메론의 이름 위에 그들의 이름을 올렸다. 카메론은 아무런 보수도 받지 못한 반면, 그들은 폭스로부터 월급을 받았다. "상당히 화가 났어요." 카메론은 이렇게 말했다. 전열이 빠르게 가다듬어지고 있었다.

1985년 강도 높은 조직 개편으로 힐의 동료였던 로렌스 고든이 폭스의 수장이 되었다. 현대 미국 박스 오피스의 흐름에 훨씬 더 잘 적응한 그는 〈에이리언〉 속편이 아직 제작되지 않은 것에 격분했다. "〈에이리언〉 속편은 거저먹는 거였습니다." 그가 단언했다.

적어도 카메론에게는 애초부터 '시나리오를 쓰고 직접 연출을 하는 것'이 거래 조건이었다. 그렇지 않으면 참여하지 않으려 했다. 그는 직접 감독한다는 조건하에 〈에이리언 2〉 각본 작업을 했다고 주장했다. 그는 이미 캐릭터들과 감정적으로 깊이 연결되어 있어서 다른 사람 손에 맡길 수도 없었고, 〈터미네이터〉는 감독으로서 그의 입지를 크게 넓혀주

> # "기술적으로 우세한 군대가 비장하고 비정규적인 적에게 패배하는 스토리는 확실히 베트남전과 비슷합니다."

반대쪽 사진 설명: 포화 속에서 : 허드슨과 바스케스. 해병대는 원작의 거칠고 날선 승무원들의 완벽한 확장이자 블루칼라 히어로들에 대한 제임스 카메론의 고전적인 표현이었다.

아래 사진 설명: 위험 속에서 피어나는 사랑 : 힉스가 리플리에게 M41A 펄스 라이플의 사용법을 알려주고 있다.

"나는 리들리와
이야기하는 것이
스토리를 만드는 데
어떤 도움이 될 거라고
생각하지 않았습니다."

었기에 목소리도 높일 수 있었다. 고든이 이를 거절하기란 거의 불가능했다. "때로 감독과 친하게 지내는 것도 좋은 일입니다"라고 그는 20년이 지나 뒤늦게 말했다.

카메론은 몇 달 동안 점심값을 낼 일이 없었다. 그를 만나려는 사람들이 넘쳐났기 때문이었다. "모든 에이전트와 프로듀서가 나를 만나고 싶어 했습니다. 갑자기 유명한 감독이 된 것 같았어요. 덕분에 〈에이리언 2〉의 계약을 곧바로 할 수 있었습니다. 그래서 사람들에게 〈에이리언 2〉를 맡는 것에 대해 그만 이야기하라고 말했죠."

카메론과 점심을 먹은 사람 중에 줄리아 필립스도 있었다. 그녀는 자신의 생각을 거리낌 없이 말하는 것으로 유명했으며 〈택시 드라이버(Taxi Driver)〉의 프로듀서이자 할리우드를 폭로한 것으로 유명한 《이 동네에서 다시는 점심을 먹지 못할 것이다(You'll Never Eat Lunch In This Town Again)》의 저자였다. 그녀는 솔직하게 사업 이야기를 나누기 위해 카메론을 고급 레스토랑으로 초대했다. 메뉴를 다 읽기도 전에 그녀는 그에게 〈에이리언 2〉의 속편을 해서는 안 된다고 말했다. "왜요?" 그가 물었다. "당신의 영화에서 좋은 것은 뭐든 리들리 스콧의 공으로 돌아갈 거니까요." 그는 그저 어깨를 으쓱했다. "맞아요. 하지만 난 하고 싶어요. 아주 잘할 겁니다."

카메론은 '과하게 고민하지 말라'는 또 다른 명언을 남겼다. 할리우드의 변덕스러운 가르침보다는 스스로의 직관을 믿으라는 것이다. 다음에 어떤 일이 일어날지 모르겠다는 헛소리를 마주하게 될 말썽 많고 탈도 많았던 런던의 촬영장에 도착해서도, 카메론은 스콧에게 전화할 생각은 조금도 하지 않았다. 그는 마음속으로 〈에이리언〉에 대한 경의를 갖고 있었다. "나는 리들리와 이야기하는 것이 내 스토리를 만드는 데 어떤 도움이 될 거라고 생각하지 않았습니다."

우주에 있는 유령의 집이라는 스콧의 템플릿을 전투 영화로 확장한 것은 카메론이 '자신의 영화 제작 스타일을 접목'할 수 있게 만들었다. 그는 스콧의 방식으로는 분위기를 환기할 수 없다는 것을 알고 있었다. 누군가는 할 수 있을지도 모른다. 하지만 그는 〈더티 더즌(The Dirty Dozen)〉이나 〈알라모(The Alamo)〉의 최후까지 저항한다는 분위기를 따르기로 결정했다. "리들리의 디자인을 배경으로 키네틱 아트(kinetic art, 움직임을 중시하거나 그것을 주요소로 하는 예술 작품)를 추가하는 순간, 사람들은 완전히 다른 영화를 보게 될 겁니다." 사건이 눈사태처럼 위기로 치닫는 데에는 굽히지 않는 논리가 있었다. "〈에이리언〉보다 〈터미네이터〉와 더 일관되는 주제의 영화를 제작하려고 했습니다. 그래서 일어날 수 있는 어떤 비판도 피하려고 했죠." 카메론은 자신의 생각을 명쾌하게 말했다. "A는 B를 뒤따른다는 도미노이론은 어떤 것이 한 번 시작되면 그 무엇도 그것을 막을 수 없다는 거죠." 〈에이리언 2〉의 위대한 승리는 스콧의 우주 누아르라는 미학에서 튀어나왔을 수도 있지만, 영화는 카메론의 DNA를 기반으로 했다.

분주하게 시나리오를 쓰는 동안 카메론은 책상 위에 시고니 위버의 사진을 올려놓았다. 프랜차이즈를 정의하는 인물은 기거의 비현실적인 괴물이 아닌 리플리였다. 이것은 그녀의 이야기였고 영화적 균형을 이루는 중요한 인간적 부분이었다. 카메론은 우주 예인선 노스트로모호의 유일한 인간 생존자로서 트라우마와 죄책감에 시달리는 영장전담관을 중심으로 한 뒷이야기에 살을 붙였다. 항해를 떠나기 전의 삶과 우주를 떠도는 동안 그녀의 딸이 죽었다는 설정이었다. 단순히 숫자라는 측면에서가 아니라 심층적으로 캐릭터를 들여다보며 독창적인 개념을 만들어가는 과정의 일부였다. 위기라는 프리즘으로 리플리를 알게 되는 스콧의 미니멀리즘과는 다르게, 카메론은 캐릭터를 더 발전시키고 싶었다. "영화의 모든 장면이 그녀에 관한 것이었습니다. 그녀의 마음속으로 들어가고 있었어요." 그는 오리지널을 '전편'이라고 언급하며 〈에이리언 2〉는 복수에 관한 이야기라고 덧붙였다.

이것이 메인 이벤트였다. 섬세하게 묘사된 뉴트와의 관계에서, 리플리는 전편에서 주저하고 방어적인 주인공이었다면 후편에서는 좀 더 접근하기 쉽고 이해하기 쉬운 성격으로 변했다. 인물에 대한 성격묘사가 정교하게 완성된 것이었다. 리플리는 단순한 여성 액션 히어로가 아니었다. 그녀의 성별은 결정적인 특징이기도 하지만 그것을 완전히 벗어나게 하는 요인이기도 했다. 리플리는 자연스럽게 두 영화를 모두 책임졌다. 그녀는 압박감 속에서도 잘 헤쳐 나갔으며, 리더였다. 하지만 이 모든 것이 문제를 불러일으켰다.

애초에 원작 〈에이리언〉에 대한 기대가 낮았기 때문에 폭스는 시고니 위버를 속편에 영입할 생각을 하지 않았다. 〈에이리언〉의 계약서를 작성할 당시에는 리플리가 살아남을지조차 확신하지 못했었다. 당연히 위버는 속편에 대해 아무것도 몰랐다. 이 같은 상황을 해결하

"시고니 위버는 영화에서 죽기를 원했고,
리플리가 총을 사용하지 않기를 바랐습니다.
또한 에일리언과 사랑을 나누고 싶어 했어요."

기 위해 카메론은 제라르 드파르디외와 프랑스에서 코미디를 촬영하던 위버에게 전화를 걸었다. "저, 애덤에게 이야기를 듣지 못했을 것 같은데 〈에이리언 2〉의 시나리오를 방금 마쳤습니다." 몇 분간의 어색한 설명 후에 그는 그녀에게 시나리오를 보낼 테니 읽어줄 수 있냐고 물었다.

위버는 그전까지만 해도 속편 이야기가 나올 때마다 거절해왔었다. "이미 다 끝난 스토리를 왜 건드리려고 하는 거죠?" 그녀는 프로듀서에게 계속해서 말했다. 길러는 그들이 결국 그녀의 수면캡슐을 열 것이고 리플리는 '먼지로 분해될 것'이라며 진담 반 농담 반으로 이야기했다.

위버는 여전히 카메론의 제안이 의심스러웠다. 원작은 이제 장르의 클래식으로 인정받고 있었다. 그런데 그저 한 푼이라도 더 벌어보고자 하는 불순한 의도에서 성급한 젊은이에게 프로젝트를 넘기는 것이 아닌가 걱정이 됐다. 그러나 그녀는 미팅에 동의했다. 리플리가 어떤 방향으로 가야 할지 자신만의 생각을 들려주기 위해서였다. 그녀가 가져온 시나리오는 여러 가지 색으로 표시가 되어 있었고 메모들로 가득 차 있었다. 위버는 카메론에게 자신이 생각하는 리플리에 대해 말하는 한편 이런저런 제안을 하기도 했다. 그는 위버의 제안을 똑똑히 기억했다. "시고니 위버는 영화에서 죽기를 원했고, 리플리가 총을 사용하지 않기를 바랐습니다. 또한 에일리언과 사랑을 나누고 싶어 했어요."

적어도 카메론의 입장에서는 시나리오의 단 한 글자도 건드릴 수 없었고, 그는 위버의 모든 아이디어를 무시했다. (이 모든 것은 후속 편들을 방해할 수도 있었다.) 그는 위버가 도망갈까 봐 겁이 났지만 그녀는 그가 하는 말들을 듣고 있었다. 그는 노스트로모호에서 일어난 사건들로 인해 돌이킬 수 없이 변해버린 리플리가 자신의 미래를 위해 싸울 거라 역설했다. "리플리는 자신이 방 안에만 머무른다면 서서히 쓸모없어질 것을 알고 있어요." 위버는 깨달았다.

하지만 아직 계약이 성사된 것은 아니었다. 위버는 자신이 원작보다 속편에 훨씬 더 가치가 있다는 것을 잘 알고 있었고 협상은 교착상태에 빠졌다.

게일 앤 허드와 결혼하기 위해 마우이로 향하던 카메론은 폭스에 자신이 돌아올 때까지 위버를 잡아놓지 않으면 프로젝트에서 빠질 것이라고 간단명료하게 말했다. 하지만 그의 허세는 통하지 않았다. 그가 돌아왔을 때도 여전히 계약은 성사되지 않은 채였다. 플랜 B를 가동할 시간이었다. 카메론은 우연히도 위버와 같은 회사(ICM) 소속인 아놀드 슈워제네거의 에이전트와 통화를 했고 그에게 리플리를 없애고 뉴트와 해병대로만 영화를 진행하기로 결정했다고 말했다. 그러고는 수화기를 던지듯 내려놓았다. 그날 늦게 위버는 상당한 금액인 백만 달러에 계약을 채결했다.

위버는 카메론이 없었다면 리플리는 여전히 코어 시스템을 표류하고 있었을 것이라고 강조한다. "속편은 언제나 웃음거리죠. 속편에 도전하기 위해서는 짐만큼 자신감이 있어야 한다고 생각해요.”

촬영을 11시간 남겨놓고 사각턱의 힉스 역할은 빈으로 교체되었다. 전임자인 제임스 리마는 감독의 취지를 이해하지 못했고(그들은 공개적으로 대립했다), 결국 리마는 포괄적이고 경멸적인 ‘예술적 차이’라는 미명하에 해고되었다. 이는 프로덕션 기간 중 점점 더 많이 생겨나게 될 문제 중 하나였다. 빈은 〈터미네이터〉에서 카메론과 함께 작업했던 자신이 이 프로젝트에서 빠졌다는 사실에 약간 기분이 상했다. 하지만 전화를 받았을 때는 일말의 고민도 하지 않았다. “여권은 문제없나요?” 허드는 다른 질문 없이 수화기를 내려놓았다. 다음 날 빈은 런던으로 향하는 비행기에 올랐다. “일말의 의심도 없었어요. 전 거기 있었습니다! 게다가 3주간의 말도 안 되는 해양 훈련을 받을 필요도 없이 바로 촬영장으로 들어갔어요.”

카메론은 신병훈련소를 조직해 전직 SAS 대원들이 그곳을 관장하도록 하면서 전투로 닳은 군인들의 흉포한 유머를 배우들에게 주입시켰다. 이너 서클의 또 다른 멤버인 빌 팩스턴은 자신의 캐릭터인 허드슨 때문에 다른 이들이 자신을 싫어하게 될까 봐 두려워했다. “허드슨은 항상 징징대며 히스테리를 부리는 인물입니다. 관객은 그가 괴물에게 먹히길 바랄 거예요. 하지만 당시에는 짐이 저를 아주 훌륭한 방법으로 이용하고 있다는 걸 깨닫지 못했습니다. 허드슨은 압력 방출 밸브와도 같은 사람이에요. 그는 부적절한 순간에 부적절한 말을 하며 관객에게 숨 쉴 틈을 주는 역할이죠.”

카메론의 영화에는 반권위주의적인 성향이 흐른다. 〈에이리언 2〉에도 블루칼라의 영웅들이 신뢰할 만하게 그려지는데 리플리는 은하계 간 부두 노동자가 되고 카메론의 계산적인 좌뇌의 구현체인 랜스 헨릭슨의 핏기 없는 인조인간 잡역부인 비숍도 자신감에 차 있었다. 반면 권위를 상징하는 그린혼의 고먼 중위(윌리엄 호프)와 연구원 버크는 믿을 수 없는 인물들이었다.

팩스턴은 〈에이리언 2〉를 만드는 동안 좋았던 기억밖에 없었다. 랭리의 홀리데이 인에 주둔하고 있던 해병대원들과 펍으로 향하거나 날씨가 허락하면 바비큐를 하면서 함께 어울렸다. 그는 위버가 촬영장에 도착한 날을 기억했다. 그들은 모두 화염방사기를 갖고 연습하고 있었고, 그녀는 리복이 특별 제작한 리들리 펌프스를 신고 있었다.

그러나 카메론이 하는 이야기는 좀 다르다. 그에게 촬영 기간은 그의 캐릭터들이 직면하는 시련과 같은 인내력 테스트였다. 카메론은 파인우드의 해안에 닿자마자 무자비한 적과 마주한 자신을 발견했다. 바로 영국 스태프였다.

카메론은 1985년 9월부터 드라이아이스와 떨어지는 물이 폐쇄공포증을 유발하는 방음 스튜디오에서 일하고 있었다. (나중에는 폐기된 액션 레인 발전소에서 원자로 시퀀스를 촬영하게 된다.) 그는 함께 일할 숙련된 스태프들을 찾는 중이었다. 그들은 카메론과 함께하거나 도망갈 사람들이었다. 그러나 당시에는 카메론이 뽑을 필요 없이 영화사에서 제작진을 데려왔고, 그들은 계약에 따라 행동했다. 이는 전적으로 카메론의 통제 본능에 반하는 일이었다.

파인우드의 패거리는 촬영장 주변에 있었다. 스콧과 함께 〈에이리언〉에서 함께 일했던 그들은 벼락출세자가 능력도 없으면서 감독을 맡고 있다고 생각하는 게 분명했다. 〈터미네이터〉는 아직 영국에서 개봉하기 전이었고, 그들은 카메론이 영화를 보여줄 때도 거의 나타나지 않았다.

영국 스태프들은 감독이 직접 카메라를 작동하거나 슬라임을 바르는 것이 중대한 죄악이라며 분개했다. 노골적으로 저항하거나 분노를 표출하는 분위기가 지속되었다.

하지만 카메론을 화나게 한 것은 따로 있었다. 노조에서 지정한 별도의 홍차 마시는 시간인 티브레이크였다. 오전 11시와 오후 4시가 되면 어김없이 차를 실은 트롤리가 덜컹거리는 소리를 내며 세트 위를 굴러다녔고, 이 때문에 세심하게 관리된 드라이아이스가 주차장으로 빠져나가기도 했다. 그리고 카메론의 인내를 무너뜨린 것도 바로 이 티브레이크였다. 하필이면 몹시 고된 장면을 촬영하는 중에 트롤리가 삐걱거리면서 시야에 들어왔고, 카메론은 불쾌감을 드러내며 화를 냈다. 그리고 곧장 달려와서는 트롤리에서 찻주전자를 깨끗이 밀어버렸다. 이 사건 때문에 움푹 팬 바닥은 하나의 상징이 되었다.

위 사진 설명: 둥지 속으로 : 해병대원들이 적진을 향해 첫 번째 운명적인 출격을 하기로 한다. 베트남전에 대한 모든 암시들은 전적으로 의도된 것이었다.

"허드슨은 압력 방출 밸브와도 같은
캐릭터예요. 그는 부적절한 순간에
부적절한 말을 하며 관객에게
숨 쉴 틈을 주죠."

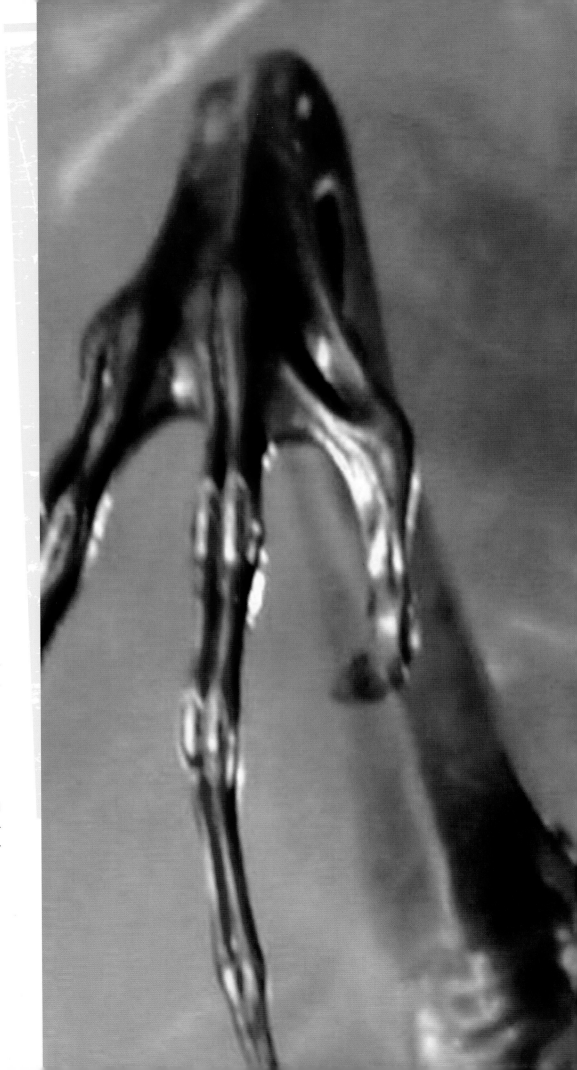

"짐은 껍데기조차 남지 않을 때까지 모두 짜내는 방법을 알고 있었습니다." 팩스턴이 말했다. "하지만 이는 전통적인 사고를 가진 사람들을 화나게 했죠. 그는 무언가를 기다릴 바에는 직접 잡으러 갈 사람이었습니다. 하지만 스태프들은 '이봐요, 두목 나리, 그럼 안 돼요'라고 할 태세였어요."

그러나 다행히도 배우들, 즉 리플리와 해병대원들은 카메론 편이었다. 카메론은 배우들과 러시 필름을 공유하고 크리처 숍을 구경시켜주면서 화염방사기들이 있는 깨끗한 파인우드 정원으로 내보냈다. "나는 당신이 이 캐릭터가 누구인지 알고 있다는 걸 알아요." 그는 배우들이 전투를 시작하자마자 이렇게 주장할 것이었다. 그리고 그 옆에선 "연기 더 넣고 스팀, 물 더 넣어!"라고 누군가가 외쳤을 것이다. 더 많은 테이크를 찍으려 하는 완벽주의자 시고니 위버 말이다. 슈워제네거는 카메론이 만들었다고 할 수도 있지만, 위버는 카메론이 감당해야 했던 최초의 진짜 스타였다. 카메론의 좌절에도 불구하고 LA로 날아온 영상들은 놀라웠다.

과연 카메론은 해병대원들이 처음으로 둥지에 무모하게 침입한 장면보다 더 설득력 있는 시퀀스를 연출한 적이 있었을까? 커져가는 혼란을 과감하게 끊어버리는 편집과 힐끔 쳐다보는 윈스턴의 이종형의 모습, 모니터에 비친 해병대원들의 시신과 점점 커져가는 컴퓨터에 대한 공포, 지휘를 맡은 고먼이 죽자 그 자리를 이어받는 리플리까지 〈에이리언 2〉에서는 원작을 떠나 단계적 강화에 대한 충격적인 센스가 빛났다. 이 놀라운 연출은 기념비를 향해 멋지게 기어를 올리는 훌륭한 전환이었다.

카메론은 영화 속 생명체가 합성수지로 덮인 벽과 완전히 섞이기를 원했다. 〈에이리언〉에서는 노스트로모호의 공업지역에 들어갔지만 이곳뿐만 아니라 인간 거류지에 가까운 스콧의 인구밀집지역(스콧의 복도 및 갠트리와 유사하게 산업 고딕적인 이름을 가진 구역)에 보이지 않게 둥

오른쪽 사진 설명: **여왕과 관객 : 스탠 윈스턴이 제작한 4.2미터 높이 인형의 클로즈업 버전. 제임스 카메론의 오리지널 크리처를 문자 그대로 확장한 형태다.**

지를 만들고 분비물 사이에 숨어 있었다.

영화 내내 이 생물은 방향감각을 잃은 해병대원들에게 달려들었고 환풍구를 통해 허우적거렸지만 연기와 그늘에 늘 가려져 있었다. 유일한 클로즈업은 면도날처럼 날카로운 이빨 사이로 더 많은 이빨이 드러나는 장면이었다. 스콧의 조언을 구하지 않기로 결정했을 때 카메론은 전편에서 디자인 콘셉트를 맡았던 기거를 다시 불러오는 데 반대했다. 대신 〈터미네이터〉에서 호흡을 맞춘 윈스턴과 함께 기거의 프로이트적 괴물에게서 마음에 드는 부분을 선택해 활용하기로 했다. 기거는 자신을 무시했다는 사실에 상처받았고, 카메론은 훗날 그에게 '그의 첫째 아이를 유괴한 것'에 대해 사과 편지를 보냈다. 문제는 카메론이 에일리언의 놀라운 생물 주기에 대한 질문에 답해야 한다는 것이었다. 알에서 페이스 허거가 되고 체스트 버스터가 되는 것, 그리고 산성 피를 가진 성체 이종형은 어떻게 자라는지, 그 알들은 어디서 왔는지 등등.

신화의 확장보다 생명체의 생리에 더 관심이 있었던 카메론은 간결하고 팽팽하게 편집하기 위해 식민지의 구성원들이 오리지널 영화의 몇 안 되는 시각적 연결 고리 중 하나인 버려진 땅을 발견하는 시퀀스를 과감하게 잘라냈다. 그리고 이종형의 거대한 알을 낳는 여왕 에일리언을 상상했다. 다분히 상식적인 생각이었다. 여왕을 창조함으로써 그는 외계인에 대한 남성 중심적 이미지를 뒤집고 있었다. 그는 자신의 기거레스크적 모형이 어떻게 작동하는지를 보여주기 위해 과감히 스케치해 나갔고 이를 넘겨받은 윈스턴 팀은 모형 제작에 돌입했다. 촬영을 시작하기 몇 주 전 그들은 유리섬유 틀을 만들어 거품으로 덮인 머리 모양을 만들고 그것을 검정 쓰레기 봉투로 덮었다. 그리고 주차장으로 끌고 가 크레인에 매달았다. 모형이 위아래로 흔들릴 때 감독은 카메라를 향해 소리를 지르며 지시했다. 쓰레기봉투 괴물은 실제로 꽤나 무시무시해 보였고 카메론의 아이디어는 빛을 발하고 있었다.

만일 〈에이리언〉을 두 외로운 생존자, 즉 리플리와 이종형의 이야기로 압축할 수 있다면 〈에이리언 2〉는 라

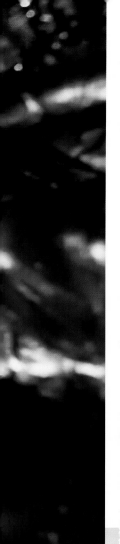

이별 관계인 두 어머니, 즉 리플리와 여왕의 이야기라 할 수 있다. 카메론은 자식을 보호하려는 모성 본능이 생존 본능보다 더 원초적이라는 것을 파악하고 있었다. "자식을 위해 싸우는 엄마는 자신을 희생할 것이기 때문입니다." 이는 진화를 통해 유전자에 각인된 본성이었다.

단테적인 결말에서 리플리는 자신의 아이를 구하기 위해 지옥으로 내려갈 준비를 한다. 모든 허세와 모든 군사적 전문용어와 하드웨어 그리고 모든 심장이 고동치는 액션과 모든 헛소리에도 불구하고 영화는 엄마가 아이를 구한다는 단 하나의 동기로 귀결된다. 카메론은 본능적으로 보편적인 충동을 동경하며 연마하고 있었다. (〈에이리언 2〉는 모성에 관한 영화이다.) 또한 임무를 수행하기 위해 무장하는 위버의 모습은 〈터미네이터〉나 〈람보〉와 비슷한 분위기를 보여주는 일종의 패러디다.

핵심은 뉴트였다. 식민지의 유일한 생존자, 리플리의 미니어처이자 딸을 대신하는 존재. 뉴트는 9살의 캐리 헨이 연기했다. 헨은 연기 지도를 받은 적이 없는 미 공군 기지의 주민이었다. (연기에 관심도 없었고 후에 교사

가 된다.) 강건한 영혼을 가진 헨은 촬영장의 어두운 장소에서도 동요하지 않았다. 카메론은 "캐리는 영화와 현실을 확실히 구분하고 있었습니다"라고 말했다. "어느 순간 나는 괴물들이 모두 고무로 만들어졌다는 것을 보여주기 위해 캐리를 크리처 숍에 데려간 기분이 들기도 했어요."

윈스턴이 만든 여왕 에일리언의 모형은 키가 4.2미터나 되었고 작동시키는 데에만 14명이 필요했다. 박스째로 매주 세트장에 도착하는 KY젤리에 질식당하고, 영화의 서사적 대결에서 리플리와 맞붙었을 때도 인형은 여전히 기거의 외형적인 미학의 본질을 놓치지 않고 있었다. 윈스턴은 "여왕은 아마도 카메론의 지시에 화를 내면서 그를 물러나게 할 수 있는 유일한 배우였을 겁니다"라고 말했다.

그때 여왕은 분노한 엄마였다. 약속했던 대로 이것은 연기였다. 자신의 알들이 다 타버리자 여왕은 뉴트를 차지하기 위해 쫓아온다. 그리고 그 장면에서 리플리의 잊을 수 없는 외침이 터져 나온다. "애에게서 떨어져, 이년

위 왼쪽 사진 설명: **본능적으로 보편적 관념에 영합하다 : 〈에이리언 2〉의 클라이맥스는 본질적으로 자신의 아이들을 지키기 위한 두 어머니 간의 결투이다.**
위 사진 설명: **빈대에 물리다 : 리플리와 뉴트는 끈질기게 자신들을 공격하는 페이스 허거를 물리친다.**

아!" 그때는 촬영이 계속 지연되는 상황이었다. 위버는 한마디 한마디가 진심이었다. 이는 매우 도전적이고 인간적인 반응이었으며 감동적인 서사시였다. 이것이 〈에이리언 2〉가 전 세계적으로 1억 3,100만 달러를 벌어들이고 오스카 여우주연상을 포함한 7개 부문 후보에 오른, 〈에이리언〉 시리즈 중 가장 많은 수익을 올린 영화가 된 이유이다. 또한 제임스 카메론의 영화로 만든 상징이기도 했다. 아마 리들리 스콧의 〈에이리언〉을 보면서도 이 대사를 중얼거릴 것이다. 원초적인 인식을 가진 여성과 남성 관객은 모두 환호성을 지르고 또 질렀다. 엄마가 구하러 왔기 때문이다. 속편은 궁극적으로 여성 대 여성의 대결로 마무리되었다.

전편보다 못한 후속 편에 대비해 날을 갈고닦은 비평가들은 자리에서 튕겨져 나왔다. 〈시카고 트리뷴〉의 릭 코건은 "〈에이리언 2〉는 세심하고 정교하게 만든 우주 공포영화가 얼마나 훌륭하고 악몽 같은 영화가 될 수 있는지를 상기시키기 위해 세상으로 나왔다"라고 보도했다. 〈LA타임스〉의 실라 벤슨은 "제임스 카메론은 시고니 위버의 반항적인 지성과 관능적인 신체적 기량을 중심으로 영화를 만들었다"고 평가했다. 그렇다면 리플리는 영웅주의에 대한 그의 모든 접근법을 풀 수 있는 소스 코드였다. "원작을 능가하는 단 하나의 속편"이라고 〈시카고 리더〉의 데이브 커는 말했다. 그러한 결론에 도달한 사람은 커뿐만이 아니었다.

1993년으로 잠시 점프해보자. 위버는 (영화사의 간섭으로 거의 산산조각 날 뻔한 첫 번째 영화에 기대어 프랜차이즈를 다시 연결하려는 도발적인 시도였던) 〈에이리언 3〉의 여파로 자신감을 잃은 데이비드 핀처를 별로 도움이 안 될 카메론과의 저녁 식사 자리에 데리고 나갔다. 그들은 거의 농담도 주고받지 않았다. "당신이 뉴트를 죽였나요?" 카메론이 우울한 후임자에게 물었다. 그는 거의 그 우울함을 즐기는 것처럼 보였다. 힉스와 뉴트는 영화의 오프닝 크레디트에서도 볼 수 없었다.

저녁 식사 데이트를 떠올리며 카메론은 웃음을 터뜨렸다. 사실 그는 〈에이리언 3〉를 보고 핀처의 목을 비틀고 싶었다고 한다. "하지만 그가 좋은 감독인 걸 알고 있었기 때문에 참을 수 있었습니다"라고 말했다. 그는 전편에 얽매여 자신의 관점을 흐리게 하지 않으려는 핀처의 순수한 배짱을 이해할 수 있었다. 하지만 카메론은 두 번째 속편이 〈에이리언 2〉의 팬들을 얼마나 실망시켰는지 알고 있었다. "나는 속편을 만드는 기술이 있다고 생각합니다. 당연히 영화를 멋지고 새롭게 만들어야 하지만 사람들이 정말 좋아하는 캐릭터를 희생시켜서는 안 됩니다." 〈에이리언 2〉는 어쨌든 당분간은 모든 속편들의 기준으로 평가될 것이다.

오른쪽 사진 설명: **배틀 로열 : 파워 로더를 탄 리플리와 싸우는 외계 여왕의 스톱모션 인서트.**

"《에이리언 2》는 세심하고 정교하게 만든 우주
공포영화가 얼마나 훌륭하고 악몽 같은 영화가
될 수 있는지를 상기시키기 위해 세상으로 나왔다."
-〈시카고 트리뷴〉, 릭 코건

# 잠수병

# 〈어비스(The Abyss)〉(1989)

산소가 없으면 죽는다는 것은 자명한 사실이다. 〈어비스〉 촬영 당시의 일이다. 생명을 공급해줄 가스가 차갑게 분출되기를 기대하면서 카메론은 비상 호흡기를 흡입했다. 그러나 산소 대신 염화수가 가득 뿜어져 나왔고, 그는 자신이 이 작품을 감독하는 것이 말 그대로 '생과 사를 오가는 문제'임을 깨달았다. 왜 이런 일이 일어났을까?

〈어비스〉, 이 심연의 드라마는 깊은 어둠 속에서 시작된다. 촬영은 카메라를 2,800만 리터의 물이 담긴 A-탱크의 바닥에서 중간으로 들어 올리며 진행되었고, 카메론을 제외하고 탱크에서 작업하는 모든 스태프와 출연진에게는 안전 다이버나 '(그들만의) 수호천사'가 붙어 있었다. 카메론은 부력에 저항하기 위해 18킬로그램의 무게를 여분으로 지니고 있었고 (그렇기에 깊은 물속에서도) 카메라를 작동시킬 수 있었다. 산소 한 통으로 약 1시간 15분 동안 숨을 쉴 수 있었다. 그러나 카메론은 〈어비스〉라고 이름 지은 이 대담한 기획에 지나치게 열중한 나머지 1시간이 지난 줄도 모르고 촬영에 임했다. 조감독이 그에게 경고를 해줄 때면 카메론은 마지못해 '주유소'라 불리는 전용 플랫폼(산소를 공급받기 위한 장소로 탱크의 벽 중간쯤에 일부러 만들었다)으로 가야 했다. 촬영 중 흐름이 끊기는 게 싫었던 카메론은 종종 수면 위로 올라오지 않고 네다섯 시간을 물속에서 보내기도 했다.

카메론은 특수 설계된 인터콤을 헬멧에 장착해 촬영되는 숏을 실시간으로 보면서 린지 역의 메리 엘리자베스 마스트란토니오에게 말하고 있었다. 그녀의 헬멧에서 방사되는 빛의 후광 때문에 둘은 6미터 정도 떨어져 있어야 했다. 수중촬영감독 알 기딩스는 감독을 등진 채 9미터 떨어진 곳에 있었다.

자, 이제 어떤 일이 생기는지 살펴보자. 카메론은 숨을 들이쉬어보지만 아무것도 들어오지 않았다. 게이지를 체크해보니 산소가 0이었다. 조감독은 그에게 산소가 고갈되고 있다는 것을 경고하지 못했고, 추가로 달고 있던 장비들이 무거운 데다 물갈퀴가 없었기 때문에 수면으로 올라가려는 시도는 무산되었다. 그는 폐

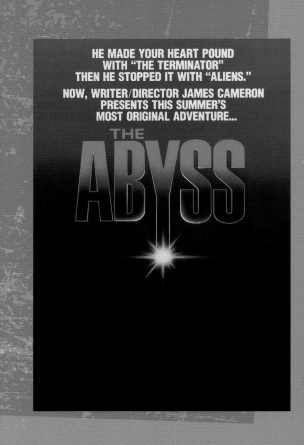

앞장 사진 설명: 압력을 받다 : 〈어비스〉의 코피 중위가 두려움을 느끼며 동요하고 있다.

반대편 사진 설명: 제임스 카메론은 〈어비스〉를 만들기 위해 하루 평균 12시간 이상 물속에서 시간을 보냈다. 그처럼 극단적인 경험을 한 감독은 없을 것이다.

위 사진 설명: 딥코어호 승무원들이 침몰된
핵잠수함 USS 몬타나호에 진입했다. 제임스
카메론은 계속되는 잠수 장면을 거짓으로
만들 수 없다고 판단해 실제 물속에서
촬영을 진행했다.
반대편 사진 설명: 아내이자 프로듀서인
게일 앤 허드와 제임스 카메론. 그들의
결혼도 〈어비스〉를 구하지는 못했다.

에 남아 있는 공기를 끌어 마시며 기딩스에게 소리쳤다. "알… 알… 문제가 생겼어." 하지만 다이빙 벨 사고로 고막이 터진 기딩스는 청각이 절반 정도 소실된 상태였다. 카메론은 종종 그가 촬영감독에게 소리 지르는 걸로 산소의 절반을 소비하는 것은 아닌지 궁금해했다.

어쨌든 아무도 그의 외침을 듣지 못했다. 잠수 전문가로서 갈고닦은 안전 신호, 목이 잘린다는 제스처, 가슴에 주먹을 쥐어보는 행동을 해도 아무도 알아채지 못했다. 수면에서 10미터나 떨어진 바닷속에서 그는 장비를 버리고 온전히 '입김을 불어서 올라가기'로 결정했고, 폐 속의 압축된 공기가 팽창해 폐가 폭발하는 것을 막기 위해 숨을 내쉬었다.

그런데 가시거리가 짧았다. 사실 이는 전적으로 의도된 것이었는데 영화의 배경이 햇빛이 닿지 않는 바다 깊은 곳이었기 때문이다. 카메론은 걸쇠를 찾아 헬멧을 벗었고 그 이후에는 모든 것이 흐릿하게 보였다. 그는 부력 조끼를 벗으려 바삐 손을 움직였고 발목에 힘을 주어 몸을 일으켰다.

수면 아래 4.5미터 되는 지점까지 올라왔지만 상황은 더 심각했다. 고통에 몸부림치는 그를 본 한 안전 다이버가 그를 붙잡았고 부력조절기를 입에 넣었다. 하지만 입으로 들어오는 것은 물뿐이었다. 조절기는 이미 고장 난 상태였다. 카메론은 도망치려 애쓰면서 몸부림쳤고, 그가 패닉 상태에 빠졌다고 생각한 다이버는 그를 더욱 단단히 붙잡았다. 이제 어쩔 수 없이 원초적인 상황이 되었다. 순수한 생존 본능만이 남아 있을 뿐이었다. 카메론은

남은 힘을 짜내 다이버의 마스크가 비뚤어지도록 얼굴을 때렸다. 다이버는 마스크가 산산조각 나서 의식을 잃을 위기에 처하자 수면 위로 올라갔다.

호흡을 가다듬은 카메론은 그 자리에서 AD와 안전 다이버를 해고하고 탱크 바닥에서 헬멧을 회수하라고 지시했다. 그는 자신이 믿을 수 있는 것은 자기 자신뿐임을 몇 번이고 되새겼다. 그리고 한 시간 후 그는 다시 물속으로 들어갔다.

이야기는 여기서 끝나지 않는다. 그날 카메론에게는 또 다른 놀라움이 준비되어 있었다. 20세기 폭스는 영화 제작이 난항을 거듭하고 있다는 소식과 LA 루머 공장이 즐거워하면서 쏟아내는 소문들을 언급하며 제작진과 출연진 간의 갈등이 우려된다는 이유로 스튜디오가 늘 하려고 했던 것, 즉 통제를 다시 강조하고 나섰다. 감독이 숨을 고르느라 고군분투하는 아주 좋지 않은 타이밍에 폭스의 임원이 촬영장을 방문했다. 로저 번바움은 카메론에게 영화의 길이를 20분 정도 줄이고 제작비를 절감할 필요가 있다고 설득할 참이었다.

몇 주 전에도 기다랗고 흰 리무진이 촬영장을 찾았다. 우스꽝스러운 광경 속에서 맞춤 양복을 차려입은 프로듀서 해럴드 슈나이더가 자신의 법률 수행원을 앞세우고 등장했다. 그는 이곳을 찾은 최초의 스튜디오 임원이었다. 이야기에 따르면 카메론은 결국 슈나이더의 멱살을 잡고 다이빙 플랫폼 가장자리로 그를 밀고 갔다고 한다. 이것이 아놀드 슈워제네거가 〈트루 라이즈〉에서 댐 위에서 훌쩍이는 빌 팩스턴을 매다는 장면에 영감을 주

# "〈어비스〉는 정말 모 아니면 도인 기획이었어요."
## — 게일 앤 허드

었을지도 모른다. 슈나이더의 차가 떠오르는 태양과 함께 정문 밖으로 사라지자 카메론은 시스템 매니저 찰리 아네슨에게 고개를 돌려 차분한 목소리로 말했다고 한다. "때로는 그냥 한마디만 하면 된다네."

가끔은 같은 상황이 반복되기도 했다. 번바움은 카메론 앞에 정장 차림으로 서 있었다. 카메론은 최근에 죽음을 마주했던 사람의 강철 같은 미소를 지었다. "헤이, 로저." 그가 말했다. "당신이 새로 온 사람이죠?"

공기가 방 밖으로 나가는 소리를 들을 수 있을 정도였다. 카메론은 다이빙 헬멧을 집어 들었다. 그는 헬멧을 고정하는 장치를 번바움의 머리 위로 들어 올리며 "여기, 이걸 써 봐요!"라고 말했고 이어 둔탁한 소리와 함께 헬멧이 그의 머리 위에 씌워졌다. 맞춤형 헬멧에는 이산화탄소를 빨아들이는 자동 제어 장치가 달려 있었고, 정면의 큰 유리는 클로즈업을 위해 언제나 깨끗했으며, 산소는 탱크에서 자동으로 공급되었다. 다만 번바움의 헬멧에만 산소 공급 장치가 없었다.

카메론은 30초간 번바움이 숨을 헐떡이게 한 다음, 새파랗게 질린 그에게 다가가 헬멧을 벗기며 이렇게 말했다. "잠수 헬멧 안의 공기가 부족할 때는 그런 느낌이죠."

만일 카메론이 〈어비스〉를 만들기 위해 무엇이 필요한지 제대로 알았더라면 그는 다시 한번 생각해봤을지도 모른다. "정상적인 영화 제작 규칙이 적용되지 않았습니다." 그는 이렇게 말하며 한숨을 내쉬었다. 제작자 게일 앤 허드는 "〈어비스〉는 정말 모 아니면 도인 기획이었어요"라고 단도직입적으로 말했다.

앞선 두 개의 복잡한 작품을 격렬하고 빠르게 진행한 후, 카메론은 다음에 무엇을 할지 생각하기 위해 숨을 골랐다. 실제로 그는 코먼의 목재 창고에 들어간 뒤로는 쉬지 않고 달렸다. 이제 모든 것을 면밀히 검토하고 자신이 가지게 된 새로운 힘의 범위를 테스트해볼 기회가 왔다. 영화사들은 그의 주위를 매처럼 맴돌면서 그가 무엇인가 생각해내기를 기다렸다. 어떻게 그는 자신을 감시하는 시스템 안에서 자신만의 창조적 자유라는 거품을 만들 수 있었을까?

아이디어는 차고 넘쳤다. 그는 자신의 머릿속에 적어도 열 편의 잠재적인 영화들이 돌아가고 있다고 생각했다. 그의 계획은 그중 몇 개를 트리트먼트 수준으로 작성해서 허드와 의논하고 창조적으로 끌리는 것을 선택하는 것이었다. 영화사들은 그를 기다릴 것이고 이후에도 마찬가지였다.

자신만의 영역을 구축하고 싶었던 허드는 폭스에서 만드는 〈에이리언 네이션(Alien Nation)〉을 제작하기 위해 카메론을 떠난다. 〈에이리언 네이션〉은 반백의 지구인 형사 맷(제임스 칸)과 외계인 거주자 샘(맨디 패틴킨)이 콤비를 이룬 공상과학영화로 LA가 배경이었다. 두 명의 워커홀릭이 할리우드에서 각자의 커리어를 쌓는 동

안 결혼 생활은 점점 뒷전으로 밀려났다.

〈어비스〉는 카메론과 허드 두 사람이 행복했던 시절에 구상한 영화였다. 케이맨제도에서 느긋하게 신혼여행을 보낸 후 카메론의 생각은 계속해서 바다로 돌아갔다. 500시간을 잠수정에서 보낸 것을 포함해 2,500시간 이상을 물속에서 보낸 기록이 있었기 때문에 제대로 된 다이빙 영화를 만들기에 그만한 적임자는 없었다. "하지만 어떤 영화를 만들어야 할까요? 산호초를 둘러싼 미녀? 혹은 위험한 킬러 상어? 그런 영화들은 이미 존재했습니다." 카메론에게 그런 아이디어는 너무 깊이가 없다고 느껴졌다. 그는 깊은 바다의 끝을 갈망했다. 이는 결국 그가 10대 시절 썼던 단편소설 〈어비스〉를 다시 소환하는 배경이 됐다.

〈어비스〉의 원초적 아이디어는 과학에서 촉발됐다. 어린 시절 카메론은 교내 수영 대회에서 수상하며 민간 다이버인 프랭크 페일즈지크의 강연을 들을 기회를 얻었다. 액체산소를 들이마심으로써 사람의 폐가 아가미처럼 호흡할 수 있다는 내용이었다. 페일즈지크는 듀크 대학 요하네스 카일스트라 박사의 실험 영상을 보여주며 이것이 가능하다고 주장했다. 카일스트라 박사는 후에 〈어비스〉의 과학 고문으로 참여했다. "전 그때 완전히 매료되었어요." 카메론이 말했다.

카메론이 쓴 스토리는 카리브해 케이맨 해구에 자리한 수중 시설의 과학자들에 대한 것이었다. 액체호흡법의 도움을 받아 한 명씩 바닷속 참호 안으로 들어간다. 하지만 어찌된 영문인지 들어간 사람마다 연락이 두절된다. 마지막 과학자가 다른 사람들에게 무슨 일이 일어났는지 알아보기로 결심하고 참호로 내려가면서 이야기는 "바다 밑바닥의 파동"을 보여주며 끝이 난다. 30년 후 카메론은 기존 스토리의 핵심 요소인 참호 가장자리에 대한 설정, 심해 선박의 인간 선원, 그리고 아래로부터 방출되는 일련의 이상한 물질 등으로 다시 이야기를 시작했다. 그는 "관객은 과학자들에겐 눈곱만큼도 관심이 없었어요"라고 말했다.

〈어비스〉에서 반복되는 요소 중에 그가 '환상의 두 층위'로 정의한 것이 있다. 당시에는 잠수정 굴착 플랫폼이 존재하지 않았기 때문에 단순히 5년 또는 10년 후 미래를 상상해야만 했다. 하지만 지금은 해저에서의 석유 채굴이 더 이상 미래의 이야기가 아니다. 상상했던 모든 것이 현재에 구현되고 있고 따라서 원작은 저급한 판타지에 지나지 않게 되었다. 카메론은 민간 석유시추선 딥 코어호의 승무원과 함께 〈에이리언 2〉의 해병대의 블루칼라적인 분위기를 재현하기로 했다. 사실 그들은 〈에이리언〉의 노스트로모호 승무원과 더 유사하다. 알 수

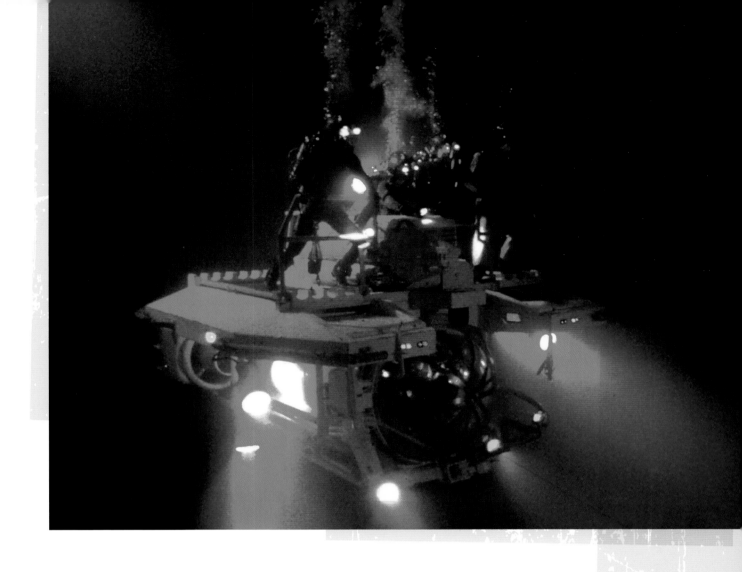

없는 세력이 미국의 핵잠수함을 교란한 사건을 조사하기 위해 파견되었을 때 그들의 끈끈한 동료애는 극한의 시험을 받게 되며 이는 더욱 고조된 환상의 두 번째 층을 보여준다.

딥코어호의 리더인 버드 브리그먼은 강인한 성격과 탁월한 리더십으로 선원들의 신뢰를 받고 있다. (아마도 카메론의 자화상 중 가장 가까운 인물일 것이다.) 이 역할은 스튜디오가 선호한 배우들을 제치고 에드 해리스가 맡았다. (스튜디오는 멜 깁슨이나 해리슨 포드를 원했다.) 버드 역의 해리스는 권투 선수 체격, 사각턱, 높은 광대뼈를 누르는 거친 목소리, 가스의 불꽃처럼 푸르고 밝은 눈을 갖고 있었다. 그는 필립 코프먼의 역작인 〈필사의 도전(The Right Stuff)〉(음속의 벽을 넘기 위한 비행사들의 도전과 우주 탐사에 지원한 우주 비행사 이야기)에서 존 글렌 역을 맡아 열연했으며, 파이프렌치를 다룰 수 있는 남자였다. 훌륭한 배우였지만 현수막에 이름을 걸 만한 스타 배우는 아니었다. 하지만 카메론은 개의치 않았다. (해리스 정도면 현수막에 이름을 올릴 수 있지 않나?)

〈어비스〉에서 네이비실 분대는 USS 몬타나호의 탄두 화물을 확보하기 위해 버드의 화물에 테스트를 요구한다. 그들은 코피 중위(마이클 빈)의 불안한 모습에 혹해 이 모든 것이 좋은 점이라고는 하나도 없는 소련 탓이라 단언한다. (코피는 영화에 나오는 사랑스럽고 화려한 카메론의 이름 중 하나이다.) 코피가 잠수병처럼 보이는 고압병으로 쓰러지면서 배경에는 냉전의 긴장감이 흐른다.

카메론은 그들의 엄청나지만 악의 없는 힘을 보여주는 데모 영상에서 빈과 그의 부대 배드 애플과 함께 〈에이리언 2〉를 효과적으로 뒤집어 보여준다. 영화 〈미지와의 조우(Close Encounters of the Third Kind)〉와 비슷한 광선 기둥을 참호 안의 은신처에서 방출하는 외계인의 존재를 통해서 말이다. 카메론은 이를 NTI(Non-Terrestrial Intelligence), 즉 지상에 살지 않는 지성을 가진 생명체라고 분류했다. 그 시금석은 로버트 와이즈의 1951년 고전 SF영화 〈지구 최후의 날(The Day the

"심연을 오랫동안 들여다보면 심연
　　역시 당신을 들여다본다."
-프리드리히 니체

Earth Stood Still)〉로, 이 영화에서 휴머노이드 외계인은 인류가 자멸로 향하고 있다고 경고한다. 카메론의 NTI는 〈2001 스페이스 오디세이〉의 영향을 받아 귀엽기보다는 우아하고 지적이며 신비로운 색채를 띠고 있다. 그들은 진보를 통제하는 신과 같은 손을 가진 자연 질서의 화신이다. NTI는 응집력이 강한 재료들의 혼합은 아니었지만 카메론은 할 수 있는 한 생명을 불어넣으려고 혼신의 노력을 다했다.

〈어비스〉는 카메론의 영화적 한계와 인간의 지구력, 특히 자신의 지구력에 이끌린 결과물이다. "나는 다른 사람들이 할 수 없는 일을 하는 것을 좋아합니다." 카메론이 말했다. 이 영화는 원래 "심연(abyss)을 오랫동안 들여다보면 심연 역시 당신을 들여다본다"라는 니체의 유명한 말에서 시작되었다. 〈딥씨 챌린지(Deepsea Challenge)〉를 비롯해 제임스 카메론이 만든 다큐멘터리와 그가 바다 밑바닥으로 떠난 많은 항해의 씨앗은 심연에 있다. 카메론은 깊은 바다에서 느낄 수 있는 '포옹'을 잠재의식에 비유하는 것을 좋아했다.

제임스 카메론의 영화가 계속해서 흥행 수익을 내자 폭스는 그의 작업에 긍정적인 반응을 보였다. 하지만 한편으로는 4천만 달러의 예산과 140일간의 촬영 일정이 과도하고 부적당하다는 우려도 제기되었다. 그러나 폭스 입장에서는 레퍼런스로 잡을 만한 사례가 없었다. 따라서 '리스크 평가' 측면에서 제임스 카메론의 사업을 평가하기란 어려웠다.

물속에서 총을 쏜다는 기념비적인 도전이 〈어비스〉에 숨겨져 있는 주된 모티브일까? 〈어비스〉의 스토리는 카메론에게 내재된 과학적 기질과 엔지니어적 기질을 깨우기 위한 수단이었을까? 카메론에게는 '(영화에) 사람을 휩쓸어버릴 만큼 혁신적인 힘'이 잠재해 있다는 것이 영화를 만드는 즐거움 중 하나였다. "(영화를 만든다는 것은) 이전에 존재하지 않았던 것을 존재하도록 만들려는 일종의 의지입니다. 해결책이 없는 문제라고 해서, 우리도 해결책을 만들 수 없는 건 아니죠. 현명한 사람들이라면 모두 이렇게 말할 겁니다."

이것은 단순히 아드레날린 중독자의 욕구를 만족시키는 문제가 아니다. 이야기와 그 이야기에 대한 도전은 DNA의 이중 나선처럼 얽혀 있다. 게다가 NTI와 핵탄두, 그리고 바다 속 깊은 곳의 모든 위험에도 불구하고 〈어비스〉는 카메론 자신의 심연에서 흔들리는 '결혼'에 관한 영화이자 그의 가장 어른스러운 작품이었다. 〈어비스〉의 핵심은 외계인을 마주하는 것이 아니다. 그것은 그저 서브플롯일 뿐이다. 영화에서 중요한 것은 바로 버드와 그의 멀어진 아내 린지와의 관계이다. (린

지는 딥코어의 설계자로서 터프하고 고집 센 성격의 여자 주인공이자 감정적인 깊이가 있는 캐릭터이다. 마스트란토니오의 신체적 능력과 의지가 캐릭터에 실렸다.) 카메론이 영화와 자신의 결혼 생활을 직접적으로 연관 짓지 않으려 할지 몰라도, 어찌되었든 시나리오가 완성되었을 때 카메론과 허드는 이혼을 향해 가고 있었다. 개인적인 삶과 직업적인 삶이 깔끔하게 구분된 상태에서도 카메론은 여전히 허드가 프로듀싱을 맡아주기를 바랐다. 그리고 크레디트에 자신의 이름을 올리지 않은 채 허드의 〈에이리언 네이션〉 시나리오를 수정해주었다.

늘 그랬듯이 캐스팅 저글링이 이어졌다. 카메론은 처음에는 여주인공 역으로 〈할로윈〉의 제이미 리 커티스를 열렬히 원했으나 그녀는 캐스린 비글로가 연출하는 〈블루 스틸(Blue Steel)〉에 합류했다. (결과적으로 캐스팅된 메리 엘리자베스 마스트란토니오와 캐스팅될 뻔한 제이미 리 커티스 모두 카메론의 미래에 중요한 역할을 하게 된다.)

일리노이 태생의 마스트란토니오는 짙은 눈과 르네상스 회화처럼 부드러운 이목구비를 갖추고 있었다. 마틴 스코세이지의 〈컬러 오브 머니(The Color of Money)〉와 브라이언 드 팔마의 〈스카페이스(Scarface)〉에서 활

반대편 사진 설명: 갑자기 외계인 혹은 NTI가 참호에서 솟아나고 있다.
아래 사진 설명: 린지 역의 메리 엘리자베스 마스트란토니오 : 다이빙 헬멧은 촬영진이 배우의 얼굴을 항상 볼 수 있도록 특별히 설계되었고 내부에는 조명도 설치되어 있었다.

기찬 연기를 선보였던 그녀는 수줍음을 타는 성격이 아니었다. 해리스와 마찬가지로 마스트란토니오는 초기에 몇 번 얘기한 것 말고는 〈어비스〉에서의 경험을 거의 언급하지 않았다. 그녀는 이 영화에 애정이 없었다. "말을 잘 듣는 인형과 사람이 같은 신에 등장한다면 사람보다 인형이 클로즈업을 받을 겁니다." 마스트란토니오는 말했다.

하지만 관객은 등장인물들을 절대 잊어버리지 않는다. 그것이 카메론이 (아무리 인형이 주목받을지라도) 배우들이 물속에 있어주기를 바란 이유다. 카메론이 마음대로 쓸 수 있는 기술이 많을수록 그는 스토리에 더 많은 시간을 쏟고, 제작 환경은 더욱 복잡해진다. 기이하고 놀라운 사건들 속에서도 카메론이 끌리는 게 있다면 그것은 바로 '인간관계'다. 〈터미네이터〉에서 사라와 카일의 로맨스, 〈에이리언 2〉에서 리플리와 뉴트 사이의 모녀 관계를 떠올려보자. 엔지니어적인 기술보다 예술가로서의 스토리가 그에겐 더 중요했다.

카메론은 '관객의 마음을 여는 열쇠'를 찾아야 한다고 주장했다. 캐릭터는 관객이 느끼는 것을 표현해줘야 한다. 카메론은 "남자가 여자를 만나는 스토리일 수도 있고, 부자 관계에 대한 스토리 혹은 이혼 과정 중에 있는 남편과 아내의 스토리일 수도 있습니다. 이야기의 배경이 어디건 간에 누구나 이런 보편적인 종류의 관계에 연관될 수 있지요. 그래서 나는 관객이 공감하려면 영화에 이런 스토리를 가져와야 한다고 생각했어요. 언제나 '내 모든 영화는 러브 스토리다'라고 말해오기도 했고요"라고 말한다. 그리고 "그렇다면 그것을 고통스럽게 만들어야 합니다"라고 덧붙였다.

마스트란토니오는 이론의 여지없이 카메론 영화에서 최고의 연기를 보여주는데 분명 그녀의 커리어 중 최고라고 할 수 있다. 하이힐을 신고 그보다 더 뾰족한 태도로 해군 특수부대원들을 이끌고 나타난 그녀는 사건들이 이어질수록 더욱 인상적인 면모를 드러낸다. NTI의 관심을 받을 때는 아이처럼 놀라 눈을 반짝이고, 굴착기 내부에서 위기가 심화될 때는 사랑의 불씨를 지핀다.

카메론은 수중 장면을 촬영할 때 단 한 번도 속임수를 쓰지 않았다. 수중 장면 촬영 기법인 드라이 포 웻(dry for wet, 물 대신 연기, 컬러 필터, 조명 등으로 마치 진짜로 심해에 있는 듯한 효과를 내는 기법)은 클로즈업이나 짧은 컷 등에는 적용할 수 있으나 지속되는 물속 장면에서는 부자연스럽게 보였기 때문이다. 또한 카메론은 변장한 스턴트 다이버가 아닌 배우들의 얼굴을 직접 보고 싶어 했다.

수중 장면은 〈어비스〉 촬영 스케줄의 40퍼센트에 달할 정도로 분량이 상당했다. 그만큼 장소를 찾는 것도 일이었는데, 특히 외부 장소를 찾아 촬영하기란 거의 불가능했다. 폭풍우부터 염분에 의한 촬영 장비의 부식까지 변수가 너무 많았고 위험도 만만치 않았다. 보험만으로도 예산이 빠듯할 지경이었다. 카메론일지라도 자연을 통제할 수는 없는 노릇이었다.

잠시 〈피라냐 2〉를 촬영할 때의 일이다. 작은 수중 세트를 기껏 설치해놓았더니, 그다음 날 아침 조수가 밀려오는 게 아닌가. 카메론은 "단계마다 바다와 싸워야 한다는 것을 깨달았습니다"라고 말했다. 피터 벤츨리의 소설을 기반으로 한 산호초 스릴러인 〈디프(The Deep)〉의 경우, 몇몇 아름다운 수중 시퀀스를 외부 현장에서 촬영했으나(카메론이 이 영화를 촬영한 기딩스를 찾은 주된 이유이다) 그건 비교적 얕은 물이었다. 카메론은 물고기조차 살 수 없고 잠수함만이 접근 가능한, 빛이 아주 희박한 깊은 곳을 상상하고 있었다. 달에서 촬영하는 게 더 쉬울지도 모를 일이었다.

카메론에게 필요한 것은 잠수정을 수용할 수 있을 만큼 큰 탱크와 케이맨 해구의 가장자리에 있는 외계인의 세상이었다. 하지만 그러면서도 통제가 가능하고 육지와 충분히 가까워야 했다. 또한 물을 따뜻하게 유지할 필요도 있었다. 이는 제작진의 편안함을 위해서가 아니었다. 섭씨 22도에서도 지속적인 잠수는 저체온증을 초래할 수 있고 선원들은 물속에서 12시간을 버텨야 했기 때문이다.

잘나가던 수영 선수에서 심해 다큐멘터리 제작자로 변신한 거구의 기딩스는 창조의 극단을 이루려는 카메론의 열정을 함께 나누었다. 이 중대한 위기는 자신의 가치를 보여줄 기회였다. 카메론이 그의 문을 두드리고 자신의 미친 계획을 말해주었을 때 기딩스는 미소 지었다. 마치 〈황야의 7인(The Magnificent Seven)〉의 한 장면 같았다.

이제 완벽한 탱크를 찾아야 했다. 카메론과 허드, 그리고 기딩스는 전 세계의 가능성 있는 모든 탱크로 달려가 살펴봤으나 그들의 요구에 부합하는 탱크는 없었다. 카메론 속의 엔지니어가 예술가를 제치고 다시금 모습을 드러냈다. 카메론은 단순히 영화를 촬영하는 것뿐만 아니라 영화를 만드는 방법을 고안해야만 했다. 한 가닥 희망이 있긴 했다. 적당한 크기의 탱크를 물이 가득한 방음 스튜디오로 바꾸는 것이었다. 그때 배우이자 제작자에서 사업가가 된 얼 오웬스비가 행운처럼 찾아왔다. "탱크를 준비했습니다!"

1988년 어느 날, 세찬 바람과 빗줄기가 차 앞 유리를 때리는 동안 카메론과 기딩스는 사우스캐롤라이나의 개프니에서 굽이치며 이어지는 외딴 도로를 휘감듯이 달렸다. 저 멀리 수평선 위로 어렴풋이 보이는 창고와 건물들이 완공되지 않은 체로키 원자력발전소의 테크누아르적 풍경을 만들고 있었다. 오웬스비는 버려진 7억 달러짜리 부지를 300만 달러에 사들여 스튜디오 시설로 개조하려고 했다. 〈에이리언 2〉에서 발전소를 원자로로 개조

해 촬영했다면(원자력발전소는 기본적으로 매우 높은 안전 규정을 지키며 건설해야 했다) 이제는 발전소가 될 뻔했던 곳을 영화 기지로 사용하려는 것이었다.

하지만 오웬스비가 마음속으로 점찍어 놓았던 터빈 구덩이를 보자 카메론은 가슴이 철렁 내려앉았다. 부들로 가득 차 사용하지 못할 것이 분명했기 때문이다. 터빈 구덩이의 골격을 훑으며 디스토피아적 환경을 조사하다가 카메론은 거대한 콘크리트 실린더를 발견했다. "어떻게 들어가나요?" 우뚝 솟은 건물 밖에 차를 주차한 카메론이 오웬스비에게 물었다. 때마침 비가 세차게 내리고 있었다. "못 들어갑니다." 오웬스비가 대답했다. "들어가는 길이 물에 잠겼어요."

실린더 옆에는 거의 52미터 높이의 갠트리 크레인이 있었고 크레인 붐대가 가마솥 같은 구덩이의 가장자리 위로 뻗어 있었다. 카메론은 한 치의 주저함 없이 흔들리는 낡은 크레인을 기어올랐다. 기딩스는 뒤처지지 않기 위해 바로 그의 뒤를 따랐다.

카메론은 지금도 그때를 추억한다. "우리는 비와 바람

위 사진 설명: 남편과 아내의 문제 : 버드와 린지는 긴박한 상황에서 다시 유대감을 느낀다. 제임스 카메론은 외계인과의 만남을 빙자해 결혼에 대한 이야기를 하고 있었다.

에 세차게 흔들리는 붐대 위에 있었어요. 아래에는 거대한 오목접시가 있었고요. 마치 로마의 콜로세움 같았습니다."

프로덕션 시작 몇 달 후 회의실 칠판에는 'Abyss'라는 글자가 지워지고 학대를 뜻하는 'Abuse'가 적혀 있었다. 제작진과 배우들은 그런 농담들로 힘든 촬영 속에서 제정신을 유지하고 있었다.

드라마적 복잡성, 풀리지 않는 문제들, 육체적 피로, 감정적 극한, 예술적 요구 그리고 문자 그대로의 압박으로 점철된 카메론의 이 해저 비전을 충족하기란 정말 힘들었다. 촬영진 모두에게 이보다 더 힘든 촬영은 없었을 것이다. 그러나 비록 행복한 촬영은 아니었을지 몰라도 그만한 가치는 있었다.

〈어비스〉 촬영은 개봉 예정일이 1년이 채 남지 않은 1988년 8월 15일에 시작되었다. 시계가 똑딱거렸다. 제작 예산은 꾸준히 증가해 4,400만 달러가 됐다. (다른 버전들은 최종 예산이 5천만 달러에서 7천만 달러였다.) 원자로를 수용하기 위해 지름이 60미터가 넘고 깊이가 17미터인 그들의 콜로세움이 필요했으며, 탱크 촬영 준비에만 250만 달러가 들었다. 무수한 부작용도 따랐다. 지역 하청업자들은 탱크를 방수 처리하고 전망대, 공기 공급소, 펌프 및 여과 시스템을 건설했다. 그러나 그들은 서둘러야 할 이유가 없었다. 이것이 카메론을 화나게 했다. 카메론과 오웬스비와의 관계는 카메론이 소송을 제기하면서 틀어졌다. 오웬스비는 제작진이 아직 가동도 하지 않은 발전소의 기반시설을 손상시켰다면서 프로덕션의 퇴거를 요청했다. 폭스의 변호사들은 그 짜증나는 일에 돈을 지불했고 오웬스비는 곧 카메론의 스튜디오가 될 장소에 접근하지 말라는 금지명령을 선고받았다.

딥코어를 위한 세트와 달 표면과 비슷한 해저면, 바위가 많은 참호 쪽으로 물을 채우는 데에만 5일이 걸렸다는 것을 감안해 공정이 진행 중인 상태에서 A-탱크의 수도꼭지를 틀기로 결정했다. 화가들은 뗏목을 타고 일을 끝냈다. "주차되어 있는 택시에 미터기가 돌아가고 있었다." 카메론은 주변 모든 사람들에게 항의했다. 일정에 차질이 생기면서 비용이 발생했기 때문이다. 한편으로 카메론은 순서를 바꿔 몬타나호의 침몰선과 잔해와 같은 모델 숏을 찍기 위해 인접한 격납고 안에 지어진 95만 리터에 불과한 더 작은 B-탱크에서 가능한 숏들을 먼저 촬영하기로 했다.

촬영이 시작되고 2주가 지난 일요일 오후, 마침내 A-탱크가 수용 용량에 근접한 상태가 되었다. 그런데 이때, 경비원의 날카로운 비명이 울렸다. 카메론의 평화가 순식간에 산산조각 났다. "파이프가 터졌어요! 온통 물바다입니다!" 현장에 있던 사람들이 파이프가 터진 곳을 찾기 위해 차를 타고 A-탱크로 달려갔다. 파이프에서는 분당 5만 리터의 물이 새고 있었다. 굉음에 귀가 찢어지는 것 같았다. 이미 반 정도 침수된 상태였다. 카메론은 밸브가 수면 아래 있을 거라 생각하고 주저하지 않고 물과 진흙을 건너갔다. PVC배관으로 얽혀 있는 탱크의 바닥은 정유소 같았다. 〈에이리언 2〉의 마지막 장면 같기도 했다. 카메론은 찾을 수 있는 모든 밸브를 비틀어 잠그기 시작했고 마침내 히터 뒤에서 중추적인 밸브를 찾을 수 있었다.

제임스 카메론은 온몸이 흠뻑 젖은 채 잘라낸 파이프의 일부를 둘러메고 있었다. 물은 계속해서 제트엔진처럼 쏟아졌고, 카메론은 어떻게든 영화를 살리기 위해 혼신의 힘을 다했다. 그런데 거기서부터 상황이 악화되기 시작했다. 카메론은 "운이 좋을 때마다 우리에게 불리한 상황이 생기는 것 같았습니다"라며 탄식했다. 무슨 일이 벌어진 걸까? 제작진은 아득한 밤과 같은 분위기를 유지하기 위해 탱크의 꼭대기를 거대한 방수포로 덮어놨다. 잼 항아리를 덮듯이 완전히 봉쇄했기 때문에 빛을 완벽히 차단할 수 있었다. 그런데 운이 나쁘게도 뇌우가 쏟아졌고 이 때문에 방수포가 60미터나 찢어졌다. "결국 밤새워 촬영하는 수밖에 없었어요." 카메론은 말했다. "어떤 상황에서든 헬멧을 쓴 배우들과 물속에서 밤을 보낼 수 없다고 말한 지 6주 만의 일이었습니다."

탱크는 마치 자신만의 예측 불가능한 기상 시스템을 갖고 있는 듯했다. 염소가 들어 있는데도 불구하고 밤사이 물이 탁해지곤 했다. 그래서 A-탱크에서의 첫날은 다른 세트장을 찾느라 허비해야 했다. pH 밸런스가 불안정하다 보니 스태프들의 머리카락은 곧잘 하얗거나 녹색으로 탈색되었고, 피부는 신생아처럼 창백해졌다. 반면에 다른 날에 비해 물이 맑을 때는 일부러 탁하게 만들기 위해 우유와 호두 껍질을 갈아 넣었다. 황당한 일들도 많았는데, 어느 날은 동네 염소들이 세트장을 돌아다니면서 B-탱크의 배선을 씹고 (뿔 달린 미래 비평가들의 화신인 양) 물속에 소변을 보기도 했다. 이런 일들이 거의 매일 반복되다시피 해 마치 그만의 서사시를 쓸 수 있을 정도였다.

캐스팅 단계의 이야기로 돌아가보자. 카메론은 오디션

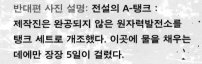

"난 언제나 '내 모든 영화는 러브 스토리다'
라고 말해왔어요. 러브 스토리이기 때문에
고통스럽게 만들어야 했지요."

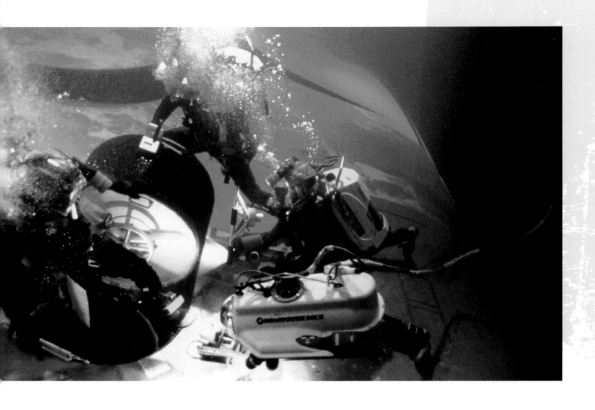

"운이 좋을 때마다 우리에게 불리한 상황이 생기는 것 같았습니다."

위 사진 설명: 제임스 카메론은 돌아다니는 잠수정 카메라를 이용해 탱크 바닥에서 전통적인 트래킹 숏과 돌리 숏을 찍었다.
반대편 사진 설명: 제임스 카메론과 오랫동안 알고 지낸 마이클 빈은 카메론이 영화를 만들 때 너무 열정적인 나머지 거의 무아지경에 빠진다고 말했다.

을 보러 온 배우들에게 폐쇄공포증이 있거나 물을 두려워한다면 어떤 배역에든 적합하지 않을 거라고 말했다. 어느 정도는 배우들을 겁주려는 의도가 있었으나 실제로 영화 속에서 수없이 다이빙을 해야 했기 때문이었다. 카메론의 수중 공상과학영화에 참여할 용기가 있는 배우들은 다이빙 자격증을 따기 위해 케이맨제도로 가야 했고, 버드 역의 해리스는 전작의 일정이 지연되자 촬영 장소 근처 호수에서 연습을 해야 했으며 다이버 자격증까지 땄다. (영화 개봉 후에 진행된 인터뷰에서, 출연진과 제작진을 힘들게 한 것이 아니냐는 질문에 카메론은 꽤 방어적으로 대응했다. 사실 출연진과 제작진의 생명이 위험할 정도의 격한 촬영은 없었다. 정신적으로는 위험했을지 모르지만, 배우들은 어쨌든 한번 물속에 들어가면 2시간 30분 이상은 있지 않았다.)

그럼에도 〈어비스〉 촬영에 얽힌 여러 비화들이 떠돌아 전설로 굳어졌다. 해리스가 산소 장비 없이 12미터 자유 수영을 마쳤고, 그를 돕는 안전 다이버가 화면에 나오지 않기 위해 아슬아슬한 거리를 유지했다는 이야기, 배우가 그만두라고 말할 때까지 카메론이 같은 장면을 촬영하고 또 촬영했다는 이야기, 코피가 설치한 핵탄두를 해체하기 위해 버드가 참호로 내려가는 장면에서 액체 산소를 들이마셔야 했으나 실제로는 숨을 참고 견뎌야

했다는 이야기, 어떤 배우가 코에서 액체가 뿜어져 나오고 눈이 붓자 헐떡이며 도움을 청했는데 마침 그의 안전 다이버가 케이블에 꼬여 있어 도움을 줄 수 없었다는 이야기, 그래서 급히 다른 다이버가 와서 도왔으나 설상가상으로 호흡기를 거꾸로 꽂았다는 이야기 등등. 실제로 이런 일이 배우 에드 해리스에게 있었고, 촬영을 마치고 집으로 향하던 해리스는 차를 세우고 울었다고 한다. 영화가 개봉한 뒤, 해리스는 언론 인터뷰에서 담담한 어조로 말했지만 이미 그의 얼굴이 그 모든 것을 말해주고 있었다. "나는 내가 그 양식장을 산 줄 알았어요."

젊은 시절 수영 선수였던 빈 역시 촬영하면서 힘든 순간들이 있었다. 촬영 도중에 종종 전기가 끊겨 배우들이 저마다 발전기를 싣고 다녀야 했는데, 어느 날 물속에서 전기가 나갔고, 빈은 90초 동안 공황 상태에 사로잡혀 있어야 했다. "그날은 정말 눈앞이 새까맸어요." 빈이 말했다. 헤엄도 치지 못하고 물속으로 가라앉던 그는 자신의 손에 소품용 손전등이 있다는 것을 알아채고 스위치를 켰다. "그때 모든 사람들이 불빛 주위로 몰려들었죠."

그렇다면 린지 역을 맡은 마스트란토니오는 어땠을까? 그녀는 영화의 클라이맥스 장면에서 한계에 다다른 적이 있었다. 통상적으로 '드라이세트'라고 불리는 곳에서 촬영할 때였다. 영화로 따지면 딥코어의 비좁은 내부

로, 강렬하게 빛나는 '문풀'을 중심으로 한 금속 미로였
다. 얼음처럼 차가운 물속으로 추락한 잠수정에서 일시
적인 익사 상태에 빠진 린지를 구하기 위해 버드가 필사
적으로 애쓰는 장면이었다. 감정이 고조되고 있었고, 해
리스는 자신의 아내를 살리려는 버드 역할에 몰입해 최
선을 다했다. 버드 덕분에 구출된 린지는 숨을 들이쉬고
물을 토하며 다시 삶으로 돌아온다. 관객 역시 필사적으
로 숨을 참고 침을 꿀꺽 삼키며 그들과 함께하게 되는 장
면이었다.

촬영 자체가 힘들고 어려웠다. 마스트란토니오는 홍채
를 더 확장시키기 위해 콘택트렌즈를 착용했고 찢어진
셔츠를 입어 상반신을 드러냈다. 카메론은 만족할 때까
지 촬영하고 다시 촬영하기를 반복했다. 카메라 감독이
필름이 다 떨어졌다고 알리고 나서야 끝이 났다. 마스트
란토니오는 촬영장을 박차고 나가며 "우리는 짐승이 아
니에요!"라고 소리쳤다. 그녀를 달래기 위해 카메론, 허
드, 해리스가 합심해 노력해야만 했다. 카메론은 그때 깊
이 뉘우쳤다고 한다.

카메론이 생각하기에도 자신의 이런 완벽주의는 상호
조화에 도움이 되지 않았다. 그러나 카메론의 이런 태도
는 자아실현을 목표로 하는 게 아니었다. 그것은 순전히
변함없는 의지였다. 카메론의 독재자로서의 명성은 〈어

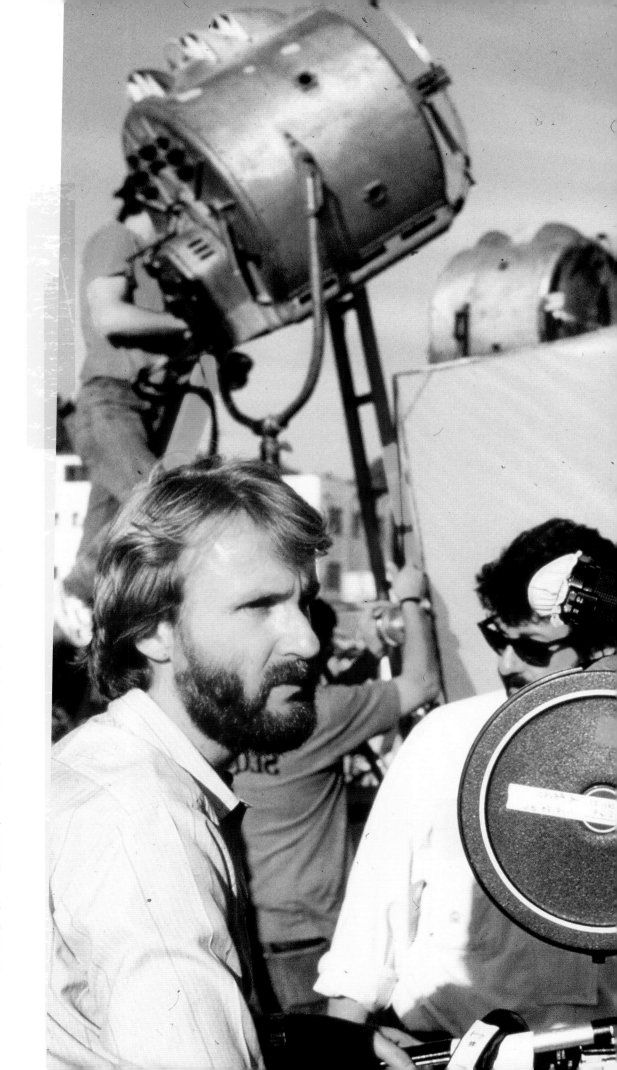

비스〉로 인해 전설이 되었다. 이 영화를 만들 때 카메론의 요구사항이 폭발적으로 터져 나왔고 제작진은 그의 날카로운 시선에 누가 다음으로 떨어져 나갈지를 걱정해야 했다. 카메론은 거의 편집증 증세를 보였다.

그러나 촬영이 힘들었던 것은 카메론의 태도 때문만은 아니었다. 제작진과 배우 등 사람의 실수는 예기치 않게 일어났으며, 이 실수들이 촬영을 몇 시간씩 지연시켰다. 잘못된 각도로 다이빙했을 때 계속해서 여러 번 재촬영해야 하는 것처럼 말이다. 마스트란토니오는 탱크 안에서 하루에 한 신도 채 완성한 적이 없었다고 말하기도 했다.

〈어비스〉 인터뷰에서 카메론은 "인생은 예술을 모방합니다"라고 말하며 냉혹하게 웃었다. 그는 영화의 무게를 어깨에 짊어지고 자신의 신체적, 창조적 한계를 시험했으나, 정작 직접 쓴 버드 캐릭터에 대한 공감은 부족했다. 기딩스는 카메론을 '모자 쓴 미친놈'이라고 묘사했으며, 빈은 "짐은 자신이 하고 있는 일에 너무나 열정적이어서 거의 무아지경에 빠질 정도였습니다"라고 말했다. 빈은 카메론이 자신이 믿고 있던 친구가 맞나 의심스러울 정도였다고 고백했다. 카메론에게 배우와 스태프의 감정은 스스로 설정한 헤라클레스적 도전을 수행함에 있어 부차적인 것으로 여겨졌다. "숨 쉬게 해주잖아. 더 이상 뭘 원하는 거야?" 카메론은 스태프가 물속 깊은 곳에서 일하는 동안 농담 섞인 어조로 말했다.

"맞아요. 나는 〈터미네이터〉에도 홀렸고 〈에이리언 2〉에도 홀렸고 〈어비스〉에도 홀렸습니다. 그리고 다음 프로젝트에도 홀릴 예정이죠." 카메론은 단언했다. "그건 그저 내가 일하는 방식이에요. 매일매일이 죽느냐 사느냐의 문제죠." 카메론에게 영화 말고는 아무것도 눈에 들어오지 않았다.

카메론을 향한 출연진과 제작진의 반란은 다양한 방식으로 표출되었다. 그러나 칠판에 갈겨 쓴 신랄한 비판과 이상한 쓰레기 트레일러, '인생의 심연 그리고 다이빙⋯(Life's Abyss and then you dive⋯)' 등이 적힌 티셔츠를 입고 불평하는 것에 지나지 않았다. 이런 '혹사'에도 불구하고 배우들과 스태프들은 카메론에게 함부로 항의

할 수가 없었다. 왜냐하면 촬영장에서 가장 많은 압박을 견뎌내고 있는 사람이 다름 아닌 카메론이라는 사실을 잘 알고 있었기 때문이었다. 배우에게 어떤 위험이 있든 간에 카메론은 "배우가 어떤 연기를 하는지 보기 위해" 그 순간 자신도 몸을 던졌다.

카메론은 종종 트렁크와 하와이안 셔츠를 입고 물속에서 연출을 하기도 했는데, 그 모습만으로도 눈에 띄었다. 카메론은 '파동과 입자의 측면을 모두 가진' 에너지로 가득한 양자(quantum) 감독이었다. 그는 가장 고무적이고 대담한 지도자였으며 동시에 가장 독재적이었다. 빈은 이렇게 말했다. "짐의 영화는 자아를 갖고 있습니다. 결코 장난치지 않아요. 하지만 짐에게는 자아가 없어요. 짐이 짜증을 내면 영화도 짜증을 내는 것 같았습니다." 배우들에게는 사기가 흔들리는 와중에도 카메론을 기쁘게 하고 싶다는 절박한 욕구가 있었다. 승인을 뜻하는 그의 끄덕임이 산소만큼이나 좋았기 때문이다. 〈어비스〉에서 살아남았다는 것은 배우들에게 명예로운 배지였다.

카메론처럼 자신의 예술을 위해 온몸을 내던진 감독이 또 있을까? 촬영 중반쯤에 이미 카메론은 물속에서 350시간을 보낸 상태였다.

카메론과 기딩스는 탱크에서 기나긴 시간을 보냈다. 시간을 잘 활용하는 게 중요해 카메론은 여러 장치를 개발했다. 스튜디오로 오는 모든 호출을 자신의 헬멧으로 직접 걸려 오도록 만들어 소통이 지연되는 문제를 해결했고, 감압실 창문을 통해 그날그날의 촬영분을 볼 수 있도록 모니터를 설치했다. 헬멧의 무게를 견디기 힘들 때면 박쥐처럼 거꾸로 매달려 스태프들에게 모니터를 거꾸로 뒤집으라고 지시했다.

그렇게 촬영한 장면들은 놀라웠다. 제작 당시에는 긴장감 가득한 스튜디오를 들뜨게 만들었고, 개봉 후에는 관객으로 하여금 강렬하고 새로운 경험에 휩싸이도록 했다. 실로 광활하면서도 폐쇄적인 세상이 펼쳐졌다. (〈특전 U보트(Das Boot)〉의 잠수함만큼이나 넓은 딥코어 내부의 아름다운 엔진 룸과 결합된) 이집트 블루처럼 청록색인 심해는 카메론의 테크누아르적 기호를 확장시

# "맞아요. 나는 〈터미네이터〉에도 홀렸고 〈에이리언 2〉에도 홀렸고 〈어비스〉에도 홀렸습니다. 그리고 다음 프로젝트에도 홀릴 예정이죠."

켜 특유의 스타일을 보여주었다. 이러한 성취에 대한 공은 미카엘 살로몬 촬영감독에게 돌아가야 마땅하다. 카메론이 '세계 최악의 잠수부'라고 불렀음에도 살로몬은 기꺼이 물속에 들어갔으니 말이다. 살로몬은 소품들이 무너지고 마스크들이 떨어져 나와 우스꽝스럽게 흩어져 있는 가운데서도 조명에 점진적인 변화를 주며 촬영에 집중했다. 카메론은 "살로몬은 이삼일 만에 수중 조명에 혁명을 일으켰다"며 "(수중촬영 기술에 있어) 20년은 더 발전시켰다"고 말했다. 기딩스가 수중 카메라 작업의 물류들을 정리했다면 살로몬은 달빛 블루스의 스펙트럼이라는 전략을 만들어냈다.

카메론은 영화를 만들 때마다 그리스신화 속 아틀라스처럼 산업 전체를 짊어지고 미래를 향해 비틀거리며 나아간다. D. W. 그리피스, 세실 B. 드밀, 쿠스토처럼 자신의 스토리를 이야기하면서 매체라는 수단을 재정의하는

감독들이 있다. "짐은 장면을 먼저 상상해요. 그리고 그것을 실행하기 위해 무엇이 필요한지 파악해 실제로 존재하는지 찾아봐요." 기계공학자인 마이크 카메론은 여전히 형의 계획에 동참하고 있다. 제임스 카메론은 자신이 찾는 도구가 없으면 기꺼이 발명해낸다. 실제로 제임스는 마이크와 함께 수중 추적 촬영을 위해 무인 원격 조종 잠수정을 개발해 특허를 받았다. 〈어비스〉 촬영 때도 카메론은 실물 크기의 잠수정을 장착했고, 〈어비스〉만을 위한 휴대용 조명 장치를 마련했다. 카메론의 영화는 수중영화를 넘어 공상과학영화로 거듭났다. 그리고 염소가 뿜어내는 악취와 카메론이라는 존재 자체에 지쳐버린 사람들이 있는 이곳에서, 카메론은 자신이 탐험가라고 생각하기 시작했다. 진짜 바다는 무엇을 가지고 있을까? 그는 생각했다. 〈어비스〉는 과학자이자 심해의 측량사로서 카메론의 두 번째 인생을 위한 발사대였다. 하지만 가장 중요한 발전은 NTI와 함께 찾아왔다.

닻처럼 무거운 아이러니와 함께 기록상 육체적으로 가장 고되고 힘든 촬영임에도 불구하고 〈어비스〉는 물리적인 영화 제작의 쇠퇴를 예고한 기념비적인 영화였다. 카메론은 '게임체인저'라는 말을 과도하게 사용하면서 컴퓨터에서 생성된 이미지를 이용해 75초짜리 시퀀스를 만들어 영화계에 혁명을 일으키려 했다. 카메론은 거의 'CGI의 지니(〈알라딘(Aladdin)〉에 나오는 요정)'를 병에서 꺼내기 직전이었다.

바다의 수면이 파도로 점점 거세졌고 허리케인 때문에 배우들의 생명줄이 수면 위로 올라왔다. 딥코어는 산소와 전력이 부족한 채로 참호 가장자리에 매달려 있었다. 이는 분명 카메론의 탁월한 부분인 도미노효과의 일종이었다. 실제로 영화는 점점 커지는 재앙의 스케일을 잘 보여주고 있었다. 이는 NTI가 물결처럼 움직이는 튜브를 통해 스스로를 드러내는 순간이었다. 카메론이 '유사생물의 촉수'라고 불렀던 NTI가 만들어내는 물결은 문풀에서 굽이쳐 나와 딥코어의 통로를 통과한다. 관습

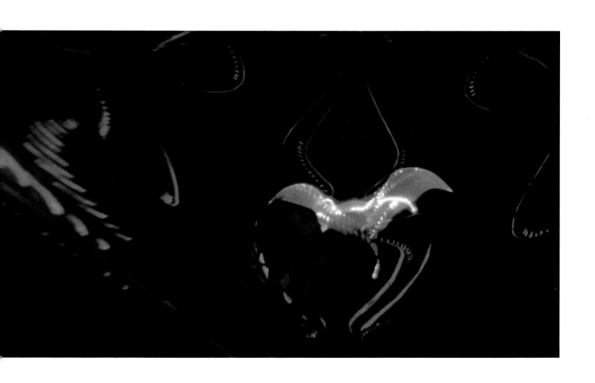

을 비트는 또 다른 반전은 이것이 〈해저 2만리(20,000 Leagues Under the Sea)〉의 촉수의 공격과 유사하며 로저 코먼의 셀 수 없이 많은 작품 중 하나와의 신성한 조우였다는 점이다. 카메론 역시 자신이 만든 NTI가 어떻게 작동할지 알지 못했다.

카메론은 컴퓨터 애니메이션을 기피해왔다. 시간이 많이 걸리고 비용도 많이 들 뿐 아니라 물결치는 복잡한 물의 움직임을 애니메이션으로 복제할 수 있을지 의문스러웠기 때문이다. 카메론은 애니메이션을 사용하는 대신 〈스타워즈〉에서 체스 말로 만든 스톱모션으로 유명한 시각효과 아티스트 필 티펫에게 접근했다. 티펫은 카메론에게 컴퓨터에 대해 다시 생각해보라고 말하면서 CG 전문 회사 인더스트리얼 라이트 앤드 매직(ILM)의 데니스 뮤런을 추천했다. ILM의 제다이 마스터인 베테랑 뮤런은 미래를 냉정한 눈으로 바라보고 있었다. 하지만 ILM은 그 미래에 대해 어느 정도 부정적이었다. '픽사'라는 이름의, 그들의 컴퓨터 그래픽 부서는 천천히 발전하고 있었지만 말이다.

컴퓨터는 카메라 제어와 편집에 있어 미국 영화산업의 필수적인 부분이었고 애니메이션에도 시험적으로 사용되고 있었다. 〈컴퓨터 전사 트론(Tron)〉의 게임 내 배경인 다원체 모양과 〈제다이의 귀환(Return of the Jedi)〉의 와이어 프레임 홀로그램은 인상적이었지만 여전히 컴퓨터가 만들어내는 컴퓨터 렌더링에 불과했다. 카메론의 목표는 현실과 같은 컴퓨터 애니메이션 버전이었다. 1985년 ILM은 〈피라미드의 공포(Young Sherlock Holmes)〉에서 '스테인드글라스맨'을 만들었는데, 이는 디지털로 구현한 최초의 캐릭터였다.

그러나 카메론은 미래를 기다릴 준비가 되어 있지 않았다. 그는 이미 터모비전과 〈에이리언 2〉의 다양한 내비게이션 디스플레이 등을 통해 초보적으로나마 디지털 세계로 진출해 있었다. 카메론은 장어처럼 꼬인 관 모양의 ILM 즉석 데모에 현혹되었고, 그의 요구사항을 훨씬 뛰어넘는 가능성을 감지한 뒤엔 완전히 빠져들었다.

반대편 사진 설명: **NTI의 디자인은 여러 번 바뀌었다. 결국 실제 삶에 영향을 미치지 않는 수중의 천사라는 콘셉트로 디자인이 결정되었다.**

아래 사진 설명: **심지어 물속에서도 〈어비스〉는 제임스 카메론의 시그니처 변주를 계속해서 파란색으로 만들어갔다. 파란색은 그의 테크누아르적 기호라고 할 수 있다.**

# "짐의 영화는 자아를 갖고 있습니다. 결코 장난치지 않아요. 하지만 짐에게는 자아가 없어요. 짐이 짜증을 내면 영화도 짜증을 내는 것 같았습니다."

## – 마이클 빈

창백한 지평선에서 〈아바타〉를 향한 첫 번째 희미한 빛을 발견한 순간이었다.

카메론은 제작의 다른 부분 못지않게 그랜드 이펙트 하우스에 많은 부분을 요청했다. 유사생물은 수영장 표면처럼 주변 풍경과 물방울, 물결을 반사해야 했다. 그리고 정신을 잃어가던 코피가 칸막이 문을 닫으면서 물로 된 덩굴손을 잘랐을 때 그 물들이 즉시 바닥으로 쏟아져야 했다. 유사생물의 거울 같은 표면에 비친 마스트란토니오와 해리스의 얼굴은 결국 〈스타트렉 4: 귀환의 항로(Star Trek IV: The Voyage Home)〉에서 시간 여행에 사용된 3D 스캐닝 기술을 발전시켜 만들어냈다.

외계어처럼 뚫을 수 없는 수많은 코드들이 시행착오를 거치며 미친 듯이 밤낮으로 쓰였다. 이 유사생물 시퀀스는 영화의 촬영 기간보다 훨씬 더 긴 8개월에 걸쳐 완성되었고 30년이 지난 지금도 여전히 아름답다. 그리고 〈어비스〉는 아카데미 시각효과상을 수상한 최초의 영화가 되었다. 여기에도 이 영화의 핵심적인 역설이 존재한다. 바로 소금처럼 짠 진실을 추구하는 예술가가 연기 가득한 거울 쇼의 시대를 열려는 것이었다.

〈배트맨〉과 〈인디아나 존스: 최후의 성전(Indiana Jones and the Last Crusade)〉이 흥행 가도를 달리던

늦여름에 개봉일이 잡힌 〈어비스〉는 카메론의 경력에 재정적으로 타격을 준 단 하나의 작품으로 남아 있다. "나는 이 영화가 흥행에 실패했다고 말하지 않을 겁니다. 하지만 〈아저씨는 못말려(Uncle Buck)〉와 같은 주말에 개봉해 그보다 더 적은 돈을 벌어들였다는 건 말도 안 돼요." 그는 투덜거렸다. 미국에서 최종 집계된 수입액은 5,400만 달러에서 6,400만 달러였다. "오늘날 누가 '벅 아저씨'를 기억하나요? 하지만 〈어비스〉는 여전히 보고 있습니다."

이미 예정보다 두 달 늦은 1989년 8월 9일, 마침내 영화가 개봉되기 전, 후반 작업은 전화와의 싸움이었고 또 다른 문제들로 의해 꼼짝달싹 못 하고 있었다. 영국 왕립 수의사회가 쥐를 액체산소에 담그는 장면을 용납할 수 없다고 나선 것이었다. 영국에서는 여전히 이 장면이 빠진 채 상영되고 있다. 5마리를 5번의 테이크로 촬영했는데 다섯 번째 쥐만 도중에 용액에서 빼낸 것을 제외하고는 모두 무사히 촬영을 마쳤다. 언론에 나쁘게 보도될 것이라는 두려움에 카메론은 쥐에게 심폐소생술을 시도했고, 다행히 살아난 쥐는 카메론의 애완동물로 살다가 자연스레 수명을 다했다. "우리는 좋은 친구였어요." 카메론은 말했다.

반대편 사진 설명: **놀라운 미래 : 컴퓨터가 만든 '유사생물' 시퀀스는 궁극적으로 〈아바타〉를 이끌어내는, 산업 전체가 바뀌는 특수효과 혁명의 시작이었다.**

이후 (〈어비스〉보다는 〈피라냐 2〉에 더 가까운) 물불을 가리지 않는 정신으로 만든 모방 해저 스릴러가 무더기로 생겨났다. 〈레비아탄(Leviathan)〉, 〈딥 라이징(Deep Rising)〉, 〈딥 식스(Deepstar Six)〉 같은 영화들은 카메론을 제치고 먼저 개봉하는 이점을 누렸지만 흥행엔 대실패했다. 하지만 이는 결코 좋은 일만은 아니었다. 오히려 해양 공상과학영화에 대한 관객의 관심에 그림자를 드리우는 결과였기 때문이다. 약탈과 속임수가 판치는 업계(코먼의 제작사를 말함) 출신인 카메론은 "그런 걱정은 하지 않으려고 했습니다"라고 말했지만 이후 그는 자신의 계획에 대해 철저히 비밀에 부쳤다.

카메론에게 가장 큰 이슈는 항상 결말이었다. 초기 편집본의 러닝타임은 거의 3시간에 달했고, 거대한 해일을 일으켜 인류를 위협한다는 NTI의 시나리오가 점점 진행되는 것으로 마무리됐다. 카메론은 또 다른 종말론적인 꿈에 영감을 받아 "나는 우리가 심판을 받고 부족한 존재임이 드러난다는 설정을 좋아합니다"라고 설명했다. 파도는 죽음의 상징이었다. 선량한 사람과의 만남은 NTI의 계획을 멈추게 할 것이다. 하지만 그 버전으로 갈 경우 러닝타임이 너무 길었고 카메론 역시 그 사실을 알고 있었다. 첫 번째 테스트 상영은 파도 영상이 마무리

되지 않은 채 공개되었다. 관객의 반응은 엇갈렸다. 결국 마지막 컷의 작업을 마친 카메론은 불안해하며 파도 시퀀스를 포기하고 극장판으로 내보냈다. 개봉을 4일 남겨두고 완성된 것이었다. 폭스의 간부들조차 〈할리우드 리포터〉가 '바다 세계'라고 조롱한 영화가 이렇게 마무리되는 것에 의문을 제기했다. 〈미지와의 조우〉처럼 외계인의 모선이 거품을 일으키며 수면으로 올라오는 공허한 엔딩이었다.

1993년에 더 길고 응집력 있는 스페셜 에디션을 선보이면서 카메론은 "객관성을 잃었을지도 모른다"고 인정했다. 더 발전된 CGI와 함께 완성된 형태에도 플롯은 여전히 비현실적인 음을 연주했다. 〈어비스〉는 카메론의 작품 중 가장 불확실하고 가장 빛나고 매혹적인 요소들의 혼합물이다. 해리스와 마스트란토니오는 좌절과 두려움을 떨쳐내며 뛰어난 연기를 선보였고, 위기 상황에서의 감정적 유대에 대한 연구를 통해 영화의 가치는 높이 치솟았다. 어렵게 얻은 수중 영상은 〈아바타〉의 모든 기술적 진보로도 결코 따라올 수 없는, 모든 것을 아우르는 놀라운 존재감을 제공한다. 우리가 이토록 영화에 둘러싸여 본 적이 있을까?

〈터미네이터〉의 화려한 패션과 형편없는 나이트

위 사진 설명: **좋든 나쁘든 버드가 린지의 멈추어버린 심장을 다시 되살리는 놀라운 장면은 영화가 뛰어넘을 수 없는 감정적 절정을 선사했다.**
반대편 사진 설명: 물고문 : 수중촬영에는 절대적인 정밀함이 필요했다. 물속에서는 작은 소동이라도 일어나면 전체 세팅이 엉망이 되기 때문이었다.

클럽 댄스, 무엇보다 카메론이 아놀드 슈워제네거를 '창조'했다는 사실을 제쳐두고, 카메론의 세 편의 80년대 영화(〈터미네이터〉, 〈에이리언 2〉, 〈어비스〉)는 결코 '80년대 영화'가 아니다. 〈어비스〉에서 그는 확실히 모든 것을 가루로 만들어버렸다. 〈어비스〉는 미래를 증명하는 미학인 동시에 (카펜터에 큐브릭을 더하고 루카스를 곱해서 얻은) 파생물이었다. 하지만 자극적인 리얼리즘은 오롯이 카메론이 만든 결과물이었다. 그리고 그는 린지와 함께 거칠고 심리적으로 활기찬 영웅 삼인조를 완성해냈다.

아마도 이 영웅들을 만들기 위해 싸우는 도중에 스토리의 일부가 카메론의 손아귀에서 미끄러져 빠져나갔을 것이다. 카메론은 신을 믿지 않지만 종교의 목적을 이해하고 있었고 외계인과의 관계에서 신성함을 추구했다. 낙관론의 나팔 소리는 '스필버그적'인 것으로 카메론에게는 어울리지 않았다. "카메론은 자기 자신 속으로 더 깊이 파고들려고 노력한다. 그가 움켜쥔 모든 것은 그의 손가락 사이로 흘러내린다"라고 〈뉴요커〉는 적었다.

NTI의 설계는 많은 변형을 거쳤고 의구심을 자아냈다. 카메론은 "최고로 미묘하고 우아한 외계인"을 만들어내려고 했다. 물속에 사는 천사를 원한 것이었다. 가장자리가 회전하는 무색의 광섬유로 장식된, 빛을 내는 수생물의 융합이면서 유리로 만들어진 투명한 잠수부인 NTI는 우아하지만 생명이 없었다. 〈워싱턴 포스트〉의 리타 켐플리는 NTI에 큰 인상을 받지 못해 이렇게 말했다. "〈어비스〉는 판타지와 공포 사이에서 고통받는다. 내부의 소름 끼치는 복도와 갓 누에고치를 벗고 나온 신과 같은 생물이 멜맥(TV시리즈 〈외계인 알프(Alf)〉에 등장하는 가상의 행성_옮긴이 주) 비행접시를 타고 외부를 허우적거린다."

〈어비스〉는 어쩌면 너무 진지하고 깊어서 상업적인 바다로부터 지나치게 멀리 떠내려왔을지도 모른다. 하지만 이런 이유로 〈어비스〉는 카메론에 대한 통찰력을 제공한다. 〈타이타닉〉이 헤라클레스처럼 큰 힘을 필요로 하는 영화였다면, 〈어비스〉는 관련된 모든 사람들의 용기와 결단력을 시험하는 단테 같은 영화였다. 물론 주

요 인물은 제임스 카메론이었다. 〈어비스〉는 또한 카메론이 어떤 사람인지를 가장 가깝게 보여주는 영화이기도 하다. 카메론은 모든 위험을 무릅쓰고 불가피하게 미지의 물속으로 끌려갔고, 그가 이룬 성취 역시 바다의 자궁으로 다시 뛰어들어가 이뤄낸 것이었다.

잠시 2012년 3월 26일로 넘어가 보자. 카메론은 파푸아뉴기니 해안의 공해상에 있었다. 그는 어떤 작품보다도 복잡하고 골치 아픈 프로젝트의 정점에 도달해 있었다. 오늘 밤 카메론은 특별히 제작된 잠수정 '딥씨 챌린저'를 타고 세계에서 가장 깊은 심해인 마리아나해구의 바닥까지 내려갈 것이다. 잠수정은 밝은 녹색을 띤 어뢰 모양의 공예품으로, 카메론은 설계 단계에서부터 참여했다. 딥씨 챌린저의 정밀하게 보정된 압력 저항이 실패한다면, 카메론은 '고깃덩이처럼 뭉쳐져 물고기 밥'이 될 터였다. 그러나 모든 것이 계획대로만 된다면 카메론은 역사상 어떤 인간보다도 더 깊이 잠수하게 될 것이었다.

"짐과 바다 사이에는 뭔가가 있어요." 그의 다섯 번째 아내인 수지 에이미스가 걱정스러운 목소리로 힘없이 말했다.

2017년 개봉한 다큐멘터리 〈딥씨 챌린지〉는 어떨까? 카메라가 장착된 1인용 잠수정에 첨단 장비들이 어지럽게 널려 있고, 주인공 카메론이 등장한다. 관객은 그가 바다 밑 8,000미터 더 아래까지 내려가는 장면을 지켜본다. 그리고 소설은 사실이 되고 〈어비스〉는 현실이 된다. 다큐멘터리에서 방울 달린 털모자를 쓰고 수염을 기른 카메론은 쿠스토처럼 보인다.

수면 아래 10,898미터 지점에 다다랐을 때 카메론은 외로운 외계 세계를 마주하고, 그곳에 사는 신비롭고 괴기한 형태의 생명체를 드문드문 발견한다. 외계인은 아닐지 모르지만 인간을 닮은 이 생명체들은 그의 NTI나 판도라의 디지털 코르누코피아와 별반 다르지 않다. 카메론은 3시간에 걸쳐 이 고요한 왕국을 관찰한 후 침착하게 모래주머니를 벗고 수면 위로 돌아온다. "혼자 내려와 있는 이곳이 나에게 가장 성스러운 곳입니다." 카메론은 경외심에 잠긴 채 말한다.

**"나는 이 영화가 실패했다고 말하지 않을 겁니다. 하지만 〈아저씨는 못말려(Uncle Buck)〉와 같은 주말에 개봉해 그보다 더 적은 돈을 벌어들였다는 건 말도 안 돼요."**

그렇게 사람을
죽이면서
돌아다니면 안 돼

# 〈터미네이터 2: 심판의 날(Terminator 2: Judgement Day)〉(1991)

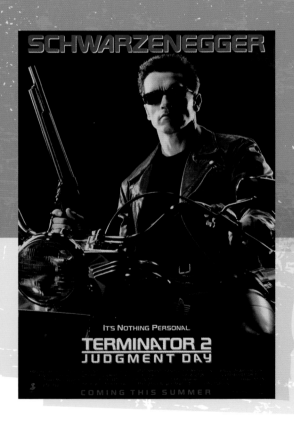

뜨거운 햇빛에 아지랑이가 피어오르는 창백한 버뱅크 활주로 위에서 747기가 공회전을 하고 있었다. 정제된 항공 연료의 희미하고 메스꺼운 냄새가 열린 문 밖으로 날아갔다. 탑승 중인 100명의 승객 리스트에는 조수, 스타일리스트, 변호사 등을 대동한 할리우드 유명 인사들의 이름이 나열되어 있었다. 올리버 스톤과 폴 버호벤은 샤론 스톤과 수다를 떨고 있었고, 실베스터 스탤론은 수행원들 사이를 어슬렁거리며 돌아다녔다. 아놀드 슈워제네거는 경치에 감탄하면서 창밖을 바라보았다. 이륙이 지연된 것은 아직 한 명이 타지 않았기 때문이었다.

그날은 1990년 5월 10일이었고, 캐롤코 픽처스는 할리우드 특유의 허세를 부리기 위해 칸영화제로 가는 제트기를 임대했다. 칸에 모인 전 세계 언론 앞에서 앞으로 제작할 영화를 홍보하기 위해서였다. 그러나 발표자이자 영화사 최고의 자산이 파티에 늦는 중이었다.

탑승이 가능한 마지막 순간에 (예상대로) 리무진이 활주로를 가로질러 끼익 소리를 내며 멈추었다. 제임스 카메론은 서류 가방과 짐 가방을 움켜쥐고 뛰어내려 동료들이 일제히 내는 코믹한 야유에 맞추어 계단을 뛰어올랐다. 그와 가까운 사람들은 그가 너

앞장 사진 설명: **자신만의 터미네이터 : 존 코너(에드워드 펄롱)가 자신의 보디가드 T-800(아놀드 슈워제네거)이 진짜인지 확인하고 있다.**
위 사진 설명: **핵무기 가족 : 존 코너, 사라 코너, T-800이 T-1000을 바라보고 있다.**

무 지쳐서 거울조차 보지 못했다는 것을 알 수 있었다. 며칠 동안 한숨도 못 잔 사람 같았다. 카메론은 서류 가방을 열어 시나리오 2부를 꺼내 하나는 안도의 한숨을 내쉬는 캐롤코의 대표 마리오 카사르에게 들이밀었고, 하나는 슈워제네거에게 건넨 뒤 옆 좌석에 쓰러져 눈을 감았다. 시나리오를 받아 든 두 사람은 시나리오를 읽어 내려갔고 카메론이 불꽃과 금속에 대한 새로운 꿈을 꾸는 동안 난기류에 휩싸인 제트기는 프랑스 리비에라를 향해 날아올랐다.

카메론은 36시간 동안 단숨에 시나리오를 완성했다. 그것이 그의 방식이었다. 마감일이 그를 향해 소리를 지르면 카메론은 열을 내면서 커피에 취해 갑자기 추진력 있게 행동했다. 다음 단계로 뛰어넘어가는 것이다. 집필, 촬영, 스토리텔링 등 카메론은 드라마와 떨어질 수 없는 주파수에 항상 맞춰져 있었다. 손가락은 불타오르고 피부는 가려운 상태에서 영화의 결말이 카메론에게서 쏟아져 나왔다. 결국 그는 모든 이들의 기대를 뛰어넘으며 관객을 놀라게 할, 엄청난 공상과학의 전설을 완성시켰다.

카메론이 'T2'라고 명명한 영화는 위대함이라는 약속을 이행할 예정이었다. 이 영화는 루카스와 스필버그를 미국 문화의 신적인 존재로 만들어준 '대중성'을 카메론에게도

확보해줄 첫 번째 영화가 될 것이었다. 하지만 지금까지는 모든 게 비밀에 싸여 있었다. 공동 작가인 윌리엄 위셔, 마리오 카사르 그리고 슈워제네거만이 영화의 규모와 카메론이 염두에 둔 감정을 처음으로 공유받았다. 카메론은 속편을 본 관객이 '터미네이터를 위해 울도록' 만들겠다고 약속했다.

처음 카메론이 시간 여행을 하는 사이보그에 대한 오리지널 시나리오를 들고 영화사 문을 두드리며 돌아다녔을 때는 모든 이들이 그를 외면했다. 그런 그가 지금은 칸에서 열리는 기자회견장에 앉아 있다. 카사르는 〈터미네이터 2: 심판의 날〉(이하 〈터미네이터 2〉)이 7천만 달러라는 기록적인 예산으로 곧 제작에 들어갈 것을 자랑스럽게 과시하고 있었다. 영화는 최종적으로 1억 달러의 제작비를 기록했다. 막대한 예산은 위험한 방탕함을 보여주기도 하지만 영화 홍보에 도움이 된다는 것이 할리우드의 자명한 이치였다. 오직 감독만이 좋은 결과를 내기 위해 어떻게 해야 할지 모르고 있었다.

1989년 카메론의 인생과 커리어는 불안정한 흐름 속에서 거침없이 흘러가고 있었다. 영화사들의 간섭으로부터 자신의 영화를 격리시키기로 결심한 카메론은 모든 감독들의 갈망인 제작사를 설립했다. 제작사의 이름은 '라이트스톰'으로, 〈터미네이터〉에서 슈워제네거가 미래에서 도착했을 때 번쩍이던 빛의 모습에서 따왔다. 라이트스톰의 야망은 거대했다. 1990년 버뱅크 공항 근처에 본사를 세웠을 때 카메론은 1년에 12편의 장편영화를 제작할 계획이었다. 그리고 궁극적으로는 저작권을 완전하게 소유하는 것이 목표였다.

토네이도 같은 로맨스 뒤에 (카메론은 무엇에든 열과 성을 다했다) 카메론은 화가에서 감독으로 변신한 캐스린 비글로와 결혼했다. 화가로서 뉴욕 아방가르드급의 반열에 올랐음에도 불구하고 비글로는 장르에 매우 개인적으로 접근한다는 면에서 카메론과 동질적인 영혼을 갖고 있었다. 그녀는 스타일리시한 오토바이 영화 〈러브리스(The Loveless)〉 이후 축축한 분위기의 〈죽음의 키스(Near Dark)〉를 연달아 연출했다. 웨스턴과 흡혈귀가 혼합된, 텍사스 열병에 걸려 꾸는 꿈 같은 영화에는 카메론을 졸업한 빌 팩스턴, 랜스 헨릭슨, 그리고 제넷 골드스타인이 함께했다. 180센티미터가 넘는 키에 새카만 머리, 조각같이 위협적일 정도로 아름다운 비글로는 훗날 이라크에서 오사마 빈 라덴을 쫓으며 폭탄을 처리하는 영화(〈허트 로커(The Hurt Locker)〉)로 오스카의 극찬을 받게 된다.

LA의 콜드워터 캐니언에 있는 언덕 위의 집으로 이사하면서 로맨스와 영화 제작은 불가피하게 돌아오지 못할 강을 건너게 된다. 카메론은 비글로가 염원하던 서핑 스릴러를 제작하기로 동의했는데, 〈조니 유타〉라는 제목의 이 시나리오는 이미 영화사를 한 바퀴 돈 상태였다. 리들리 스콧도 지나치게 쾌락주의적이고 어떤 의미에서는 영적인 서퍼들이 스콜을 움직여서 둑을 무너뜨림으로써 끝없는 여름을 불태운다는 내용을 막연하게 생각했다. 폭스와 협상하면서 카메론은 크레디트에 자신의 이름을 올리지 않은 채 꼭 필요한 몇몇 코믹한 상황을 삽입해 수정했다. 관객은 영화의 대담무쌍한 서핑과 스카이다이빙이 레저에 대한 카메론의 묘사가 제대로 반영된 것이라고 생각했다. 비글로의 핸드헬드 리얼리즘과 카메론의 반대를 무릅쓰고 키아누 리브스를 주연으로 캐스팅한 결정이 적절하게 결합되어 〈폭풍 속으로(Point Break)〉라는 새로운 이름으로 개봉한 이 영화는 평범한 박스 오피스 성적에도 불구하고 컬트적인 인기를 얻었다.

비글로의 빛나는 스릴러에 거침없는 그루브를 더한 것은 잘한 일이었지만 더 큰 문제는 카메론이 다음에 무엇을 연출할 것인가였다. 〈어비스〉가 흥행에 실패했기 때문에 카메론은 할리우드의 조건에 맞추어 자신을 어필해야 한다는 것을 알고 있었다. 테크누아르를 향한 자신의 꿈이 돈을 들이고 고민할 가치가 있다는 것을 다시 증명하기 위해서였다.

1989년 크리스마스를 얼마 앞둔 어느 날 카메론의 전화벨이 울렸다. 카사르였다. 카사르는 거창한 몸짓을 좋아하는 사람이었다. 캐롤코 픽처스의 공동 수장인 그에게는 베이루트 이민자들에게서 느껴지는 특유의 분위기가 있었다. 그는 영화 스타들과 사진 찍는 것을 좋아했고 고급 레스토랑에서 식사하면서 개발도상국의 부채 규모와 예산에 대해 이야기하고 재능 있는 감독들에게 쿠바산 시가를 건네주는 것을 즐겼다. 하와이안 셔츠, 빳빳한 가죽 재킷과 화려한 미소의 결합은 초창기 카메론의 곁

에 있었던 우쭐거리는 프로듀서의 또 다른 버전이었다. 하지만 적어도 카사르에게는 자금이 있었다.

전직 가발업자에서 무술용품 수입업자가 된 파트너 앤드류 G. 바이나와 함께 카사르는 〈람보〉로 성공을 거두었다. (그 영화에서 카사르는 카메론과 처음 마주쳤다.) 블록버스터 시장을 좌지우지하는 거대 영화사의 지배권에 도전하기 위해 캐롤코 픽처스는 1989년 아놀드 슈워제네거 주연의 화려하고 풍부한 볼거리를 제공하는 공상과학영화 〈토탈 리콜(Total Recall)〉을 제작했고, 1억 달러의 흥행 수익을 올렸다. 캐롤코는 1980년대 이후 거대하게 확장된 회사가 더욱 큰 이익을 발생시킬 수 있는 방식을 구체화했다. 설령 그런 도박으로 손해를 본다 해

도 해외 판매로 벌어들이는 수익으로 상쇄했다. 그들은 확장된 버전의 로저 코먼이었다. 그리고 당연히 카메론에게 열렬한 구애를 보냈다.

〈터미네이터〉의 속편에 대한 가능성은 원작이 박스 오피스 정상을 차지하자마자 논의되기 시작했다. 런던에서 〈에이리언 2〉를 촬영하는 동안 카메론과 게일 앤 허드는 범죄 스릴러 〈엣지 오브 다크니스(Edge of Darkness)〉를 히트시킨 뉴질랜드 감독 마틴 캠벨과 점심을 먹으며 카메론이 프로듀서를 맡을 경우 속편을 연출할 의향이 있는지 알아보고 있었다. 하지만 속편을 헴데일 필름과 계약하는 데에는 부정적이었다. 너무나 많은 악연이 있었기 때문이었다. 카메론은 존 데일리의 실

반대편 사진 설명: 제임스 카메론의 세 번째 아내이자 핵심적인 창조적 협력자인 캐스린 비글로.
위 사진 설명: 파도타기: 캐스린 비글로의 〈폭풍 속으로〉에 출연한 키아누 리브스와 패트릭 스웨이지. 카메론은 비공식적으로 시나리오를 수정했다.

루엣을 생각할 때마다 피가 솟구쳤다. 추격전은 아직 끝나지 않았다.

슈워제네거는 좀 더 비즈니스적인 시각을 갖고 있었다. "헴데일은 큰 예산이 필요한 전통적인 영화를 만들 만한 역량이 없어요." 불꽃을 계속 지핀 사람은 슈워제네거였다. 오토바이를 타고 멀홀랜드의 꼭대기까지 달려가 불규칙하게 펼쳐진 뜨거운 도시 LA를 응시할 때마다 이 스타는 감독에게 속편의 가능성을 재촉하곤 했다. "아놀드는 속편에 대해 계속 생각하게 만들었습니다." 카메론은 인정했다.

처음에는 쉽지 않다고 생각해서 확신이 서지 않았다. 카메론의 감수성만으로도 오마주와 혁신을 모두 장담할 수 있었던 〈에이리언 2〉와는 분명 다른 조건이었다. 카메론은 자신의 내부적인 프로그래밍을 통해 관객이 아무리 과묵한 살인 기계를 보고 싶다고 아우성친다 해도 더 큰 예산이 투입되는 프로젝트를 같은 공식에 그대로 대입할 수 없다는 것을 알고 있었다. 〈터미네이터〉를 어떻게 전편으로 취급할 수 있단 말인가?

어쨌든 그 논쟁은 이론일 뿐이었다. 영화의 판권은 헴데일과 허드의 퍼시픽 웨스턴 프로덕션이 나눠 갖고 있었다. 전 파트너와 전 부인이라니. 당시 헴데일은 일련의 값비싼 실패로 재정적으로 힘든 상황을 겪고 있었다. 카메론은 시가 연기 너머의 카사르에게 지금이 그 거래를 끊어내기에 최적의 순간이라고 제안했다.

카메론이 전화기를 들자 카사르의 부드러운 음색이 들려왔다. "〈터미네이터 2〉를 만들고 싶은가요?" 카사르가 물었다. 임원을 고문하는 것을 마다하지 않는 카메론은 그 제안을 보류했다. "그렇게 관심이 많지는 않습니다." 카메론은 결국 이렇게 대답했다. 카사르는 되받아치며 대답했다. "감독에게 600만 달러를 제시하려 합니다." "좋아요." 카메론이 대답했다. "이제 관심이 가네요."

왼쪽 사진 설명: **미래 전쟁 마크 II : 스탠 윈스턴(왼쪽)과 제임스 카메론(왼쪽에서 두 번째)**이 T-800 내골격 인형의 클로즈업을 준비하고 있다.

당시 35살의 제임스 카메론은 그것이 '말도 안 되는 액수'임을 잘 알고 있었다. 프랜시스 포드 코폴라도 〈대부〉의 세 번째 시리즈로 겨우 300만 달러를 받았을 뿐이다. 이제 카메론은 세계에서 가장 돈을 많이 받는 감독이 될 참이었다. 재정적 이익과 창조의 자유에 대한 약속을 넘어 이는 시의적절한 조치였다. 어떻게든 슈워제네거와 재결합시키는 〈터미네이터〉의 속편 가능성은 카메론을 다시 과대광고의 흰 파도 속으로 밀어 넣었다. 〈터미네이터 2〉의 제작은 할리우드에서 가장 큰 프로젝트였다. 카메론에게 600만 달러, 헴데일에 1천만 달러, 허드의 퍼시픽 웨스턴에 500만 달러, 슈워제네거에게 1,200만 달러 등 피치 한 번 듣지 않은 상태에서 캐롤코는 이미 3,300만 달러를 지불했다. 거의 걸프스트림의 제트기가 날아오르는 수준이었다.

언론 공개와 허세 섞인 광고를 위해 카메론은 자신의 친구 스탠 윈스턴에게 50만 달러짜리 티저 예고편을 만들게 했다. 티저는 〈토탈 리콜〉과 함께 공개되었다. 그를 신뢰하는 인터넷 이전 시대의 관객은 불꽃이 거세게 휘몰아치는 거대한 틀에 내골격이 삽입되는 광경을 보고 환호했다. 음악감독인 브래드 피델의 파운딩 스코어는 빛나가는 법이 없었다. 주형틀이 열리자 카메라가 회전하며 슈워제네거의 헤라클레스적인 몸매를 따라 올라갔다가 무표정한 얼굴에 머물렀다. 두 눈은 붉게 타고 있었다. 〈터미네이터〉 이후 6년이나 지났다. 관객은 비명을 지르고 팝콘이 쏟아져 내렸다. 그리고 로고 뒤로 그의 목소리가 들렸다. "I'll be back."

위셔는 전화를 받았을 때 친구의 목소리가 변한 것을 알 수 있었다. "〈터미네이터 2〉." 카메론이 말했다. 마치 명령처럼 들렸다. 그는 부담을 함께 짊어질 오랜 동지가 필요했고, 제작 일정은 이미 예정보다 몇 달이나 늦은 상태였다. 몇 시간 후 뜨거운 커피 앞에 앉은 위셔는 친구의 파란 눈에서 익숙한 전기가 튀는 것을 보았다. 카메론은 오래된 노란색 노트패드를 꺼냈다. 맨 위에 한 문장이 적혀 있었다. "어린 존 코너와 그와 친구가 되기 위해 돌아온 터미네이터."

〈터미네이터 2〉는 카메론이 스토리텔러로서 도식적인 탁월함을 보여주는 또 다른 모델이었다. 캐릭터와 줄거리, 저돌적인 모멘텀, 감정적인 진지함과 순수하고 극

적인 효율성의 복합체 속에서 그를 벗어날 수 있는 것은 아무것도 없었다. 카메론의 시나리오는 모두 잘 다듬어진 기계와도 같지만(〈어비스〉의 결말은 좀 그랬지만) 〈터미네이터〉 시리즈는 주인공만큼이나 매끄럽고 냉혹하며 거침없는 돌진을 불러일으켰다.

카메론은 블록버스터를 만들지 않는다. 초대형 블록버스터를 만든다. 하지만 이는 일종의 진화 과정이다. 그가 좋아하는 표현처럼 '잠재의식의 검은 바다'를 빙빙 도는 거대한 백상아리를 상륙시키는 것으로 진화는 시작된다.

몇 년 동안 카메론과 위셔는 〈터미네이터〉의 다음 세대에 대한 생각들을 가정해보고 거부했는데, 〈에이리언〉에 대한 시고니 위버의 제안처럼 자신이 쓰지 않은 후속 편 중에서 발판을 발견할 수 있었다. 그들은 영화의 전반적인 배경을 미래 전쟁의 디스토피아적 혼란으로 설정하려 했다. 하지만 비용은 제한적이었고 분위기도 어딘가 잘 맞지 않았다. 지저분하고 부족민처럼 보여서 마치 〈매드 맥스〉 같았다. 슈워제네거의 T-800이 가진 남성적인 자율성에 대항하여 여성 터미네이터를 보내는 설정은 어떨까? 너무 눈요기 같고 코믹할 것이 뻔했다. 패러디 같았다. 카메론은 몇 주 동안 카일 리스를 죽음에서 되살리기 위해 시간 여행을 구상했던 기억을 떠올렸다. 티저 영상에서 확인했듯이 슈워제네거는 완

## 제임스 카메론은 블록버스터를 만들지 않는다. 초대형 블록버스터를 만든다.

전히 새로운 모델을 연기할 것이었다. 이는 후속 편을 끊임없이 생산할 수 있다는 가능성을 제기하는 것이기도 했다. 하지만 카메론은 시간 여행이 〈빽 투 더 퓨쳐(Back to the Future)〉와 너무나 비슷하다는 것을 깨닫고 재빨리 손을 뗐다.

이러한 사고 실험으로부터 카메론의 〈터미네이터〉 시리즈의 깨지지 않을 신조들이 생겨났다. 특히 슈워제네거의 정면 사진은 결정적이었다. 내리치는 번개 사이로 미래로부터 살인 기계 로봇이 도착한다. 핵 종말이 일어날 가능성은 폭풍우 구름과 같이 플롯 위에 매달려 있어야 했다. 감정적인 핵심도 빠질 수 없었다. 더 이상 로맨스가 불가능하다면 감정선은 어디서 찾아야 할까? 그리고 카메론의 다른 모든 영화에 적용되는 규칙도 잊어서는 안 된다. 즉 속편은 전편보다 기하급수적으로 훌륭해야 했다.

카메론은 〈터미네이터〉의 비용 대비 효율적인 액션을

만들기 위해 밤낮을 가리지 않고 일했고, 포모나에 있는 친구의 소파에서 새우잠을 자던 날들로부터 아주 먼 길을 왔다. 하지만 그들은 지금도 밤늦게까지 정확히 같은 일을 하고 있었다. 다만 장소만 콜드워터 캐니언에 있는 카메론의 사무실로 바뀌었을 뿐이다. 코요테가 울부짖는 소리가 들렸다.

〈에이리언 2〉와 마찬가지로 카메론은 본능적으로 개체 수가 늘어나기를 원했다. 영화의 제목에는 두 가지 의미가 담겨 있었다. 미래에서 두 명의 터미네이터가 돌아올 것이다. 처음에는 '두 명의 아놀드'라는 콘셉트로 구체화되었다. 사전에 설정된 대로 어린 존 코너를 죽이라는 임무에 충실한 나쁜 터미네이터와 악당을 막기 위해 카일을 대신할 좋은 터미네이터가 등장하고 둘 다 슈워제네거가 연기할 예정이었다. 관객의 혼란을 막기 위해 카메론은 둘 중 하나의 정면 얼굴에 빠르게 상처를 만들 계획이었다. 하지만 그러려면 그의 스타는 메이크업 의자에서 긴 시간을 견뎌야 했다. "나는 아놀드가 내게 짜증내는 걸 보고 싶지 않았어요." 카메론은 크게 웃으며 말했다. 더 중요한 점은 관객이 터미네이터를 응원하도록 슈워제네거를 약자로 만들어야 했다. 이런 설정은 단순히 터미네이터 세계관의 프로그램을 어긴 것이 아니라 현대 할리우드의 상업적 전략을 완전히 바꿔놓게 된다.

카메론은 좋은 터미네이터라는 역설적인 개념이 점점 더 이치에 맞는다고 생각했다. 지금까지 원작을 둘러싸고 있는 컬트적인 분위기와 시체 수를 세면서 소시오패스적인 유머를 날리고 방아쇠를 당기며 행복해하는 슈워제네거의 이미지가 계속 이어지는 것이 불안했다. 심지어 〈토탈 리콜〉은 터미네이터를 다양하게 리믹스하기까지 했다.

카메론은 자신의 영화 전체를 관장하던 원래의 가벼운 슬래셔 무비 루틴에서 벗어나(카메론의 필모그래피에는 공포에서 서사시까지 전반적인 궤적이 있다) 자신의 중요한 살인 기계를 영웅으로 재프로그래밍하려고 작정하고 있었다.

어린 존 코너가 미래의 자신으로부터 터미네이터를 선물 받으면서 스토리텔링과 아이러니가 다닐 수 있는 길이 완전히 열렸다. T-800은 미래의 구세주를 지키는 임

무를 부여받고 되돌아왔다. 급한 성격의 미래의 구세주는 현재에 환멸을 느끼며 위탁 가정에서 지내고 있고 그의 어머니는 정신병원에 있다. T-800은 외로운 소년에게 아버지이자 수호천사가 될 것이다. 그리고 그의 'CPU 신경망 프로세서'는 소년에 대해 학습하도록 설정될 것이다. 혹은 카메론이 말한 것처럼 그들이 처음과는 완전히 반대되는 반응을 하도록 윤곽을 잡을 것이다. "양철 사나이가 심장을 갖게 되었습니다!" 카메론은 환성을 질렀다. 뿐만 아니라 앞으로 회자될 새로운 대사도 덧붙였다. "잘 가라, 애송이…."

이 영화는 멈추지 않고 케이크를 들고 먹는 카메론과도 같았다. T-800의 매력을 비틀어 안티히어로에서 영웅으로 바꾸면서도 커피처럼 쓴 블랙코미디의 부차적인 효과를 유지했다. 아니, 더 높였다. 아무런 자각도 없이 LA를 짓밟고 다니는 지능을 가진 기계와 지구상에서 가장 유명한 얼굴의 움직이지 않는 슈워제네거의 광대뼈가 그것이다.

대단한 도입부였다. 완전히 새로운 T-800은 LA 변두리에 있는 트럭 정류장 로드하우스에 도착하자마자 나체 차림으로 걸어 다녔고(카메론이 한때 자주 들렀던 지저분하고 한적한 바로 그곳이었다) 주변에는 가죽을 두른 지역 폭주족들이 휴식을 취하고 있었다. 업그레이드된 테르모비전은 그에게 옷이 필요하다는 것을 알려주었다. 술집에서의 싸움이라는 위대한 전통을 통해 그는

반대편 사진 설명: 〈터미네이터 2〉에서 제임스 카메론은 아놀드 슈워제네거가 최고의 연기를 펼치는 데 도움을 주었다.
위 사진 설명: 미래를 다시 쓰다 : T-800과 다이슨 박사 그리고 사라 코너가 사이버다인 시스템에 침입하고 있다.

가죽과 선글라스를 장착하고 할리 데이비슨에 올라 힘차게 시동을 건다. 그리고 미래를 향해 미끄러지듯 나아간다. 블루스 로커 조지 소로굿의 〈배드 투 더 본(Bad to the Bone)〉의 달그락거리는 자갈 소리가 그와 함께 한다. 그는 한 번도 눈을 깜빡이지 않았지만 영화 전반에 흐르는 신경 네트워크의 분위기가 변한 것은 틀림없었다.

그러나 카메론은 슈워제네거를 설득해야만 했다. 카메론은 자신의 페르소나를 비꼴 생각을 하고 있었다. 슈워제네거는 자기 조롱에 대한 애정 어린 재능을 드러내며 영화 〈트윈스(Twins)〉와 〈유치원에 간 사나이(Kindergarten Cop)〉 등 가족 코미디로 큰 성공을 거두었지만 〈터미네이터〉야말로 그의 초석이었다. 카메론은 슈워제네거에게 여전히 R등급을 목표로 하고 있다고 말했다. 느슨한 액션이나 폭력은 용납되지 않았고 오직 암묵적이고 아이러니한 반전만이 두각을 드러낼 것이었다. 그는 슈워제네거 안의 배우에게 호소했다. "결말은 〈셰인(Shane)〉과 비슷할 거예요. 우리는 관객이 당신을 위해 울게 만들 겁니다. 역사상 가장 강력하고 차갑고 비열하고 나쁜 기계인 당신을 위해서 말이죠. 만약 우리가 그렇게 한다면 우리는 영화가 실제로 얼마나 강력한지 보여주는 셈이죠."

비행기가 프랑스에 착륙했을 때 세계에서 가장 거대한 스타는 카메론의 모든 자랑이 담긴 시나리오를 읽고 어린아이처럼 웃고 있었다. "문제없어요." 린다 해밀턴은 카메론에게 한 가지를 요청했다. 그들은 몇 년 동안 연락을 하지 않았지만 사라 코너는 깨지지 않는 또 다른 신조였다. 그녀는 〈에이리언 2〉의 리플리만큼이나 꼭 필요한 존재였고 카메론은 그녀가 출연을 확정 짓기 전까지 한 글자도 쓰지 않았다. 그는 이 부분을 매우 강하게 어필했다. 자신의 아이를 지키려는 한 어머니와 두 명의 터미네이터, 파이프라인 속에서의 종말. 해밀턴은 딱 잘라 말했다. "미치고 싶어요."

카메론은 즉시 알아들었다. 터미네이터의 공격에서 간신히 살아남은 사라는 세계가 1997년 8월 27일 종말을 맞을 것을 알고 있지만 아무도 그녀의 말을 듣지 않는 설정이었다. 이는 그녀를 벼랑 끝으로 내몰기에 충분했다. "당신은 분명 미칠 겁니다." 카메론이 장담했다.

며칠 후 카메론은 해밀턴에게 다시 전화를 걸었고, 새롭게 쓴 따끈한 시놉시스를 들려주었다. "당신의 아들이 목표이고, 당신은 정신병원에 있습니다. 아들이 좋은 터미네이터와 팀을 이뤄 당신을 탈출시키러 올 겁니다. 그러면 당신이 세상을 구하세요."

해밀턴의 군더더기 없고 가시 돋친 연기는 도전적인 여주인공이라는 카메론의 공식을 과격한 방향으로 몰고 갔다. 카메론은 관객이 그녀가 진짜 미치지 않았는지 확신하지 못하는 상황을 좋아했다. "어쩌면 당신 역시 모를지도 몰라요." 카메론이 해밀턴에게 말했다. 핵에 대한 그녀의 악몽 속으로 발을 들여놓으면 그녀의 충격적인 트라우마를 엿볼 수 있었다. 폼페이의 희생자들처럼 잿빛 시체로 변해버린 아이들과 버섯구름 아래에서 말라붙은 LA에 대한 소름 끼칠 정도로 현실적인 환상이었다. 카메론은 그의 특수효과팀에 핵폭발과 현실, 허구를 섞은 혼합물을 제시하면서 자신의 "최고의 핵"이라 이름 붙였다. 사라의 임무는 스카이넷 개발을 책임지게 될 다이슨 박사(조 모턴)를 끝내는 것만으로 충분했다. 또

> **"결말은 〈셰인〉과 비슷할 거예요. 우리는 관객이 당신을 위해 울게 만들 겁니다. 역사상 가장 강력하고 차갑고 비열하고 나쁜 기계인 당신을 위해서 말이죠."**

다른 도덕적 난제는 마치 올가미처럼 드라마를 가로질러 설정되어 있었다.

해밀턴은 그 반전의 역할을 메소드 방식으로 가슴에 새겼다. 1년 동안 '개처럼' 훈련한 후에 그녀는 특공대원처럼 거칠고 강한 모습으로 촬영장에 나타났다. 그녀의 얼굴은 체 게바라처럼 시크했다. 그녀는 카메론의 어머니가 주말마다 그랬던 것처럼 피로했고, 파멸을 이야기하는 생존자이자, 아직 일어나지 않은 전쟁의 불안감에 사로잡힌 퇴역 군인 같았다. 해밀턴은 직접 스턴트를 소화하고 수갑을 풀려고 했다. 또한 촬영 중간중간에 자동소총용 안대를 벗고 담배에 불을 붙이곤 했다.

"이 영화의 아이러니는 아놀드가 저보다 더 좋은 엄마이고 제가 더 좋은 터미네이터라는 겁니다." 린다 해밀턴이 말했다.

존 코너 역할을 맡을 배우를 구하는 일은 스칼렛 오하라 역을 구하는 것만큼이나 어려웠다. 카메론은 미래의 줄리어스 시저가 될 버릇없는 이미지의 소년을 찾고 있었다. 소년은 영화의 핵심이며 주인공이었다. 배짱 있지만 연약한 이 캐릭터는 정신병자 어머니와 시간 여행자인 사이보그에 대한 그녀의 거친 주장과 구별되었다. 존 코너는 좀 더 나이가 많고 자신감이 넘치는 뉴트의 남자 버전이었다. 또한 도덕적이기도 했다. 카메론과 위셔는 존 코너를 절대 총을 쏘지 않는 캐릭터로 설정했다. 동시에 냉장고만 한 자신의 동료에게 사람을 함부로 죽이는 것은 멋진 행동이 아니라고 가르쳐주는 캐릭터였다. 카메론은 존 코너 역에 딱 맞는 배우를 찾기 위해 전국적으로 수천 명의 오디션을 봤고 이는 할리우드 아이들의 행렬을 불러일으켰다. 그러나 그 아이들은 너무나 능숙하고 전문적이라 터미네이터를 연기해도 될 정도였다.

존은 카메론의 특수효과로 수정할 수 있는 존재가 아

위 사진 설명: **기계 멘토 : 촬영 내내 아놀드 슈워제네거는 어린 에드워드 펄롱과 중요한 유대감을 형성하는 가이드가 되어주었다.**

니었다. "그 아이가 제대로 연기하지 못한다면 제작과 관련한 예산과 작업, 에너지는 물론 영화 전체가 쓰레기통에 처박힐 수도 있었습니다."

에드워드 펄롱은 완성된 기사와는 거리가 멀었다. 패서디나의 한 소년 클럽에서 발견한 펄롱은 카리스마가 있었고 무거운 앞머리를 끊임없이 뒤로 젖히고 있었다. 그의 건방진 자신감은 가식이라는 느낌을 풍겼다. 13살 때 펄롱의 어머니는 그를 삼촌에게 맡기고 떠났고 아버지와는 연락조차 닿지 않았다. 펄롱은 연기 경험이 전혀 없었다. 하지만 카메론은 그에게 '무언가 있다'고 생각했다. 그 무언가를 유도해내려면 누군가가 필요했고 슈워제네거가 주요한 인물이 되어야 했다. 소년과 그의 터미네이터라는 케미스트리는 쉽게 형성되었고, 새롭고 참신하고 진실한 무언가가 스크린으로 쏟아졌다.

그렇다면 터미네이터가 무서워하는 것은 무엇인가? 이것이 카메론과 위셔가 풀어야 할 핵심 난제였다. 오직 그들만이 문제를 해결할 수 있었다. 감독의 논리에 따르면 미스터리한 두 번째 터미네이터 모델은 슈워제네거보다 '더 위협적이고 더 강력할' 필요가 있었다. 하지만 너무 많이 나간다면 스케일이 터무니없이 커질 게 뻔했다. 거의 세계대전급이 될 수도 있었다. 명석한 터미네이터가 필요했다. 전작을 쓰면서 창의력을 발휘했던 카메론은 임무를 마무리하기 위해 두 번째 기계를 구상했다. 그것은 컴퓨터가 내장된 금속 액체 수은으로 만들어진 다형성 암살자로, 다양한 물체로 위장할 수 있는 존재였다. 이 아이디어에는 존 카펜터의 〈더 씽〉도 영향을 미쳤다. 인간의 손으로 만든, 미래를 좌지우지하는 AI 독재

자 스카이넷은 이 파괴가 불가능한 터미네이터를 과거로 보낼 것이었다. "그곳에 앉아서 스토리를 쓰는 것만으로도 겁이 났습니다." 카메론이 회상했다. 그는 클레이메이션을 사용하리라 생각했다. 하지만 내골격을 작동시키는 데 드는 비용을 마련하기 위해 몸부림쳐야 한다는 현실 때문에 카메론의 수은빛 꿈은 다시 얼어붙었다. 이때까지는 그랬다.

초자연적인 유사생물의 뒤를 이어 카메론은 T-1000의 찐득찐득한 움직임을 CGI로 만들 결심을 했다. 폭스의 톰 셰락 회장은 카메론에게 〈어비스〉가 〈터미네이터 2〉를 위한 예행연습인 '드라이하지 않은 드라이 런'이었다고 농담 섞인 말을 했다. 카메론은 자신의 영화 전체가 콘셉트에 의존한다고 확신했다. 카메론은 ILM의 시각효과 아티스트 데니스 뮤런에게 전화를 걸어 단순히 하나의 시퀀스가 아니라 전체 캐릭터가 단단한 모양에서 흘러내리는 깜짝 놀랄 정도로 발전된 모습을 그려달라고 요청했다. 마침내 3분 30초 분량의 영상이 완성됐고, 카메론의 요구는 모두 반영되었다.

T-1000에 인간의 형태를 부여하는 아이디어를 밀어붙인 사람은 태초의 터미네이터, 오리지널의 아버지 스탠 윈스턴이었다. 그는 후속 편에서도 메이크업 효과를 담당하기 위해 돌아왔고 곁들임 음식이 메인 코스가 되어가고 있었다. "관객은 악당을 구분할 수 있어야 한다." 윈스턴은 이렇게 주장했다. 카메론은 순식간에 해결책을 생각해냈다. 제복을 입은 경찰은 어떨까? 그의 혈관에 흐르던 반권위주의가 수면 위로 떠올랐고 그 아이디어는 그가 중심 주제로 여기던 생각을 강화시켰다. 인간

"이 영화의 아이러니는 아놀드가 저보다 더 좋은 엄마이고 제가 더 좋은 터미네이터라는 겁니다."
- 린다 해밀턴

**"그 아이가 제대로 연기하지 못한다면 제작과 관련한 예산과 작업, 에너지는 물론 영화 전체가 쓰레기통에 처박힐 수도 있었습니다."**

이 기계에 지나지 않는다고 할 정도로 사회에 만연한 인간성 말살이 그것이었다. "경찰은 경찰이 아닌 모든 사람보다 자신들이 덜 인간적이라고 생각합니다." 카메론은 말했다. 그 생각에는 예언적인 힘이 있는 것 같았다. 1991년 3월 3일 흑인인 로드니 킹이 LA 경찰에게 구타당하는 장면이 촬영돼 도시를 폭동으로 몰아넣었다.

　T-1000 역의 로버트 패트릭은 트레이드마크인 짜증 섞인 찡그림을 제외하고는 엄숙한 정적을 지닌 사람으로서 무자비한 기계적 효율성에 도달하기 위한 슈워제네거의 헌신적인 훈련을 소화해냈다. (로버트 패트릭은 상대적으로 덜 알려진 조지아 출신의 배우로 〈다이 하드 2(Die Hard 2)〉에서 단역을 맡았던 경험과 평범한 외모 때문에 캐스팅되었다.) 패트릭은 자신을 액체라고 생각했고 흐르는 크롬으로 변형되는 젤처럼 보이기 위해 움직임에 침착함과 기묘한 우아함을 더했다. 이것은 뮤런이 고려해야 할 또 다른 요소였다. T-1000의 CGI는 살아 있는 배우의 형태를 취해야 했다.

　"할 수 있겠어요?" 감독이 물었다. "당연하죠." 특수효과의 마술사 뮤런은 허세를 부렸다. ILM은 방법을 찾을 것이다. 그들은 기술력과 상상력의 최전선에 있었다.

카메론이 뮤즈를 좇던 바로 그곳이었다. 영화가 끝날 무렵 최고의 특수효과 회사 ILM은 CGI 아티스트 스태프를 세 배로 늘렸고 수행 능력을 완전히 높였다. 〈어비스〉가 경사면을 미끄러져 내려오는 첫 번째 바위였다면 〈터미네이터 2〉는 산사태였다. 돌아갈 곳은 없었다. 컴퓨터 기술은 영화 산업을 장악하는 위치까지 올라갈 것이다. 〈터미네이터 2〉는 〈쥬라기 공원(Jurassic Park)〉의 공룡을 부활시키는 방법은 물론 그 이상을 보여주었다. 결국 전 세계의 하드 드라이브에 특수효과가 자리 잡게 되었다.

혁명은 그냥 생기지 않는다. 속편 제작에 쓰인 최종적인 CGI 비용은 550만 달러로, 원작의 전체 예산과 맞먹었다. 그나마 이것도 카메론과 위셔가 시나리오의 디지털 요구사항을 필수적인 요소만으로 축소한 후였다. 윈스턴의 특수분장팀은 슈워제네거 상체의 애니매트로닉스, 즉 그와 닮은 모형을 만들어 전기전자 장치를 부착해 움직이도록 했다. 그러면서 특정 동작을 하도록 제어하는 방법을 만들기 위해 (슈워제네거가 금속 막대기로 계속해서 맞는 장면을 찍어야 했기 때문에) 합류했다. 샷건에 맞은 T-1000의 가슴이 은색 꽃처럼 터지는 모습과 칼처럼 늘어나는 인간의 팔 그리고 패트릭의 몸체가 오작동을 일으켜 생기는 '스플래시 헤드', '도넛 헤드', '엉겨 붙는 모습', '프레첼 맨' 등의 불쾌한 왜곡도 만들어야 했다. 이로 인해 관객은 실제보다 더 많은 CGI가 있을 것이라 생각했고 결국 윈스턴과 뮤런은 아카데미에서 시각효과상을 수상했다.

카메론 안의 물리학자는 T-1000의 결정적인 한계를 개념화하면서 명확하지 않은 영화적 논리는 모두 없애버렸다. T-1000은 질량이나 무게를 절대 바꿀 수 없었다. 그러므로 자신과 같은 크기의 사물로만 변신할 수 있었고 움직이는 것의 일부는 될 수는 없었다. 이상이 증명해야 할 요소들이었다. 즉 총을 사용할 수는 있지만 손으로 총을 만들어낼 수는 없다. T-1000을 죽이는 방법을 알아내는 데에도 몇 주가 걸렸다. 카메론은 그것을 녹여버려야 한다는 사실을 마침내 깨달았다. 또한 다른 금속과 섞이거나 분자구조를 변형하거나 해체해야 했다.

본격적인 촬영에 들어가기 직전에 카메론은 큰 선물을 받았다. ILM이 그의 은색 남자를 위한 영광스러운 콘

셉트의 증표를 전달한 것이었다. 액체 금속 기계가 인간의 모습을 하고 폭발 속에서 성큼성큼 걸어 나오는 장면이었다. 이는 열병 같은 꿈에서 탄생한 첫 번째 이미지의 상징적 투사였으며 터미네이터가 타오르는 불꽃 속에서 몸을 일으켜 영화의 역사 속으로 들어왔음을 나타내는 장면이었다.

경찰 헬리콥터는 활주로에서 겨우 1미터 정도 뜬 채로 흔들리고 있었다. 밤공기는 매서웠고 호위 차량이 기어를 바꾸면서 배기가스가 흘러나와 독한 휘발유 냄새가 퍼졌고 앞쪽으로는 퍼시픽 코스트 하이웨이의 4차선을 따라 고가도로가 연속으로 나타났다. 1990년 11월 15일이었다. 171일간 이어진 촬영은 터미널 아일랜드 프리웨이의 4킬로미터 지점에서 진행됐고 거리의 가로등에 5개의 조명탑을 추가해서 촬영했다. 그 빛은 외계인의 침공을 연상시키며 도시 전체를 비추었다. 카메론의 시그니처인 차가운 코발트색으로 코팅된 추격 시퀀스는 기본적인 줄거리 안에 또 다른 스토리가 존재한다. 주인공들은 끈질긴 적에게 쫓긴다(프랜차이즈의 기본적인 범행수법이다). T-1000이 조종하는 (빠른 속도로 지나가는 금속적 교향곡처럼 들리는) 헬리콥터가 주인공들이 탄 특수기동대(SWAT) 밴을 들이받자 그들은 '주님을 찬양하라'라는 스티커가 붙은 낡은 픽업트럭을 탈취한다. 관객은 그것이 계속해서 구타당하는 슈워제네거의 신체에 대한 은유라고 생각할 것이다. 하지만 황당하게도 슈워제네거의 피부를 뚫고 나오는 금속 조각이 많을수록 그는 더 인간적으로 보인다.

한편 T-1000은 액체질소로 가득한 30톤의 12륜 유조선을 낚아채기 위해 헬리콥터에서 미끄러져 내려온다. 관객은 전작의 유조선 추격을 재치 있게 반영한 것임을 알아챌 수 있다. 좀 더 눈썰미가 있다면 벤틱 페트롤리엄이 〈어비스〉에 나오는 석유회사라는 사실도 알 수 있을 것이다. 세련된 외관을 하고 있지만 〈터미네이터 2〉는 〈터미네이터〉와 같은 틀 안에 있으며 카메론은 지난 6년 동안 야망과 자신감으로 이를 더 단단하게 만들었다.

이날 밤 이들은 여전히 고속도로 경주의 초기 단계에 있었다. 헬리콥터는 총격전이 가능할 정도로 SWAT의 밴을 바짝 뒤쫓고 있었다. 수술에 가까울 정도로 정밀하게 계획된 촬영이었지만 카메론은 즉석에서 헬리콥터

반대편 사진 설명: 배우 에드워드 펄롱에게는 많은 존 코너가 있었다. 그는 재능보다는 본능으로 연기했고 이 점이 관객에게 먹혀들었다.
아래 사진 설명: 머리로 향하는 총알 : 스탠 윈스턴의 특수분장팀이 T-1000의 변형 가능한 특징을 보여주는 장면으로 순간적인 손상을 드러내기 위해 디자인한 보철술.

를 사용하자는 의견에 설득당했다. 자신의 상사만큼이 나 무뚝뚝하고 겁이 없는 베테랑 스턴트 조종사 척 탬버 로는 카메론에게 물리학과 항공술의 법칙이 뭐라고 하 건 간에 벨 206 제트레인저 헬리콥터를 육교 위는 물론 아래로도 운전할 수 있다고 장담했다.

황폐한 발전소와 거대한 탱크 바닥에서 영화를 찍은 사람, 도시의 여러 블록을 폐쇄한 사람, 아직도 강철과 콘크리트 그리고 대담함으로 자신의 꿈을 조각하는 사 람, 이것은 나이 든 카메론에 대한 논쟁이다. 촬영장은 위험한 먼지 소용돌이를 막기 위해 축축하게 젖은 상태 였다. 탬버로는 헬기를 몰고 비틀거리는 SWAT의 밴을 쫓아갔다. 헬리콥터가 콘크리트로부터 겨우 2.5미터 떠 서 육교 아래를 미끄러지듯이 통과하는 터무니없이 멋 진 광경을, 위험할 정도로 가까이서 촬영한 사람은 카메 론 본인이었다. "매일 볼 수 있는 장면은 아니잖아요?" 이 말을 하면서 그는 씩 웃었다.

촬영은 1990년 10월 8일에 시작되었다. 그들은 LA를 가로질러 밸리로 나갔고 더 나아가 수천 명의 출연진과 제작진을 태운 거대한 호송 트럭이 뒤를 따랐다. 슈워제 네거의 트레일러에는 체육관이 갖춰져 있었다. 해밀턴 은 재떨이를 가져왔다. 카메론은 자신의 트레일러 내부 를 거의 보지 못했다. 그는 도시의 상징적인 수로에서 추 격 시퀀스를 연출하기를 열망하면서 T-1000이 조종하

는 견인차를 5미터 높이의 육교에서 던져 콘크리트에 가해지는 충격을 슬로모션으로 잡아냈다. 강철을 관통하는 응력파였다. 카메론은 "미로 속의 쥐 같아요"라고 즐거운 듯이 말했다. 그의 팀은 320킬로미터의 수로를 수색하여 첫 번째 총격 액션 장면을 촬영하기에 충분히 낮은 다리를 찾았고, 카메론은 촬영을 위해 네 대의 카메라를 준비했다. 집요한 추격전에서 T-800은 자신의 할리를 타고 5미터 떨어진 하이벤처 스트리트와 플러머와 같은 수로로 뛰어내렸고 스턴트맨 피터 켄트가 할리를 착륙시켰을 때 그의 선글라스는 여전히 제자리에 있었다. 그리고 카메론은 촬영을 시작했다.

웅웅거리는 소리를 내는 하드 드라이브로 가득 찬 방에서 만들어진 모든 혁신을 대표하는 〈터미네이터 2〉는 헤비메탈 스턴트 작업에 대한 기념비적 작품이다. 이것은 응력파로서의 영화이며 움직이는 시였다. 카메론은 핫휠 장난감과 립스틱보다도 작은 스노클 카메라를 사용해 추격 장면을 계획했고, 그 영상을 움직이는 스토리보드로 만들었다. 대혼란과 파괴는 의식적으로 선택한 스타일이었다. "혼란은 혼란에서 오는 것이 아니라 극단적인 조직에서 나오는 것입니다." 카메론이 말했다.

촬영장을 방문한 〈프리미어〉의 레이철 아브라모비치는 카메론에 대해 "다른 사람보다 데이터를 훨씬 더 빠르게 처리하는 뇌세포를 가진, 사납고 외골수이며 약간은 사회성이 부족한 기술적 공상가"라고 말했다. 중요한 것은 카메론이 얼마나 빨리 생각하고 변수를 판단해 처리하느냐이다. 마치 테르모비전이 그의 눈 뒤에서 번쩍이고 있는 것 같았다. 말 그대로 자신을 능가하고 있다는 사실은 자신을 넘어서야 한다는 압박감을 더 키웠다. 그 누구도 카메론 자신만큼 부담감을 갖지는 않았다. 그것이 〈터미네이터 2〉의 차이였다. 두 명의 터미네이터가 패권을 다투자 두 명의 카메론이 과거와 현재에서 전쟁을 벌였다. 그는 T-1000에게 찔린 사라의 상처에서 나는 피를 다듬거나 래커칠이 마음에 들지 않는다고 페인트 통을 빼앗기도 했다. "나는 그 속으로 들어가야 했습니다." 카메론이 말했다. 목재 창고 시절은 결코 그를 떠나지 않았다. 영화 제작은 실체적인 작업이었다. 어쩌면 그것은 그의 첫 영화의 게릴라적 자유에 대한 향

수였을지도 모른다.

카메론 세계관의 또 다른 규칙은 예산이 많을수록 만들기가 더 어려워진다는 것이다. 카메론은 그것을 자신의 블루칼라적 감성 때문이라고 판단한다. "나는 명예롭게 살려고 노력합니다. 수백만 달러가 든다고 해도요." 카메론에게 영화를 만드는 것은 영웅적인 투쟁이었고 신화적 의지로 올림피아 신들이 주는 역경에 맞서는 것이었다.

카메론은 자신감이 대단했다. 캘리포니아의 공기는 개프니의 시커먼 공기보다 훨씬 믿을 만했다. 그는 〈터미네이터〉의 미래적 묘사에 만족했다. 이제 그가 해야 할 일은 자신의 카메라를 탐욕스러운 추진력으로 채우는 것뿐이었다. "알다시피 나는 거의 압박감을 느끼지 않습니다." 슈워제네거는 카메론의 열정에서 영감을 받으면서 이렇게 주장했다. 슈워제네거의 말을 다르게 생각할 필요는 없을 것이다. 한 장면을 열 번 넘게 촬영했을 것이기 때문이다. 감독과 배우는 서로를 너무 잘 알기 때문에 촬영장에는 짜증이 만연했다. "이건 당신의 커리어예요." 감독은 자신의 슈퍼스타가 동의하지 않을 때마다 이렇게 반박하곤 했다. "나에게는 그저 한 편의 영화일 뿐이죠." 슈워제네거는 씩 웃으며 대답했다.

슈워제네거는 기죽이기 어려울 만큼 단단한 사람이었다. 그의 강한 정신력은 티타늄 같았다. (게다가 〈터미네이터 2〉의 촬영은 〈어비스〉만큼 힘들지도 않았다.) 촬영이 밤늦게까지 이어지면 전 보디빌딩 챔피언조차 육체적인 피로에 기절하곤 했다. 하지만 슈워제네거는 단 한 번도, 심지어 한 손으로 재장전하는 산탄총에 손가락이 화상을 입었을 때에도 불평하지 않았다. 그는 오히려 완전히 두 동강 난 실제 크기의 유조차를 질긴 실로 당겨 공장 바닥으로 굴릴 때, 스턴트맨보다는 자신이 그 위를 뛰어넘는 것이 낫다고 결정하기도 했다.

"하지만 슈워제네거는 카메론이 원하는 숏을 원했고, 그건 전염성이 있었어요." 감독의 강박관념을 어느 정도 포착한 해밀턴이 한숨을 내쉬며 말했다. 그녀는 사라의 광기 어린 정신에 사로잡혀 결코 긴장을 늦추지 않았다. 사라에게는 선택의 여지가 없었고 그녀도 마찬가지였다.

반대편 위 사진 설명: 자연스럽게 보이는 T-1000의 수은은 배우 로버트 패트릭의 실제 보철물들을 혼합해 만들었다. 쪼개진 머리와 여러 가지가 보인다.

반대편 가운데 사진 설명: 배경과 이질감 없이 결합된 혁신적이고 급격한 CGI에 헬리콥터 조종사의 얼굴이 비치는 것을 주목해야 한다.

반대편 아래 사진 설명: 터미네이터가 불길 속에서 일어서서 나온다는 제임스 카메론의 원래 꿈의 이미지를 변주한 T-1000의 CGI다.

위 사진 설명: 아놀드 슈워제네거가 연기한 T-800의 묘한 아이러니는 구타당한 얼굴에 금속이 드러나면 날수록 그것이 더 인간적으로 느껴진다는 점이었다.

카메론에게 중요한 것은 비용이 아니라 무엇을 성취했느냐였다. 익사할 뻔한 제작진은 없었지만 완벽주의자 감독의 요구나 스스로에게 한 요구들 때문에 한 치도 물러설 수 없었다. 그들은 다음과 같은 문구가 적힌 티셔츠를 입고 돌아왔다. "터미네이터 3: 나는 안 함."

예산이 계속해서 올라가자 멀리서 지켜보던 영화사는 초조해져만 갔다. 슈워제네거가 제작자 마리오 카사르와 폴 버호벤 사이를 오가야 하는 〈토탈 리콜〉 사태가 가열됐지만 대부분은 서로 존중해주었다. 제작이 12륜차에 올라탄 것처럼 급물살을 타자 캐롤코 픽처스는 아무런 제안을 하지 않는 편이 낫다고 생각했다. 무엇보다도 영화가 끝내줬기 때문이다.

혁신적인 악당이 여전히 디지털 날개를 단 채 기다리고 있는데도 바이크는 2층 창문에서 뛰어내렸다. 유조선은 넘어져 있었으며 경찰차는 완전히 파괴되어 산산조각 나버렸다. 영화는 네온 블루 베일을 통해 LA를 꿈의 풍경으로 바꾸어 보여줬고, 신화적 연출을 한층 더했다. 〈터미네이터〉와 시각적으로 일치된 주제를 만들기 위해 촬영 감독으로 돌아온 애덤 골드버그는 자신의 카메라 무기고가 어떻게 일곱 대의 카메라 유닛을 장착한 밴으로 확대되었는지를 떠올렸다. 하지만 시간이 없었다.

〈어비스〉 이후 아무도 제임스 카메론에게 개봉이 7월 3일에서 연기되면 박스 오피스에서 끝장날 수도 있다는 사실을 상기시켜줄 필요가 없었다.

크리스마스 약속도 취소하거나 다음으로 미뤄야 했다. 슈워제네거는 촬영장으로 소환되면서 브루스 윌리스와의 연례 모임에 참석하지 못해 사과를 보내야 했다. 정신병원에서 갑자기 일어나는 사라의 신은 레이크뷰 메디컬 센터에서 촬영되었다. 이 장면은 ILM의 디지털적인 확장을 보여주는 기회였다. 여기서 T-1000은 마룻바닥에서부터 시체처럼 솟아오르고 금속 철창 사이를 통과하는 것이 아니라 화려하고 대담한 순간에 철창에서 스며들 듯이 흘러나온다. (후루룩거리는 음향 효과는 35센트짜리 개 사료가 깡통에서 미끄러지며 흘러내리는 소리다.) 그는 계속해서 철창 사이에서 흘러나오고 갑자기 금속과 금속이 부딪치는 딸깍거리는 소리가 들린다. 그가 들고 있던 권총이 철창을 통과하지 못한 것이었다. 물리학의 법칙이 눈앞에서 뒤틀리고 있었다. "2년 전에는 언젠간 이런 일을 할 수 있으리라 생각했어요." 뮤런이 말했다. "하지만 분명 2주 전에는 못했습니다."

군중은 9천만 달러짜리 로데오가 가는 곳마다 나타났고 총성 소리와 밤하늘로 피어오르는 오렌지색 연기 기둥에 넋을 잃고 함성을 질렀다. 눈에 보이지 않는 세부 사항들이 미세하게 조정됨에 따라 촬영에서 잠시 한숨 돌리는 동안, 관객은 피크닉을 즐기면서 건초 더미에서 휴식을 취하고 맥주를 마시며 슈워제네거와 건배를 하곤 했다. 그가 〈터미네이터〉 속 테크누아르 스타일로 꾸며진 지역 술집에서 나이트클럽 시퀀스를 촬영할 때도 아이들은 아무런 의심 없이 밖에 줄을 서 있었다.

사이버다인에 대한 공격에 앞서 카메론은 LA경찰국의 SWAT팀과 인질극 상황을 어떻게 처리하는지를 두고 상의했다. 무표정한 경찰들은 최루탄과 계획적인 공격 라인, 무기 프로토콜 그리고 안전거리를 유지하는 것에 대해 이야기했다. 하지만 카메론은 더 '시각적인' 것을 원했다. 사라와 존, 조력자 터미네이터 그리고 다이슨은 전편에서 남겨져 여전히 존재하는 스카이넷을 뿌리 뽑고 타임라인을 재조정하여 심판의 날을 막기 위해 사이버다인에 도착한다. 하지만 이 계획은 역사를 다른 방향으로 돌리려는 목적으로 두 명의 터미네이터를 과거로 보낸 그들의 적 때문에 무산된다. 이 장면에서 제임스 카메

> **"제임스 카메론은 다른 사람보다 데이터를 훨씬 더 빠르게 처리하는 뇌세포를 가진, 사납고 외골수이며 약간은 사회성이 부족한 기술적 공상가다."**
>
> **- 레이철 아브라모비치, 〈프리미어〉**

론은 빌딩 전체를 날려버리려고 했다.

사이버다인은 원래 터미네이터가 관내 경찰서를 공격한 전설적인 사건 때문에 재부팅되었으나 후에 T-800이 차로 정문을 들이받는 것으로 최후를 맞는다. 이는 셀프패러디와 계속되는 고도의 긴장감 사이의 평형추였다. "I'll. be. back." T-800은 약속한다. 슈워제네거는 자신을 둘러싼 이들에게서 터져 나오는 환호를 무시하고 담담하고 과장되지 않게 시그니처 대사를 말한다. "나는 그 시퀀스를 정말 좋아했어요." 카메론은 웃으며 말했다. 이는 우리가 슈워제네거의 터미네이터를 오랜 친구로 바라보게 된 첫 번째 순간이었다. T-800은 회전하면서 분당 6,000발을 발사하는, 총신이 6개 달린 거대한 '미니건'을 어깨에 탑재하고 있어 적들을 죽이지 않고도 제압할 수 있었다. 이를 가장 먼저 시도한 사람은

물론 제임스 카메론이었다.

감독과 무기와의 관계는 모순된 것이었다. 카메론은 사격장에서 오후를 즐겼다고 고백하는 평화주의자였다. 매 장면 총알이 쏟아지는 〈터미네이터 2〉는 인간의 기술적 오만과 죽음의 기계화에 대해 경고하고 있다. 카메론은 〈터미네이터〉를 통해 자신의 프랑켄슈타인을 통제할 수 없을지도 모른다고 경고한다. "많은 영화들이 관객으로 하여금 폭력적 인물을 동경하게 만들고 관객은 그런 도덕적 차원에서 결코 회복되지 않습니다." 그는 현명하게도 굳이 제목을 대지는 않았다. "이 영화는 '악한은 그에 대한 대가를 치른다'고 말하고 있어요."

사이버다인의 최후를 촬영하기 위해 그들은 실리콘밸리와 인접한 프리몬트에서 철거 예정인 건물을 발견했다. 전면이 유리로 된 2층짜리 건물이었다. 카메론은 즉

위 사진 설명: 〈터미네이터 2〉의 재미있는 점 중 하나는 아놀드 슈워제네거가 스스로를 풍자하는 모습을 많이 보여준다는 것이다.

시 그의 팀에게 그 건물을 3층으로 보이도록 만들라고 지시하고 가솔린 380리터를 퍼부어 그곳을 날려버렸다. 불덩어리는 마치 작은 핵폭탄을 맞은 것처럼 밤하늘로 피어올랐다. 이것은 카메론의 직업이자 연출된 전쟁으로서의 영화였다. 이 불덩어리를 포착하기 위해 7대의 카메라가 준비되어 있었다.

제철소의 지독한 수증기 속에서 촬영한 피날레는 카메론의 돌풍 같은 테크누아르 서사시의 정점을 보여준다. 그 기계를 어둠으로 뒤덮은 녹슨 오렌지색의 폭발은 고도로 발달한 사회의 고딕적인 분위기에 대한 신격화를 의미한다. 〈터미네이터 2〉는 지옥에서 온 천사들로 시작해 '지옥으로 가는 구덩이'로 끝난다. 조명으로 제철

소는 뜨거워 보였지만 실제 밤공기는 얼음처럼 차가웠다. 실내에 있어도 별 차이가 없었다. 그들은 샌버너디노 계곡의 트럭 운송 중심지인 폰태나에서 폐쇄된 카이저 공장을 발견했다. T-1000의 '모방적 고밀도 화합물'에서부터 마멀레이드 같은 용해된 강철에 이르기까지 액체 금속은 영화의 중심 모티브였다.

이는 당연히 공장 바닥에서 벌어진 터미네이터의 피날레를 위한 상징적인 대결이었다(〈에이리언 2〉의 해들리스 호프(공격으로 초토화된 해들리스 호프 마을_편집자 주)에 대한 조롱이기도 했다). 슈워제네거의 T-800은 불 같은 운명의 엄지손가락을 보여주며 용광로로 내려가고 사라는 원작에서 그랬던 것처럼 버튼을 누른다. 그리고

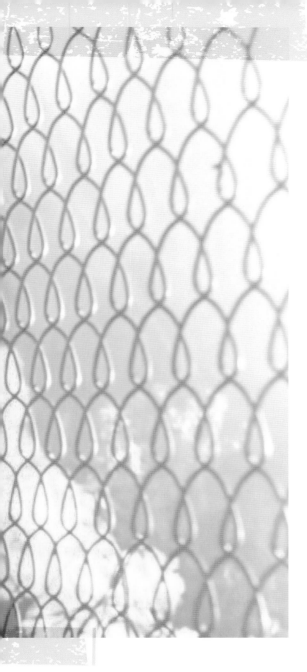

카메론은 우리의 눈물 버튼을 눌렀다(과연 슈워제네거를 그토록 가깝게 느껴본 적이 있는가?). 어떤 비밀의 연금술이 궁극의 액션영화를 〈올드 옐러(Old Yeller)〉로 바꾼 것일까?

업그레이드된 '미래 전쟁'을 알리는 장면을 촬영한 곳은 황량한 도시 폰태나였다. 미니어처 헌터 킬러들과 탱크들(이제는 50퍼센트 더 커진), 그리고 윈스턴이 조각한 내골격 워리어들이 함께했다. 과거 시점의 언젠가 그 공장의 30미터짜리 용광로가 시기적절하게 넘어지면서 파편이 사방으로 날아올랐다. 카메론은 "멋지게 보이도록 만들라"고 지시했고 이에 오토바이와 도로표지판의 검게 그을린 잔해, 문명의 폐허, 꿈의 황무지 등이 모습을 드러냈다.

이것은 제임스 카메론의 팽창하는 우주였다. 이 영화는 전직 보디빌더가 출연하고 무명의 감독이 연출했던 아이러니한 R등급 슬래셔영화의 속편이었다. 개봉하자마자 입소문을 타고 5,230만 6,548달러라는 기록적인 흥행을 달성했으며, 영화관으로 사람들이 몰려들었다. 마케팅 기계는 멈출 수 없었다. 결국 〈터미네이터 2〉는 전 세계적으로 5억 2,100만 달러를 벌어들였고 카메론의 호들갑스러운 사치품에 대한 비판을 완전한 헛소리로 만들어버렸다. 엄청난 돈을 쏟아부었지만 성적을 놓고 보면 오히려 경제적인 결과였다. 물론 이런 전례로 인해 이후 영화들의 예산이 급증했고 블록버스터들이 카메론의 연금술을 추구하면서 할리우드 회계 부서들은 치를 떨게 되었지만 말이다.

긴장감이 넘쳤던 후반 작업으로 다시 돌아가 보자. 특수효과가 들어간 결정적인 장면은 영화 개봉 10일을 남겨두고 완성되었다. T-800이 불타는 용광로 속으로 녹아들어가는 장면이었다. 그리고 영화는 해피 엔딩으로 끝이 나는데, 이는 해피 엔딩이 카메론의 아킬레스건임을 증명하는 것이나 마찬가지였다. 결말을 둘러싸고 카메론과 카사르는 서로 칼을 뽑아 들었다. 카사르는 나이 든 사라가 종말을 막았다는 낙관적인 결말이 이전의 어두운 에너지와 맞지 않는다고 생각했다. 혹시 카메론이 후속 편에 대한 가능성을 없애버리려고 의도한 것인

가? 여러 우려가 있었지만 결말 논쟁에 지친 카메론은 끝내 더 모호한 결말을 보여주었다. 결말에 만족스러워하고 경외심을 품으면서도, 아직은 불안해하는 관객을 뒤로하고 사라가 다시 어두운 고속도로로 돌아가는 것으로 말이다.

비평가들은 관객이 극장으로 몰려가기 불과 몇 시간 전에 영화를 봤다. 그들은 영화에 대해 일절 언급하지 않으려 애써야 했다. 〈워싱턴 포스트〉의 조 브라운은 한 차례 숨을 고르며 "동적인 키네틱 이미지들의 맹렬한 눈보라"라고 말했고, 〈뉴스위크〉에서는 카메론을 두고 "액션영화의 블루칼라 바그너"라고 단언했다. 〈뉴요커〉의 폴린 카엘은 슈워제네거가 인간 같지 않은 캐릭터를 연기하는 데 얼마나 이상적인지에 대해 주목했다. "슈워제네거는 다른 이들을 우스꽝스러운 사람으로 만들어버린다." 폴린 카엘은 말했다. "기계는 그가 갖고 노는 인간보다 더 인간처럼 보인다." 하지만 카엘은 카메론이 자신의 스타의 이상한 감수성을 얼마나 잘 유도했는지는 모르고 있었다. 데이비드 톰슨은 〈터미네이터〉에 "오리지널 시적 감흥"이 부족하다고 논평했고 이에 대해서는 여전히 격앙된 논쟁이 존재한다.

이 영화에 정치적인 부분이 있었는가? 우리는 스카이넷이 로널드 레이건의 불운한 '스타워즈 계획'과 매우 유사한 방어막으로 구축되었다는 것을 알게 되었다. 카메론의 예언적 발언에는 풍자가 번뜩였다. 그는 공상과학이 "현재 우리가 가진 불안함 속에 존재하는 악마를 드러내는 방법"이라고 주장했다. 몇 년 후 카메론은 과학자들이 '터미네이터 신드롬'에 대해 활발하게 논의(자율 기계에 살인 능력을 부여하는 아이디어에 관해)하고 있다며 불쾌하다는 듯이 언급했다.

카메론은 당차게 문을 부수고 나와 우리에게 총을 겨누지만 서브텍스트를 많이 만들지는 않는다. 우리는 스릴 넘치는 즐거움 속에 보이는 암울한 예측에 대한 카메론의 믿음을 의심하지 않는다. 〈빌리지 보이스〉의 빌지 에브리는 "이 영화는 가장 기분 나쁜 블록버스터 중 하나입니다"라고 말하며 〈터미네이터 2〉는 "핵 종말을 막기 위해 싸우는 영화가 아니라 핵 종말론에 사로잡힌 영

화"라고 덧붙였다. "나는 〈터미네이터 2〉가 세계 평화를 이야기하는 폭력적인 영화라고 생각합니다." 카메론은 이렇게 결론지었다. 제임스 카메론보다 더 나은 제임스 카메론은 없다. 그는 전기적 헤드라인과 원대한 시각을 보여준다. 카메론이 어릴 적 빠져들었던 모든 책과 영화는 그의 집착을 나타내고 카메론은 이제 이러한 집착을 입력하는 것에서 (영화로) 출력하는 것으로 전환시켰다. "공상과학 스토리텔러가 되도록 뇌의 유전자를 조작한 거죠." 카메론이 자신에 대해 말했다.

카메론이 초기에 만든 4편의 영화는 장르에 고정되고 현실주의와 연결되어 있으며 테크누아르의 코발트색 꿈에 물들어 있는 획기적인 스토리의 4중주였다. 이 영화들을 만들 때가 그의 경력에서 가장 중요하고 의미 있는 시기였다. 카메론의 흔들림 없는 설명에 따르면 그는 장르를 '발전'시키면서도 학창 시절 수학책 뒤에 숨겨 읽었던 최고의 문학적인 공상과학소설이 추구했던 바를 발현시키려 하고 있었다. "그것은 사회와 인간 본성, 그리고 미래의 가능성에 대해 꽤 설득력 있게 논평하는 것입니다." 카메론이 말했다.

슈워제네거의 T-800은 "자신을 파괴하는 것은 당신의 본성이다"라고 경고하며 자동 응답기처럼 딱딱하게 말한다. 이것이 카메론의 인기작들 전반에 흐르는 무서운 암류다. '인류가 어떤 식으로든 책임지지 않으면 멸망할 것이라는 사실' 말이다. 그러나 〈터미네이터 2〉 이후, 이젠 핵에 대한 코미디가 필요했다.

반대편 사진 설명: **심장이 이렇게 녹아내린다 : T-800, 사라 코너** 그리고 존 코너는 아름다운 우정을 끝내야 한다는 것을 알고 있었다.

"나는 〈터미네이터 2〉가
세계 평화에 대한 폭력적인
영화라고 생각합니다."

# 정체성의 충돌

# 〈트루 라이즈(True Lies)〉(1994)

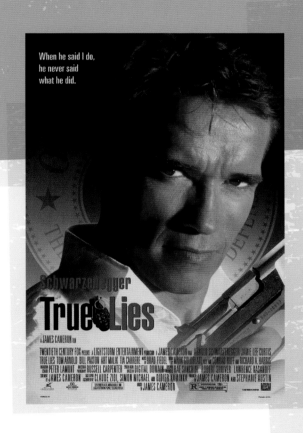

1992년 샌타모니카의 한 레스토랑에서 (LA 최고의 슈니첼과 김이 모락모락 나는 오트밀을 앞에 두고) 아놀드 슈워제네거는 친구이자 협력자인 제임스 카메론에게 결혼에 관한 프랑스 코미디를 리메이크하자고 제안했다. 슈워제네거는 캐릭터의 매력이 살아 있는 영화라고 덧붙였다. 그러나 당시 카메론에게는 황당한 말로만 들렸다.

1년 후 로드아일랜드 뉴포트 지역 주민들은 소음 공해의 가능성에 대해 시의회에 불만을 제기했다. 그들은 사라예보가 자신의 앞마당에 만들어지는 것을 바라지 않았다. 의회는 특별 투표를 실시해 시의 소음 규정을 카메론에게는 적용시키지 않기로 했다는 사실을 밝혀야 했다. 감독의 일상에 수반되는 법정 다툼 이후 전국 곳곳의 촬영지에는 스타디움 공연처럼 마셜 스피커가 쌓였고 카메론은 스피커를 통해 신과 같은 목소리로 명령을 내렸다. 그가 소리를 지른다고 비난하는 사람은 아무도 없었다. 카메론이 한 것은 볼륨을 높이는 것뿐이었다. 볼륨은 늘 최대치까지 높아졌다.

슈워제네거의 재치 있는 동료로 출연한, 기대 이상으로 효과적인 선택이었던 톰 아놀드는 누군가 일을 망치면 그에게 "잘못에 대해 매우 직접적인 방식으로 카메론에게 혼날 것"이라고 말했다. 제작진은 그들이 사랑하는 리더, 제임스 카메론을 '미스터 마이크'라고 불렀다. 이번 시즌 스태프의 티셔츠에는 "겁내지 마세요. 난 제임스 카메론 밑에서 일해요"라고 쓰여 있었다.

초대형 트럭들은 플로리다주 마이애미로 이동했고 이곳에서 카메론은 유리섬유로 만든 풀 사이즈 해리어 제트기를 수력 장비에 끼워 박았다. 이는 마치 거꾸로 매달려 있는 거대한 거미처럼 보였다. 제트기는 시내의 고층 건물 꼭대기에 차례로 설치되었다. 특수효과 책임자 존 브루노는 가짜 제트기를 다는 것보다 마이애미 지붕에 모션 컨트롤 장치를 설치하는 게 훨씬 더 현실적일 거라고 농담했다. 카메론에 대해 잘 몰랐던 브루노는 이렇게 말했다. "짐의 눈에 광채가 일었고 순간 나는 곤경에 빠졌다는 것을 깨달았습니다." 브루노가 웃었다.

앞장 사진 설명: **불꽃을 살려두기 :** 헬렌 (제이미 리 커티스)과 해리 테스커(아놀드 슈워제네거)는 국제적인 스파이 활동 덕분에 결혼 생활에 다시 불을 지핀다.
반대쪽 사진 설명: **임무는 결혼 생활이다**
: 테스커 부부와 해리의 파트너 깁슨(톰 아놀드)이 무사히 헬기에 오른다.

제트기는 무려 3주 동안이나 조종석에 슈워제네거와 그의 딸 일라이자 두슈쿠(대너 역) 혹은 그녀의 스턴트 더블을 태우고 30층 높이에 매달린 채 감독의 명령에 따라 빙글빙글 돌아야 했다. 이번에도 악천후는 질투하는 신들처럼 아우성쳤다. 1993년 8월 25일 38도에 달하는 폭염 속에서 마이애미에서의 촬영이 시작되었다. 그러나 1994년 1월 리히터 규모 6.7을 기록한 노스리지 지진 때문에 LA로 돌아와야만 하는 상황이 발생했다. 그날 점심 촬영 때 '비행용 짐벌'에 번개가 내리쳤고 촬영진은 계속해서 수평선을 주시해야만 했다. 조금 잠잠해진 틈에 그들은 키 라르고에 있는 세븐마일브리지를 향해 출발했고 그곳에서 카메론은 주인공 제이미 리 커티스를 슈워제네거가 운전하는 헬리콥터에 실제로 매달았다. 휘몰아치며 흐르는 강의 30미터 위쪽에서 헬기는 슈워제네거가 단단히 쥔 그립과 얇고 안전한 와이어에 간신히 매달린 채 움직였다. "내가 직접 촬영할 겁니다." 카메론은 약속했고 그 약속대로 헬리콥터에서 몸을 내밀어 발을 스키드에 대고 핸드헬드 카메라를 작동시켰다. 영화를 찍는다는 미명하에 카메론은 빌 팩스턴을 세풀베다 댐 위에 매달았고, 슈워제네거를 경찰 말에 태워 LA 앰배서더 호텔(극 중에서는 워싱턴이다)의 엘리베이터 안으로 뛰어들게 했다. 카메론은 이후 만개하는 버섯구름(예전에 효과를 마무리한 적 있는)을 촬영하고, 찰턴 헤스턴에게 안대를 착용하게 하는 등 다방면으로 노력했다.

〈트루 라이즈〉의 시작으로 돌아가보자. 이 영화는 슈워제네거가 초대받지 않은 스위스의 한 파티에 아세틸렌 횃불로 막힌 문을 뚫고 무작정 들어가는 장면으로 시작한다. 앞서 언급한 로드아일랜드의 저택이 다시 파티장으로 등장하는데, 이는 제임스 카메론의 개인적인 모티브에 해당한다. (그는 이 장면을 아무도 모르게 설정했다.)

영화를 둘러싼 소문은 남의 불행을 고소해하는 업계의

뜨거운 분위기를 타고 할리우드에 떠돌았다. 〈트루 라이즈〉는 예상대로 1억 2천만 달러라는 할리우드 제작비 신기록을 경신하면서 다시 한번 예산을 크게 초과했고 일정은 예정보다 5개월이나 지연됐다. 그러나 아무도 카메론을 막을 수 없었다. 전장으로 다시 돌아온 옛적의 좋은 동료 폭스는 카메론을 결승점까지 끌고 가는 것만이 능사가 아님을 잘 알고 있었다. 제작진과 출연진은 스케줄이 달라질 가능성이 있다는 것을 미리 고지받았고, 섹시한 악당 티아 카레레는 7주 동안 촬영하기로 계약했으나 7개월 후에야 일을 마칠 수 있었다. 물론 그만큼 더 부유해졌고 말이다. 슈워제네거가 다음 영화(그가 임신한다는 내용의 〈주니어〉보다 점잖은 코미디)의 마지막 장면 촬영을 몇 주 앞둔 시점이 되어서야 〈트루 라이즈〉 촬영을 마칠 수 있었다.

카메론의 다섯 번째 영화 〈트루 라이즈〉의 제목은 어떻게 붙게 되었을까? 이는 클로드 지디의 좀 더 차분한 프랑스영화 〈토탈 라이즈(La Totale!)〉를 리메이크한 것이다. 둘 다 결혼 생활에 관한 코미디영화이나 카메론 버전에서는 남편이 아내에게 비밀 요원이라는 자신의 정체를 숨긴다는 설정이 추가되었다. 아내는 남편이 컴퓨터 세일즈맨이라고 생각한다. 슈워제네거가 맡은 해리 테스커는 준비된 스파이지만 가정사에 있어서는 당황할 수밖에 없는데, 이것이 영화의 웃음 포인트다. 카메론은 영화에 전통적으로 화려하게 등장했던 비밀 요원들과 그들의 도구들을 깊이 연구했고 영화 속에서 남편이 실제로 테러리스트를 물리치는 장면에 이 연구결과를 유쾌하면서도 기발한 방식으로 활용한다. 바로 사랑과 로켓이라는 방식으로 말이다.

이 설정에서 황당한 부분은 카메론이 온전한 책임자가 아니라 '고용된 감독'이라는 사실이었다. 어쩌면 카메론은 작품과 너무나 친밀감을 느꼈는지도 모른다. 아무도 누가 책임자인지 조금의 의심도 하지 않았고 모두 카메론이 작품의 완전한 창작적 소유권을 가졌을 거라고 믿

위 사진 설명: 스파이나 일반인처럼 평범한
두 캐릭터 : 본부에 나와 있는 깁과 해리.
반대편 사진 설명: 해리어 제트기에 탄 해리
: 제임스 카메론은 마이애미 고층 빌딩
꼭대기에 점프 제트기의 복제품을 장착했다.

었다. 하지만 〈트루 라이즈〉의 공동 작가인 랜들 프레익
스의 설명처럼 카메론은 "프로젝트에 자신의 의지를 투
영하는" 영화를 만들기로 결정한 것은 아니었다.

카메론은 의심에 사로잡혀 있었다. 역사상 가장 큰 영
화를 만든 다음에는 어떻게 해야 할까? 은유적으로나 혹
은 다른 의미로 업그레이드된 T-1000이 스카이넷으로
어떤 마법을 부릴 수 있을까? 이제는 초대형 감독이 된
제임스 카메론에게 사람들은 그런 기대를 걸고 있었다.
하지만 그것은 단순히 상승 궤적을 유지하는 것보다 더
개인적인 것이었다. 〈폭풍 속으로〉의 아드레날린 중독
자들처럼 카메론은 영화 제작이라는 파도를 놓치면 다
른 모든 것들도 조정할 수가 없었다. 스톡홀름 신드롬(인
질로 잡힌 사람이 인질범에게 심리적으로 동조하는 증세나
현상)처럼 그는 영화를 만들 때 '독단과 편견으로 가득
찬 강렬함'에 중독된 것이다. 아무것도 적히지 않은 슬레
이트는 저주와도 같았다.

그래서 카메론은 깨어 있는 모든 시간에 일을 했다.
〈터미네이터 2〉의 성공 이후 18개월 동안 거의 이성을
잃을 정도의 멀티태스킹을 선보였다. 여기에는 그의 다
음 발표를 기다리던 업계를 변화시키는 것까지 포함되
어 있었다.

1992년 봄, 카메론은 라이트스톰 엔터테인먼트를 후
원하기 위해 20세기 폭스와 5년간 5억 달러의 계약을

마쳤다. 작은 글씨로 새겨진 깨알 같은 조건들은 놀라울
정도였다. 카메론은 자신이 선택하는 어떤 프로젝트든
폭스의 승인 없이 최대 7천만 달러를 사용할 수 있었고,
저작권도 유지할 수 있었다. 거금을 쏟아부은 대가로 폭
스는 미국 내 배급권을 손에 쥐었다. 영화사들 사이에서
캐롤코가 기습적으로 제안한 모델에 따라 라이트스톰은
직접 해외 배급사를 선택할 것이었다.

"우리는 모두가 이기는 거래를 했을지도 모릅니다."
라이트스톰 사장이자 공동 설립자인 래리 카사노프가
이렇게 선언했다.

"이런 거래는 자주 볼 수 없을 겁니다." 카메론의 에이
전트 제프 버그가 자랑하듯 말했다.

감독이자 프로듀서, 작가이자 거물이 된 카메론은 좀
더 신중하게 '자신이 직접 지휘할' 거라고 예고했다. 시
작부터 마케팅까지 모든 단계를 기념비적으로 말이다.
그는 자신의 운명을 스스로 만들어가려 했다. 카메론의
계획에는 특수효과 회사인 '디지털 도메인'을 설립하는
것도 포함되어 있었다. 카메론은 이 회사를 만들 수밖에
없는 상황에 대해 진심으로 스스로를 탓하고 있었다.
〈터미네이터 2〉 촬영 당시 디지털 효과에 대한 카메
론의 요구는 매우 많았다. 카메론이 원하는 요구사항을
더 이상 감당할 수 없었던 ILM은 카메론의 면전에 대고
모든 장면을 CGI로 만들기에는 컴퓨터의 성능이 충분

하지 않는다는 말까지 했었다. "음, 우리가 실현시킬 겁니다." 카메론은 이렇게 대답하고 그가 '현실지향' CGI라고 부르는 것에 전념하는 특수효과 회사를 설립하기 위해 IBM을 끌어들였다.

"영화를 만드는 사람으로서 내가 그 파도의 뒤가 아니라 앞에 서 있다는 것을 확실히 하고 싶었습니다." 카메론은 이렇게 말했다. 이는 단순히 애니메이션이 아니라 디지털 합성, 즉 이미지의 매끄럽고 완벽한 혼합, 사전 시각화, 편집 등 모든 작업을 의미했다. 컴퓨터는 패러다임을 바꾸는 정도가 아니라 아예 빌딩을 날려버리고 있었다. 애니매트로닉스의 대가이자 터미네이터를 만든 스탠 윈스턴은 CGI 모델링을 미래의 불가피한 부분으로 받아들였다.

카메론은 결코 멈출 수 없었다. 그는 전화를 받을 때면 메모장에 영화 디자인을 끼적거렸다. 그의 머릿속에는 무한한 가능성들이 '꿈의 기억'처럼 춤을 추고 있었다. 하지만 머릿속 세상을 실체적인 존재로 만드는 행위인 시나리오를 쓰는 일은 카메론에게 여전히 어려운 부분이었다. "남극에서 초음속 제트기를 타면서 드럼통을 굴리고 잠수정을 타고 바다 밑바닥까지 가봤지만 내가 마주한 어떤 것보다도 무서운 것은 빈 종이입니다." 카메론은 글 쓰는 과정이 아무런 경고 없이 거의 수직에 가깝게 구부러지는 가상의 선인 '로그래믹 곡선'으로 그려지는 것을 상상했다.

카메론은 모든 프로젝트를 접시처럼 돌리면서 직접 지휘하려고 했다. 레스토랑 경영자에서 프로듀서로 변신한 샌드라 아카라와 협업한 드라마 〈크라우디드 룸(The Crowded Room)〉은 급진적인 다각화를 보여준 작품이다. 라이트스톰과 별개로 개발되었으며 예산도 그리 많지 않았다. 매우 심리적인 부분을 건드리는 이 드라마는 많은 부분이 주인공의 머릿속에서 일어난다. 스토리는 재판에서 다중 인격 장애를 방어논리로 사용했던 성범죄자 빌리 밀리건의 실화를 바탕으로 하고 있다.

카메론은 심리적인 스케일에 끌렸다. 〈어비스〉는 물속에 갇혀 있었기 때문에 심리적 공간에서도 제한되는 면이 있었다. 카메론은 〈어비스〉에서 지혜로운 히피 역을 맡았던 배우이자 작가인 토드 그라프와 기괴한 스릴러를 상상하며 집필을 시작했다. 영화는 존 큐색을 주인공으로 하여 음침한 충동과 꿈으로 채워질 예정이었다. 시나리오는 1992년에 완성되었고 사전 제작이 진행되었다. 〈크라우디드 룸〉을 완성한 다음 다재다능한 매력이 넘치는 이중속임수 영화인 〈트루 라이즈〉로 직행하는 것이 카메론의 계획이었다.

하지만 큰 성공에는 엄청난 소송이 따르는 법이었다.

아카라는 카메론이 폭스와 맺은 유리한 거래의 세부 사항을 읽고 자신이 속았다면서 보수를 6배 인상할 것을 요구하는 소송을 제기했다. 카메론은 격분했다. 그는 "테러리스트들과 협상하지 않는다"며 반박했고 즉시 전체 프로젝트를 무산시켰다. 길고 장황한 소송은 1993년 8월 카메론이 권리를 포기하면서 종결되었고, 실제 빌리 밀리건이 재판에 참가하기도 했다.

그리고 카메론이 제작을 맡은 〈스트레인지 데이즈(Strange Days)〉가 있었다. 그의 초기 작품들의 페르소나를 간직하면서 공상과학영화의 빛을 희미하게 띠고 있는 순수한 누아르영화였다. 카메론은 "종말의 날이 배경"이라고 말했다. 카메론은 '〈블레이드 러너〉의 카메론 버전'을 기대하며 사이버펑크의 모습을 한 가까운 미래 LA를 배경으로 정해놓았다. 카메론은 윌리엄 깁슨이 쓴 소설 《뉴로맨서(Neuromancer)》의 열렬한 팬이었다. 영화의 배경은 20세기를 이틀 남긴 1999년 12월 30일로, 새 천년에 대한 불안감으로 거리 곳곳이 들썩이는 때였다. 그런 사회적 분위기 속에서 다른 사람의 인생

"영화를 만드는 사람으로서 그 파도의 뒤가 아니라 앞에 서 있다는 것을 확실히 하고 싶었습니다."

의 한 부분을 체험할 수 있는 헤드기어 '스퀴드'가 새로운 오락으로 암시장에서 거래된다는 내용이었다. 1985년으로 거슬러 올라가는 다섯 장의 '손으로 쓴 한심한' 페이지는 안티히어로이자 또 다른 위대한 이름인 레니 네로의 캐릭터 스케치일 뿐이며 비호감 전직 경찰은 스퀴드 딜러가 된다. 어느 날 그는 경찰이 랩스타를 때려 죽인 장면이 들어 있는 테이프를 확보한다. 영화는 인종 간 폭동의 열기를 보여주며 끝나고 다시 현실 정치의 저류를 암시한다. 정신이상 살인마가 풀려나서 자신의 전 여자 친구를 죽인다는 아이디어도 있었다. 감시사회, 가상현실, 관음증의 도구가 된 영화 등 기술의 어두운 면에 대한 또 다른 경고를 날리는 아이디어가 영화 속에 난무했다.

준비해놓은 것은 많았으나 카메론은 이 프로젝트를 계속 뒤로 미뤘다. 때가 무르익었는지를 확신하지 못했기 때문이었다. 그는 '엘모어 레너드' 스타일(카메론답지 않은 산만하고 횡설수설하는)의 대사를 원했고 이를 제대로 쓰기 위해 고군분투했다. 다행히 밀레니엄은 아직 8년이나 남아 있었다. 이제 〈스트레인지 데이즈〉는 그의 전 부인인 캐스린 비글로에게 넘어갔다. 그녀는 '매개된 현실에 대한 투철한 태도'를 좋아했고 감독을 맡기로 했다. 그들은 좋은 친구로 남았고 비글로는 여전히 그의 우선순위 명단에 이름을 올리고 있었다. 카메론은 자신의 악몽에 그녀가 '강렬한 비주얼 스타일'을 가져다줄 것이라 느꼈고 라이트스톰이 제작하고 자신이 시나리오를 쓰는 데 동의했다.

또다시 카메론의 사생활은 과도기에 접어들었다. 〈터미네이터 2〉의 불길 속에서 시작된 린다 해밀턴과의 관계는 그녀가 카메론의 아이를 임신했다고 발표하면서 알려졌다. 딸 조세핀은 1993년 2월 15일에 태어났다. 독립적인 두 영혼은 1997년 결혼하기 전까지 각자의 인생을 산다. 그의 전 부인들과 여성 캐릭터들 사이의 평행선이 점점 가까워지고 있었다.

카메론은 마침내 131페이지 분량의 촘촘한 대본을 건네주었고 (시나리오는 현재 파트와 소설 파트로 이루어져 있었고 '속임수'로 가득했다) 제이 콕스가 촬영 대본을 만들기 위해 고용되었다. 레이프 파인스가 지저분한 외톨이 네로 역을 맡았다. 〈람보 2〉를 제외하고 〈스트레인지 데이즈〉는 카메론이 인정했음에도 다른 누군가가 감독한 유일한 시나리오라는 영광을 갖고 있다. 1995년 개봉한 비글로의 스타일리시한 이 4천만 달러짜리 스릴러는 관객이 보기에는 껄끄럽고 음모가 넘치며 양식적이었는지 박스 오피스에서 겨우 800만 달러를 벌어들이며 주춤했다. 하지만 이 영화의 명성은 점점 높아지고 있었다.

〈스트레인지 데이즈〉가 세기의 암울한 종말을 예측했다면, 카메론의 관심을 끌었던 또 다른 프로젝트는 새로운 세기에 업계 전체가 어디에 도달할지에 대한 확실한 아이디어를 보여주었다. 카메론은 마블의 스탠 리의 보증하에 〈스파이더맨〉의 시나리오를 썼고 캐롤코의 마리오 카사르가 저작권을 확보하기 위해 파견되었다. 이 모든 것이 거의 동시에 진행되었다는 점이 중요하다. 거래와 스토리는 시간 여행을 동반하는 정적인 울림처럼 서로 교차한다. 실제로 이 기간에 카사르는 세 번째 〈터미네이터〉의 가능성에 대해 논의하려고 카메론에게 주기적으로 전화했다.

한때 만화가가 되기를 열망했던 카메론은 원작 만화

반대편 사진 설명: 〈트루 라이즈〉는 영화 내내 '관객을 웃길 수 있을까'라는 제임스 카메론의 독특한 도전을 기반으로 한다.
위 사진 설명: 악당 주노 역의 티아 카레레와 대결하는 제이미 리 커티스(왼쪽)가 제임스 카메론의 전형적인 강인한 여자 주인공에 코믹함을 더하고 있다.

〈트루 라이즈〉는 마지막
남은 프로젝트였고
공상과학이라는 장르
밖에서 카메론의 강점을
증명하는 기회였다.

위 사진 설명: 부서지는 화장실 : 해리는
국토 안보를 남자 화장실로 가져온다.
반대편 사진 설명: 밀레니엄에 대한 불안 :
레이프 파인스는 제임스 카메론의 광범위한
트리트먼트를 바탕으로 한 캐스린 비글로의
사이버펑크 스릴러 〈스트레인지 데이즈〉
에서 레니 네로 역을 맡았다.

에서 자신감 없는 (10대 시절의 자신을 투영한 것처럼) 피터 파커가 어떻게 방사능 거미에게 물리는지 그 기원에 대해 이야기하기를 원했다. 이는 완전한 생물학적 변환이라는 것에 중점을 두고 있다. 그래서 피터는 손목에서 '진주처럼 하얀 액체를 내뿜는' 스핀넷을 개발한다. 이 영화는 어두운 분위기로 성인 등급의 경계에 있으며 다가올 마블 유니버스보다는 〈터미네이터〉 시리즈와 가까웠다. 카메론의 새로운 계획은 〈트루 라이즈〉에서 〈스파이더맨〉의 뉴욕 마천루로 직행하는 것이었고 이는 특수효과가 그의 정교한 계획을 따라잡을 시간을 벌어주기 위함이기도 했다. 과연 누가 이 계획을 방해할 수 있단 말인가? 알고 보니 아주 많았다.

영화 〈컷스로트 아일랜드(Cutthroat Island)〉와 〈쇼걸(Showgirls)〉의 잇따른 실패로 1995년 캐롤코가 문을 닫았고, 채권자들은 캐롤코의 잔해를 뒤지고 다녔다. 그 결과 캐롤코가 〈스파이더맨〉의 권리를 모두 확보하지 못했음이 드러났다. 소니가 저작권의 일부를 가지고 있다는 것을 알게 된 카메론은 폭스에 개입하라고 압박했지만 폭스는 입찰 전쟁을 피하고 싶어 했다. "그들이 날려버린 겁니다." 카메론은 화를 냈다. 20억 달러짜리 프랜차이즈를 던져버린 것이다.

이렇게 (〈스파이더맨〉이 아닌) 〈트루 라이즈〉가 카메론에게 마지막으로 남은 프로젝트가 되었고, 공상과학 장르 밖에서도 그가 자신의 강점을 증명할 수 있는 기회이기도 했다. 게다가 슈워제네거가 스파이를 연기한다

는 것은 폭스와 라이트스톰이 거래를 시작하는 가장 상업적인 방법이기도 했다. 슈워제네거는 핵심적인 브랜드를 위태롭게 하지 않으면서 다각화할 수 있었다.

제임스 카메론은 얼마나 재미있는 사람인가? 이는 카메론이 친구의 제안에 혼란을 느끼면서도 그것을 한 줄기 빛으로 받아들이기 시작할 때 필요한 핵심적인 생각이었다. "나에게 코미디는 완전히 새로운 것이었습니다." 카메론은 인정했다. 장르적으로도 충분히 맞는 말이었다. 유명하다는 카메론 영화 속 대사들의 간결한 말투는 재앙에 대한 대위법이며 안도감을 주는 역할을 수행해왔다. 〈에이리언 2〉의 허드슨의 투덜거림과 터미네이터의 날카로운 지각과 관찰력을 보면 잘 알 수 있다. 게다가 전성기 숀 코너리의 열렬한 팬으로서 카메론은 '본드'라는 브랜드가 형편없이 늙어간다고 생각했다. 스파이 장르에 리얼리즘이라는 자신의 연료를 넣어야 한다고 생각했다. 〈트루 라이즈〉는 카메론이라는 거울에 비친 본드 영화이다. 주인공 스파이가 자신의 이중생활을 알게 된 부인과 마주하면서 가족 관계 때문에 코믹하게 허물어지며 약해지는 007인 것이다. 그는 히치콕의 격언인 '평범한 상황 속의 비범한 남자'였다. 카메론은 그것을 '국내용 대작'이라고 분류했다.

각종 도구와 턱시도, 그리고 앞서 언급한 안대를 쓴 (마블의 닉 퓨리로부터 차용한) M으로 추정되는 헤스턴과 '오메가 섹터'(찰턴 헤스턴의 디스토피아적 고전 〈오메가 맨(The Omega Man)〉에 대한 찬양의 표시)의 투덜거

리는 수장 스펜서 트릴비는 모두 훌륭했다. 다만 문제는 이 영화가 007처럼 끝나지도 않고 카메론의 젊은 시절 스파이영화인 〈미션: 임파서블(Mission: Impossible)〉처럼 마무리되지도 않는다는 점이었다. 그냥 양의 탈을 쓴 제임스 카메론 영화였다.

하지만 카메론은 개그 작가 팀이 모였다가 해산하면서 어떻게 웃음을 줄 수 있을까 걱정해야만 했다. 마침내 카메론이 각본의 총책임을 맡았고 규모가 점점 커지고 대담해지고 비싸지면서 잠정 예산인 6천만 달러를 넘어섰다. 장난이 아니었다. 세 번째로 카메론 영화에 합류한 편집 담당 마크 골드블랫은 "그냥 거대해졌어요"라고 말했다. 이때가 바로 〈트루 라이즈〉와 카메론의 예술적 자율성에 대한 꿈 모두가 중대한 장애물에 부딪힌 시점이었다.

카메론이 연출을 맡은 데다 예산이 너무 대략적인 견적처럼 보였기 때문에 필요한 채권을 살 수 없었다. 최근 거래를 따져보자면 폭스가 아니라 라이트스톰에 책임이 있었다. 달리 말해 제임스 카메론의 가장 큰 문제는 바로 자기 자신이었다. 그는 예산을 지킬 거라는 믿음을 주지 못했다. 카메론은 신처럼 행동하는 사람이었으나 결국 제작 기간을 130일이나 넘기면서 늘어난 예산과 재정적인 보장을 받기 위해 후퇴해야만 했다.

영화는 격정적인 장면으로 가득했기에 촬영 현장 또한 거칠었다. 햇빛이 비치는 추격 시퀀스에서 (〈터미네이터 2〉의 낮과 밤처럼) 헬리콥터는 물 위의 리본처럼 얇은 고속도로를 따라 마지막 순간에 바다로 향한다. 그리고 리무진의 선루프에서 격정적인 액션을 선보이며 관객들에게 만화적이고 폭발적인 흥분을 제공한다. 액션 장면들은 007의 규칙을 찢어버리는 가장 재미있는 부분으로, 카메론이 카메라를 아름다운 경치로 채우는 예술가일 수 있다는 사실을 증명한다. 사랑스럽고 거침없고 가벼운 카메론이 편안한 질주 속에서 이야기를 전달한다. 스토리는 해리가 스파이에서 남편으로 변신해 임무를 마치고 가족의 품으로 돌아가는 모습을 보여주다가 급변한다. 갑자기 그가 말을 타고 워싱턴의 한 호텔 로비로 들어가면서 말이다. 촬영에 하루가 걸릴 거라 예상한 욕실에서의 싸움 장면은 5시간 만에 끝났다. 카메론은 가장 위대한 욕실 싸움 신을 만들 것이라 결심했다. 카메론은 자신의 안전을 무시하고 국경 너머의 세계를 조정하면서 영화 외에는 아무것도 보지 않는 감독이었다. 슈워제네거가 좁은 공간에서 총알이 난사되는 것을 걱정하자 카메론은 어깨를 으쓱했다. "음, 안전한지 우리가 알아볼 거예요." 그는 이렇게 말하고 세트로 들어가 자신의 얼굴에다 총을 발사하게 했다. 심지어 그들은 확실히

하기 위해 두 번이나 발사했다.

카메론은 〈할로윈〉에 나온 제이미 리 커티스를 본 이후 샌타모니카 태생인 그녀와 일하기를 염원했다. 그녀의 타고난 따뜻함과 수다스러운 대사 전달이 과묵해 보이는 슈워제네거를 이상적으로 보완할 수 있다고 확신했기 때문이다. 사이코패스의 피해자 재닛 리와 할리우드의 전설 토니 커티스의 딸이라는 할리우드 왕족으로서의 위치와는 모순되게, 그녀는 공포의 아이콘에서부터 〈대역전(Trading Places)〉의 매춘부까지 쾌활하고 겸손한 매력을 드러내는 배우였다.

하지만 슈워제네거는 그녀의 캐스팅을 탐탁지 않아 했고 카메론은 그의 의사를 존중했다. 카메론은 3개월 동안 다른 헬렌을 찾아다녔다. 조디 포스터가 물망에 올랐지만 카메론은 커티스가 〈완다라는 이름의 물고기(A Fish Called Wanda)〉에서 힘들이지 않고 섹시하고 이중적인 모습으로 변하는 것을 보고 다시금 그녀가 주인공임을 확신했다. "날 얼마나 믿어요?" 카메론은 슈워제네거에게 물었다. 슈워제네거는 마침내 커티스를 캐스팅

하는 것에 이를 악물고 동의했다.

　카메론의 직감은 옳았다. 커티스는 완벽한 캐스팅이었고, 빛나는 연기로 골든글로브 여우주연상을 수상했다. 일단 그녀가 등장하면 멍청함을 기본으로 한 캐릭터 헬렌이 완성됐고, 영화 전반에 일관되게 코믹 톤이 유지됐다. 그녀는 터미네이터와 결혼한 사라 코너이며 리플리로 진화하고 있는 소외된 여성이었다.

　하지만 〈LA 타임스〉의 케네스 터랜이 영화에서 '조잡함과 비열한 굴욕의 변형'의 일부라고 비평했던 〈트루 라이즈〉의 주요 논란의 중심에는 커티스가 있었다. 터랜은 남편의 함정에 빠져버린 헬렌이 임무를 위해 변장한 해리 앞에서 옷을 벗도록 설득당하는 장면을 언급했다. 이 장면은 원래 실루엣으로 촬영할 예정이었다. 하지만 커티스는 카메론에게 완전히 불을 켠 상태에서 속옷 차림으로 연기하겠다며 그를 설득했고, 감독과 협의하에 조명을 어둡게 하고 독자적으로 신을 소화했다. 언론에서 수많은 이들이 주장한 것처럼 그것은 여성 혐오였을까? 〈시카고 선타임스〉의 로저 이버트는 추격과 폭발의 오케스트라에 감격했지만 "영화에서 한발 물러서서 진지하게 생각해본다면 스파이가 아내에게 한 장난은 잔인하고 재미있지 않다"라고 썼다.

　〈트루 라이즈〉에는 중심이 되는 딜레마가 있다. 폴댄스 아이디어는 본드 걸의 애매한 전통을 풍자한 것이었고 커티스는 모든 것을 위임받았다. "리허설도 없고 안무가도 없었어요." 그녀가 회상했다. 카메론은 그녀가 폴을 놓치고 품위 없이 바닥에 엉덩방아 찧는 것을 생각했다. 커티스는 관객을 웃길 수밖에 없는 너무나 훌륭한 코미디언이었고, 그 아이러니한 장면에 힘을 실어주는 캐릭터라고 보는 여성 비평가들도 있었다. 카메론은 코미디가 터무니없을 수도 있다는 입장을 견지하며 "영화의 모든 장면이 정치적 올바름의 본보기로 제시될 필요는 없다고 생각한다"고 말했지만, 그 장면은 여성 캐릭터들의 도전으로 칭송받으면서도 규범 속에 거북한 듯이 자리 잡고 있었다.

　예상치 못한 다음 논란은 '나쁜 사람'들과 함께 찾아왔다. 이는 카메론이 촉발했다고도 할 수 있었다. 무시무시한 파멸의 선지자는 그의 시나리오에서 다소 느슨한 모

습을 보여준다. 9·11 사태가 일어나기 8년 전, 카메론의 빌런 아트 말리크(아지즈 역)는 아랍 테러리스트 조직인 크림슨 지하드를 조직했다. 과하게 흥분한 말리크는 자신의 조직을 이끌고 훔친 핵무기를 플로리다로 밀반입했다. 이 파키스탄계 영국 배우는 〈트루 라이즈〉 시나리오의 '팬터마임적 특성'에 매료되었다고 한다. 이 같은 내용 때문에 미국-아랍 차별반대위원회, 미국-이슬람 관계위원회, 미국-아랍 관계위원회 등은 다른 의견을 가지고 극장 밖에서 항의하며 54개 이슬람 국가와 아랍 국가에 영화 상영을 금지할 것을 요구했다.

7개월간의 촬영을 마친 카메론은 세 가지 편집본을 만들었다. 그리고 차례로 상영하면서 영화에 삽입해도 좋을 만한 테이크에 대해 재잘거렸다. "훌륭해, 식스로 갑시다. 나도 포에 나오는 그녀가 좋아." 그러나 이는 (거장의 흉내를 내면서) 액션의 리듬에 대해 이야기한 것이 아니었다. 농담의 타이밍에 대한 것이었다. 골드블랫은 "그것이 가장 어려웠습니다"라고 말했다. "우리는 고전적인 스파이영화라는 줄을 타고 있었고 캐릭터들은 스

스로 재미를 더하고 있었으며 모든 것이 일종의 코믹한 분위기로 바뀌었습니다." 골드블랫이 말했다.

카메론의 이름을 생각하면 전 세계 박스 오피스에서 거둔 3억 7,900만 달러라는 성적이 실망스러울 수도 있다. 〈포레스트 검프(Forrest Gump)〉가 멍청한 쾌활함으로 관객을 휩쓸고 〈펄프 픽션(Pulp Fiction)〉이 장르의 규칙을 다시 쓴 상황을 고려하면, 이 영화는 당시의 분위기에 어울리지 않았고 붕 뜬 것처럼 보였다. 〈트루 라이즈〉는 카메론 둥지의 뻐꾸기라고 할 수 있었다. 완벽한 부분들이 모여서 완벽하지 못한 영화를 만든, 불만족스러운 결과를 낳은 것이다. 영화는 힘이 있고 구경거리를 제공하지만 카메론 특유의 스토리텔링 구사는 거의 없었기 때문이다. 시계가 가는 것을 느낄 수 있다.

커티스가 프로처럼 익살을 부릴 때에도 슈워제네거는 즉흥연주에 쉽게 마음을 쏟지 않았다. 〈트윈스(Twins)〉와 〈유치원에 간 사나이(Kindergarten Cop)〉는 터미네이터 캐릭터가 주는 긴장감에서 해방된 슈워제네거의 코미디였다. 그는 그저 스웨터를 입고 나타나기만 하면

되었다. 〈마지막 액션 히어로(Last Action Hero)〉는 그 아이러니의 무게에 눌려 무너졌다. 〈트루 라이즈〉는 완전히 다른 사항들을 요청했다. 박식한 성향의 케리 그랜트를 모델로 해달라는 것이었다. 어색한 요소들과는 거리가 먼, 우리를 기분 좋게 해주는 고전적인 매력이 있는 스타일이었다. (톰 행크스나 조지 클루니가 잘나가는 이유를 생각해보면 된다.) 슈워제네거는 분명 테러리스트를 공격하고 헬리콥터에 매달릴 수 있지만 로맨틱한 대사를 날리는 것과는 거리가 멀었다.

"영화에서 한발 물러서서 스파이가 아내에게
한 장난에 대해 진지하게 생각해본다면 이는
잔인하고 재미있지 않다."
- 로저 이버트

가라앉지 않는
감독

# 〈타이타닉 (Titanic)〉 (1997)

죽음의 배가 어둠 속에서 극적으로 모습을 드러냈다. 금속으로 된 벽은 온통 녹슬었고 배의 가장자리는 상어 이빨처럼 뾰족했다. 자몽 크기의 대갈못이 카메론이 마주한 둥근 창의 겨우 1.8미터 앞에 있었다. 훗날 카메론은 일기에서 예술이라는 이름으로 죽음과의 또 다른 만남을 회상했다. "당시 나는 내파로 인한 벽력 같은 소리에 긴장하고 있었다"며 "0.00002초라는 짧은 순간에 불이 꺼졌다 켜지기도 했다"라고 말했다. 수중 압력이 엄청났다.

카메론이 타고 있던 러시아 잠수정의 조종사는 잔해물과의 충돌을 피하기 위해 위로 급하게 올라갔고 진흙 구름을 휘젓고 갑판을 스치면서 백만 달러짜리 카메라의 케이스가 벗겨졌다. 이 같은 혼돈 속에서 카메론은 타이타닉호에 착륙하기로 협상하기 전에 그 유령 같은 윤곽을 먼저 살짝 볼 수 있었다. 소용돌이가 휘몰아치면서 심장이 격렬하게 뛰었다. 현장을 조사하면서 카메론은 잠수정을 앞 상갑판에 고정시켰다. 혼탁한 지역을 빠져나가기 위해 고군분투하는 사이, 잠수정은 암벽의 돌출부에 걸려 찢어지는 상황을 간신히 피했다.

제임스 카메론은 난파된 타이타닉호를 향한 첫 6시간의 항해를 '개판'이라고 규정하려 했다. 그들이 있는 곳에서 14킬로미터 위의 대서양 수면에는 130명의 선원과 자체 보드카 증류소를 탑재한 연구선 아카데미크 음스티슬라프 켈디시호가 뉴펀들랜드 해안의 거친 바다를 견디며 떠 있었다. 각각의 갑판에서 달 탐사 캡슐과 비슷한 크기의 잠수정 미르 1호와 미르 2호가 위험한 강하를 시작했다. 비평가 로저 이버트가 "대양의 바닥에 있는 위대한 철제 스핑크스"라고 칭한 물체를 향해서였다. 때는 1995년 9월 8일이었고 바다 밑바닥을 항해할 때마다 약 2만 5천 달러가 소요되었다. 〈타이타닉〉의 '싹이 튼 순간'은 카메론이 〈어비스〉를 찍으면서 수중 고고학자 로버트 밸러드를 만났을 때다. 1985년 밸러드는 타이타닉의 잔해를 발견했고, 카메론에게 그 장면을 담은 테이프를 보여주었다. 이것이 그의 마음을 움직였다. 카메론은 역사 속으로 들어가 책을 집어삼키고 새로운 강박관념의 '소용돌이 속으로 빨려 들어갔다'. 아직 더 깊이 들어가지 않은 것일까? 다이빙과 독서 사이에서 갈라졌던 어린

앞장 사진 설명: **물 만난 물고기** : 제임스 카메론이 〈타이타닉〉의 중요한 순간에 대해 레오나르도 디카프리오와 케이트 윈슬렛에게 직접 설명하고 있다.
반대편 사진 설명: **프레임 메커니즘의 틀 짜기** : 서사시는 난파선의 인양 임무로 시작한다.

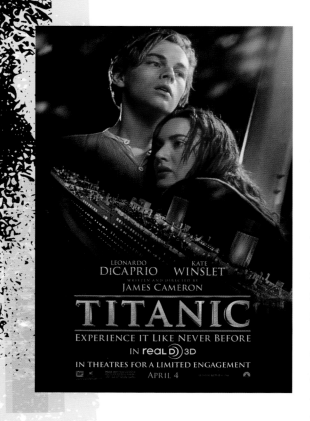

시절, 그리고 기술과 인간의 떨리는 관계에 다시 매료된 카메론의 뇌반구가 충돌했다. 그리고 영화로 만들 수 있다는 섬뜩한 깨달음이 왔다.

결정적인 촉매는 1992년 다큐멘터리 〈타이타닉: 깊은 곳의 보물〉의 아이맥스 시사회였다. 이 다큐멘터리는 알 기딩스와 함께 그들이 난파선을 처음 조사했을 때 미르 잠수함을 이용해 찍은 영상으로 제작되었다. 카메론은 자신만의 영상을 찍으려는 의도로 러시아 팀을 찾아내 자신을 내려보내 달라고 설득하려고 했다.

카메론의 프로덕션은 '얼음 행성'이라는 제목으로 진행되고 있었다. 약 7.6미터 길이의 타이타닉의 복제품은 그가 설립한 특수효과 회사인 디지털 도메인에 이미 전시 중이었다. 카메론은 녹슨 무덤으로 살짝 들어갈 수 있는 ROV 카메라 '스눕 독'을 구상했다. 그리고 각각의 갑판의 배치도를 암기하고 나중에는 승객들의 이름과 그들의 운명까지 암기해서 토크쇼에서 이야기할 정도였다.

"타이타닉호를 설계한 토머스 앤드루스는 자신의 창조물과 함께 바닷속으로 가라앉았습니다." 카메론은 이렇게 회상했다. 빅터 가버가 감동적으로 연기한 앤드루스는 영화에서 그들의 운명을 가감 없이 보여준다. "배는 철로 만들어졌고 그래서 가라앉을 것이다." 카메론은 항상 앤드루스와 자신을 연결하는 무언가가 있다고 느꼈고 현실을 충실하게 반영하는 이 프로젝트에 3년이란 시간을 쏟았다.

타이타닉호와의 첫 만남은 카메론의 삶을 바꿀 만한 일생일대의 경험이었다. "감정적으로 압도되었습니다." 카메론은 현실에서 영화를 마주하며 말했다. 여기서 이해하기 어려운 점은 1912년 4월 15일 바다가 맷돌처럼 잔잔할 때 1,500명이 목숨을 잃은 비극을 추모하면서 난파선의 위상이 더 커졌다는 것이다. 사람들은 대부분 영하 2도의 바다에서 얼어 죽었고 영화에서 이를 구현하기 위해 그들의 차가운 입김을 컴퓨터 효과로 대체해야만 했다.

의미심장하게도 타이타닉호에 근접하기 위한 첫 번째 다이빙에 T-1과 T-2라는 코드명이 붙었다. 하지만 T-3와 T-4가 훨씬 더 성공적이었다는 소식과 함께 그 상징성은 사라졌다. 총 12번의 다이빙이 있었고 T-5는 웅장한 중앙 계단과 B-데크에 접근하는 데 성공했다. 누군가가 이 복도를 내려다보는 것은 83년 만이었다. 탁한 폐허를 천천히 헤치며 스눕 독은 참나무 기둥에 조각된 무늬를 촬영했다. 카메론은 20세기 폭스로 하여금 난파선 탐사에 자금을 대도록 영화 〈타이타닉〉을 피치했을 뿐이라고 농담했지만, 사실 카메론은 그 재난에 대한 역사적 '가정'에 도전하고 싶었다.

녹음이 우거진 말리부의 제작 본부로 돌아온 카메론은 모두가 결말을 알고 있는 영화의 집필에 착수했다. "우리는 모두 배가 가라앉을 것을 알고 있습니다." 그가 말했다. "어쩔 수 없이 가라앉는 이 배가 자신이 아끼는 사람들에게 어떤 영향을 미치는지를 생각하게 만들어야 해요." 금속이 아닌 사람에 대한 영화여야 했다. 카메론은 관객을 그 운명적인 밤, 그 전설적인 배에 태우려 했다. 그래서 그는 허구적인 로맨스라는 틀 안에서 역사를 재구성했다. 카메론은 〈닥터 지바고(Doctor Zhivago)〉나 〈바람과 함께 사라지다(Gone with the Wind)〉와 같은 서사적 로맨스의 거대한 전통을 추구한다고 주장했다. "내 거대한 병아리 같은 영화예요." 카메론은 날카롭게 말했다. 그는 고전적인 할리우드의 '신성한 황홀함'을 추구하고 있었다.

타이타닉에 대한 새로운 이론과 과학적 진보를 탑재하고 카메론은 갑판 아래 자유로운 영혼의 예술가 잭 도슨(레오나르도 디카프리오)과 사회로부터 완전히 속박되어 있는 로즈 드윗 부카더(케이트 윈슬렛)라는 두 연인을 중심으로 이야기를 전개하려고 했다. 그들 사이에는 신분상의 차이, 사랑 없는 약혼을 해야 했던 로즈의 가난, 그리고 다가오는 빙산의 위협이 차례로 정렬되어 있었다.

카메론은 스토리를 세팅하는 데 많은 노력을 기울였다. 세 시간을 일했다면 두 시간은 구상을 하는 데, 다른 한 시간은 손톱을 물어뜯으며 고민하는 데 보냈다. 카메론은 혼란과 파괴적인 상황이 점점 가중되면서 배가 침몰하는 과정을 전략적으로 구상해야 했다. 그가 미르 1호에 비집고 들어가 타이타닉호로 다이빙했던 순간은 영화 속 인물들이 해양 탐험가를 따라 묘지로 향하는 픽션으로 바뀌어 프레임 안의 한 장면이 되었다. 카메론은 버려진 배를 어렵게 촬영한 장면이 모델 숏과 훌륭하게 혼합되어 실제 사건을 끌어내는 데 '탯줄' 역할을 했다

"우리는 모두 배가 가라앉을 것을 알고 있습니다. 어쩔 수 없이 가라앉는 이 배가 자신이 아끼는 사람들에게 어떤 영향을 미치는지를 생각하게 만들어야 해요."

고 말했다. 또한 이는 두 세계 사이의 '인간 인터페이스'를 제공하기도 했다. 늙은 로즈(글로리아 스튜어트)의 플래시백에서 영화는 카메론이 상상하는 두 단계 사이를 미끄러지듯이 흘러간다. 그것은 일종의 시간 여행으로, 장르 또한 법의학에서 서사시로 건너뛰는 장면이었다.

카메론은 영화에서 1912년 봄의 이야기로 곧장 넘어가지 않고 외피로 덮인 배를 따라 카메라를 미끄러지듯이 보낸다. 〈뉴요커〉의 앤서니 레인은 이러한 연출에 대해 경탄해 마지않으면서 "마치 소원을 성취하기라도 하듯 로즈는 현실적인 삶으로 녹아든다"고 말했다. 열광적인 이 비평가는 카메론이 디지털 붓놀림으로 예전의 영광을 되찾았다고 말하면서 지금까지 본 영화 중 가장 아름다운 특수효과일 거라고 말했다.

라이트스톰의 이름으로 행해지는 카메론의 거래방식에 관해 할리우드 내에선 말이 많았다. 라이트스톰이 시작하고 3년 뒤, 카메론은 1인 스튜디오(스스로의 운명을 통제하기 위해 많은 감독들이 선택하는 결론인)를 운영하는 것보다는 영화를 만드는 것이 더 행복하다고 결론 내

렸다. 스튜디오 안에서 영화를 계획하는 데 너무 많은 시간을 허비해야 했기 때문이다. "그 부지 안에 사무실이 있는 것이 싫었습니다." 카메론이 투덜거렸다. 그는 폭스와 계약을 유지하면서도, 그들이 유일한 투자자가 되어 전 세계적인 권리를 얻으려는 것에는 라이트스톰의 이름으로 첫 번째 거부권을 행사했다.

마침내, 제작비는 영화사가 대고 카메론은 자신이 가장 잘하는 일을 할 수 있게 되었다. 폭스는 〈에이리언 2〉와 〈어비스〉, 〈트루 라이즈〉 등을 통해 카메론에게 믿음을 주었다. 폭스는 그들이 '성배'에 상륙했다고 느꼈다. 스필버그가 드림웍스에, 루카스가 〈스타워즈〉에 정착하면서 카메론이 유일하게 남은 '대작'을 만드는 감독이었기 때문이다.

그래서 카메론은 '타이타닉호에 탄 로미오와 줄리엣…'이라는 시대극으로 피치를 했다. 대부분의 사람들이 죽으니 속편의 가능성도 없는 영화였다. 러닝타임은 세 시간에 달했고 장난감, 게임 등 2차적 콘텐츠로 만들어질 가능성이나 테마파크로서의 매력도 없었다. 한마

디로 부가적인 수익성을 바라는 영화사들에게 안도감을 주는 요소들이 전혀 없었다. "그들이 얼마나 황홀해했을지 상상할 수 있을 겁니다." 카메론이 웃으며 말했다.

그는 〈타이타닉〉 이후 〈스파이더맨〉과 〈터미네이터〉의 속편을 감독할 준비가 되었다고 흥미로운 힌트를 주며 실망한 지지자들을 달랬다. 앤 라이스의 《미라 람세스(The Mummy)》를 각색할 가능성도 있었고 〈브라이트 엔젤 폴링(Bright Angel Falling)〉(〈아마겟돈(Armageddon)〉과 놀라울 정도로 비슷한 줄거리의 완전한 멸종을 보여주는 드라마)과 〈아바타〉라 불리는 작품도 작업 중이라고 말했다.

정상적으로 작업에 들어가기 전에 카메론의 시스템에서 타이타닉에 대한 그의 집착을 없애는 것이 중요했다. 시나리오는 훌륭했고 카메론은 예산에 대해 지지자들을 안심시키기만 하면 되었다. "지난 두 편의 영화보다 덜 들어갈 거라 예상합니다." 하지만 카메론의 예상은 빗나갔다.

초기에 논의된 추정 예산은 6천만 달러였다. 영화는 마침내 더 합리적인 예산을 허가받았지만 안타깝게도 (어림잡아보기만 해도) 여전히 1억 1천만 달러에 달했다. 영화에 필요한 모델, 세트, 가구, 양탄자, 의상과 도자기 등 제작은 순조롭게 진행되고 있었다. 호화로운 바다 여행에 필요한 모든 장식들에는 타이타닉호를 만든 회사인 '화이트 스타 라인'이 새겨졌고 모두 맞춤 제작되었다.

최대한의 리얼리즘을 추구하기 위해 역사학자들도 섭외했다. 카메론은 자신의 순례를 통해 "영화를 빈틈없이 만들어줄 탁월함이 세팅되었다"고 말했다. 애써 공들여 만든 450개의 테이블 세트, 200개의 데크 의자, 천장 촛대 및 계단을 가로지르는 광대한 유리 돔은 촬영 중에 모두 파괴될 예정이었다. 카메론은 그 시대로 모험을 떠나는 것에 불안감을 느꼈다. 미래 상황이란 없기 때문에 어떤 드라마적 한계 안에서 스토리를 탄탄히 보충해야만 했다. 역사적 과거만 남아 있는 상황에서는 제대로 측정하고 판단해야 스토리가 사실성을 갖기 때문이다. 그러나 점점 늘어나는 소품들과 무대장치는 갈 곳이 없다. 정확히 어디에서 촬영해야 하는 걸까? 대서양 한 가운데에서?

카메론은 몰타, 스웨덴, 폴란드, 카리브해, 오스트레일리아, 사우스캐롤라이나의 잠수함 공장을 찾아다니며 적합한 촬영지를 물색했다. 그러나 그가 꿈꾸는 정도로 크고 깊거나 굴절된 곳은 어디에도 없었다. 카메론은 돈을 바다로 쏟아붓는 것과 마찬가지인 바지선을 아예 새로 만드는 방법까지도 고려했다. 하지만 직감과 특수효과로 해결하자는 쪽으로 결국 결정을 내렸다.

뉴욕 태생의 존 랜다우를 프로듀서로 고용한 것은 현명한 조치였다. 폭스의 전 부사장이었던 랜다우는 까다로운 감독의 복잡한 요구를 전문적으로 다루었다. 랜다우는 마이클 만의 〈라스트 모히칸(Last of the Mohi-

반대편 사진 설명: **로즈가 타이타닉 모자를 쓰고 배로 들어서고 있다.**
위 사진 설명: **모든 것은 캐스팅에 달려 있었다 : 관객이 불운한 연인 잭과 로즈의 사랑을 믿을 수 있어야 했다.**

위 사진 설명: 출발: 시대극은 제임스
카메론에게 새로운 도전이었다. 그는
처음으로 역사라는 규정된 세부 사항에
갇히게 되었다.
반대편 위 사진 설명: 더 이상 원치 않는
관계 : 로즈의 비열한 약혼자 칼 헉클리 역의
빌리 제인.
반대편 가운데 사진 설명: 스미스 선장 역의
버나드 힐(왼쪽)과 2등 항해사 라이톨러 역의
조너선 필립스.
반대편 왼쪽 아래 사진 설명: 실제 생존자
몰리 브라운 역의 캐시 베이츠.
반대편 오른쪽 아래 사진 설명: 영화상 현재
시점에서의 침몰선 인양 전문가이자 보물
사냥꾼 브룩 로벳 역의 빌 팩스턴.

cans)〉과 오우삼의 〈브로큰 애로우(Broken Arrow)〉,
그리고 얀 드봉의 액션영화 〈스피드(Speed)〉를 제작했
다. 아이러니하게도 랜다우는 〈에이리언 3(Alien 3)〉의
폐허를 총괄하기도 했다. 땅딸막한 체구, 턱수염을 기른
외모에 놀라운 집중력과 위트를 가지고 있는 랜다우는
선견지명 있는 설계를 알아보는 능력, 그 설계 내에서 합
리적인 계획을 세우는 재주가 있었고 오늘날까지 카메
론의 곁에 남아 있다. 여객선이 이동하는 찬란한 장면을
만들어낼 수 있다면 거대한 외부 탱크에 배 세트를 만들
어 자유롭게 촬영하는 것도 가능하다는 것을 인지한 사
람은 수석 전략가였다. 그는 탱크가 바다의 경치와 나란
히 정렬되게만 한다면 완벽한 수평선을 연출하는 것도
가능하다고 보았다. 촬영팀은 곧 새롭게 스튜디오를 짓
기로 결정했고, 태평양 옆 멕시코 바하 반도의 로사리토
해변에서 이상적인 장소를 발견해냈다.

캐스팅은 역시 가장 중요한 부분이었다. 영화 속의 이
아름다운 커플은 젊음과 첫사랑을 발산해야 할 뿐 아니
라 카메론과 함께 촬영 기간을 견뎌낼 재력도 필요했다.
아마도 촬영은 오랫동안 지속될 것이었기 때문이다. 로
즈 역에는 '오드리 헵번' 타입이 필요했고 케이트 윈슬
렛은 클레어 데인스, 귀네스 팰트로, 개브리엘 앤위 등
을 포함한 배우들 사이에서 눈에 띄었다. 카메론은 윈슬
렛을 처음 만났을 때부터 그녀가 로즈임을 직감했다. 윈
슬렛은 영국 출신의 배우로, 〈천상의 피조물(Heavenly

Creatures)〉, 〈센스 앤 센서빌리티(Sense and Sensi-
bility)〉, 〈쥬드(Jude)〉 등에 출연했으며, 시대극에도 정
통했고 나쁜 각도를 찾을 수 없을 정도로 카메라 앞에서
빛나는 배우였다. 그러나 가장 중요한 것은 그녀의 영혼
이었다. 미팅 후 몇 주가 지나 윈슬렛은 카메론에게 느닷
없이 전화를 걸었다. "내가 로즈라는 걸 모르겠어요?"
왜 다른 사람을 찾고 있냐는 뜻이었다. 그녀는 너무나 완
강했다. 디카프리오와 처음으로 리딩한 그녀는 카메론
을 한쪽으로 데려가 말했다. "날 캐스팅하지 않더라도
디카프리오는 잡아야 해요." 카메론이 그녀에게 로즈 역
을 맡을 거라고 말한 날이었다.

디카프리오는 〈터미네이터〉의 슈워제네거만큼이나
까다로웠다. 한 사람(슈워제네거)은 로봇 악당들에게 자
신의 커리어를 희생시킬 생각이 없었던 반면 다른 한 사
람(디카프리오)은 10대 아이돌로 취급받는 것에 알레르
기를 일으켰다. 드라마로 조금씩 이름을 알리고 싸구려
공포영화를 전전하다가 로버트 드니로와 함께한 〈디스
보이스 라이프(This Boy's Life)〉에 400 대 1의 경쟁률
을 뚫고 캐스팅된 LA 태생의 이 배우는 〈길버트 그레이
프(What's Eating Gilbert Grape)〉에서 조니 뎁의 발달
장애 동생 역으로 아카데미상 후보에 오르기도 했다. 그
에게는 제임스 딘의 외모와 제임스 딘의 에너지가 있었
다. 이는 진지하게 받아들일 필요가 있었다. 〈로미오와
줄리엣(Romeo+Juliet)〉도 디카프리오가 자신에게 붙

은 꼬리표를 떼고 싶어 하든 어쨌든 관객의 열렬한 호응을 얻은 완벽한 캐스팅이었기 때문이다.

윈슬렛과 디카프리오, 우연히도 셰익스피어의 비극에 출연한 경력이 있는 이 두 배우는 (윈슬렛은 〈햄릿(Hamlet)〉에서 오필리아 역을 맡아 물에 잠겼으며, 디카프리오는 〈로미오와 줄리엣〉에서 포스트모던 스매시로 죽음을 맞이했다) 셰익스피어 작품을 끝내는 대로 바로 〈타이타닉〉에 합류했다. 디카프리오가 느끼는 불안이 무엇이건 간에 〈타이타닉〉의 잭은 십 대 소녀들을 다시 광란의 도가니로 몰아넣었다.

디카프리오는 카메론의 인내심을 시험했다. "레오는 그저 밀고 들어갔어요. 푸시 푸시 푸시." 카메론이 말했다. 하지만 점점 그 가치를 볼 수 있게 되었다. 디카프리오는 틀에 박힌 로맨틱한 역할 아래 깊은 곳을 알고 싶어 했다. 승선하기 전에 잭이 누구에게 이겼을지, 부자들에게 잭이 어떻게 반응할지 등을 궁금해했다. 스튜디오는 수백만 달러를 내걸 좀 더 확실한 이름을 기대하며 디카프리오 대신 브래드 피트나 톰 크루즈를 밀어붙였다. 크루즈가 관심을 보인다는 이야기가 들렸고 그가 얼마나 작품에 헌신적인 배우인지를 잘 아는 카메론은 설레었지만, 결국 더 어린 배우로 결정했다. 이렇게 〈타이타닉〉은 행복하게도 A급 배우들로부터 자유로운 상태를 유지할 수 있었다.

카메론은 잭의 캐릭터를 《야성의 부름(Call of the Wild)》을 쓴 잭 런던을 바탕으로 만들었다. 관습에서 벗어나 재앙에 시달리지 않고 자유롭게 사는 인물이었다. 다만 직업만 작가에서 화가로 바꾸었다. 잭이 무도회에 참석하기 위해 옷을 입는 장면은 신데렐라와 같은 반전이다. 잭이 로즈를 구해낸 이후 보상으로 일등 객실에서 식사하는 장면은 카메론이 숭배하는 블루칼라 영웅의 모습이었다. 버드나무 같은 이미지의 큰 키에 천사 같은 금발을 하고 영화의 완성도에 윤기를 더하는 잭은 감독의 젊은 시절 초상이자 그가 그린 꾸밈없는 주인공의 모습이었다.

격조 높고 웅장한 저녁 식사 시퀀스에서 잭이 자신의 인생철학을 이야기하는 장면은 (카메론의 뿌리인) 캐나다인의 마음에서 착안한 것이다. 잭은 임원들 사이의 카메론이고, 의심하는 이들 사이의 카메론이었다. 빌리 제

# 할리우드가 동원할 수 있는 모든 오만함으로 인류의 기술적 자만심이 얼마나 위험한지를 보여준다.

인이 맡은 비열한 약혼자이자 악당인 칼은 "신사로 착각할 뻔했다"며 그를 비웃는다.

〈타이타닉〉은 카메론 시대에 통하는 사랑 이야기다. 그의 정확한 추정에 따르면 잭과 로즈는 만나서 사랑에 빠져야 하고 서로가 진정한 사랑이라고 믿는 과정이 그럴듯해야 한다. '선박이 빙산에 부딪히기까지 남은 96시간 안에' 말이다. 시계가 똑딱거리고 있었다.

현재 시점의 시퀀스는 캐나다의 핼리팩스에서 시작되었다. 행운의 부적인 팩스턴이 작은 맥거핀 역할을 하는 푸른 다이아몬드 '하트 오브 더 시'를 찾는 인양 전문가로 출연했다. 100살로 보이게 분장한 86살의 글로리아 스튜어트가 늙은 로즈로, 수지 에이미스가 그녀의 손녀로 등장했다.

촬영 중 있었던 첫 대립은 촬영감독 케일럽 데이셔넬과였다. 데이셔넬과 카메론은 '주기적인 조명'을 구성하는 것에 있어서 의견이 달랐다. 데이셔넬은 〈대부〉처럼 음소거된 분위기를 선호했지만, 카메론은 〈닥터 지바고〉나 〈오즈의 마법사(The Wizard of Oz)〉처럼 화려한 색채를 원했다. 현재의 장면은 거의 흑백이 될 예정이었다.

영화는 자서전과 그 속의 농담으로 시작한다. 카메론의 과거에서 나온 공상과학소설의 한 조각인, 마치 유서 깊은 푸른색으로 뒤덮인 우주선처럼 시야가 덩어리진 깊은 곳에서 잠수정이 나타난다. 팩스턴이 허드슨으로 출연한 〈에이리언 2〉 역시 구조 작업과 이동하는 로봇 카메라로 시작한다. 허드슨의 동료 해병 제넷 골드스타인은 조타실에서 비통한 죽음을 맞이한다. 심해의 하드웨어가 찍은 숏에서 고른 장면과 외로운 난파선을 훑으며 보여주는 장면은 위대한 배가 체호프의 부서지는 선체처럼 어떻게 추락했는지를 보여주는 입문서 역할을 한다.

카메론과 의견 대립을 하던 데이셔넬이 결국 하차하고 러셀 카펜터가 들어왔다. 카펜터는 〈트루 라이즈〉 이후 자신의 위치를 정확히 알고 있었다. 그는 이 상황에 대처해 과거 장면들을 호박색과 금빛으로 채워 카메론의 차가운 우울함을 완화하려고 했다. "음, 머천트 아이보리 정도면 내 엉덩이에 키스해도 되겠어." 카메론은 러시 필름을 보며 환호했지만 배가 침몰하는 장면에서 다시 우울한 상태로 돌아갈 것이었다.

비협조적인 날씨 탓에 촬영이 지연되고 긴장감이 고조되던 와중에 조개 수프가 450그램의 PCP(펜시클리딘, 환각 약물) 폭탄이 되어 폭발하는 사건이 일어났다. 우발적 사고든 고의적인 사고든 범인은 밝혀지지 않았지만 출연진과 제작진은 이 사건으로 주저앉아버렸다. 카메론을 포함해 75명이 병원으로 이송되었고, 카메론의 파란 눈은 터미네이터처럼 충혈되었으며 사람들은 고열과 환각, 환청에 시달렸다. "마치 좀비 바이러스 같았습니다." 카메론은 회상했다.

결국 이 사건으로 촬영팀은 예정보다 1주일 늦게 멕시코에 도착했다. "D. W. 그리피스를 제외하고 누가 헛간을 빌리려고 했겠습니까." 카메론은 단언했다. "아무도 들판에 서서 '여기에 영화 스튜디오를 짓고 싶다'고 생각하지 않았을 겁니다"라고 덧붙였다. 그들은 1만 톤의 다이너마이트를 사용해 사방 180미터의 구덩이를 만든 다음 메인 탱크를 넣어 64만 리터의 물을 담았다. 이 준비에만 무려 3개월이 소요되었다.

수석 조감독 조시 맥라글렌은 카메론과 함께 공터를 방문했던 때를 기억했다. "우리는 픽업트럭에 타이타닉 모형을 싣고 가서 나무 자를 때 괴는 판자 위에 올려놓았습니다. 그러고 나서 카메론이 주변을 살피며 연구하기 시작했지요. 카메론은 빛과 태양의 지점, 바람의 방향, 배의 위치를 고민하고, 바다를 볼 수 있으려면 절벽에 얼마나 가까워야 하는지 삼각측량을 했습니다. 영화를 완성하기 위해 우리가 해야 할 모든 것을 치밀하게 구상하는 그가 정말 놀라웠지요."

4개의 방음 스튜디오를 짓고, 부서 간 허브를 만들고, 부수적인 건물들을 연결시키면서 그저 작은 마을이었던 곳이 영화 촬영지로 변모해갔다. 이 모든 것이 더해져 폭스 바하 스튜디오가 탄생했다. 아쉬운 점이라면 '너무 대담하게' 스튜디오를 짓고 촬영을 시작했다는 것이다. 불과 2시간 거리에 있는 할리우드에 타이타닉호를 만들고 침몰시키는 것이 더 간단했을 거라고 생각하는 사람들

위 사진 설명: 배에 문제가 생기다 :
제임스 카메론의 거대한 세트는 침몰하는
타이타닉을 표현하기 위해 천칭의 접시처럼
기울일 수 있도록 만들어졌다.
반대편 사진 설명: 유명한 저녁 식사
장면에서 주인공들에게 지시하는 카메론
: 갑판 사이를 통해 문자 그대로 계급을
구분해놓았다.

도 있었다.

세트는 영화 공학의 놀라운 작품이었다. 카메론의 신조였고 더 확장해보면 그의 자아였는지도 모른다. 카메론은 상상하고 그것을 짓는다. 할랜드 앤드 울프사가 권리를 갖고 있는 오리지널 설계도를 이용해 RMS 타이타닉호의 실제 사이즈만 한 복제품까지 만들었다. 이것은 실제보다 약 10~15퍼센트 작았고 실제 길이는 236미터였다. 뱃머리에서 선미까지 제작되었고, 촬영에 필요한 한쪽만 완성되었다. 세상에서 가장 큰 이렉터 세트 같은 강철 대들보 프레임워크를 사용해 무게는 6만 톤에 달했으며 갑판 난간에서 수면까지의 길이는 18미터나 되었다. 배의 사진들은 죽은 이들로부터 인양된 유령선 이름이 붙어 인터넷에 넘쳐날 것이었고, 모든 현장에는 각각의 조명이 설치돼 112킬로미터의 케이블을 통해 빛을 밝힐 것이었다. 할리우드가 동원할 수 있는 모든 오만함으로 인류의 기술적 자만심이 얼마나 위험한지를 보여주고 있었다.

두 번째 촬영은 1996년 9월 18일에 시작되었다. 배의 생산이 지연되면서 촬영이 연기되자 카메론은 스튜디오로 돌아갔다. 매우 빠듯하고 뒤죽박죽이 된 일정 때문에, 윈슬렛은 촬영이 시작된 지 겨우 이틀 만에 다이아몬드 외에는 아무것도 걸치지 않은 나체 신을 촬영해야 했다. 로즈가 잭을 위해 소파에 누워 포즈를 취하는 장면이었다. 그 장면에는 '어떤 막연한 무언가'가 존재했다. 카메론은 그것이 무엇인지 충분히 알아차렸다.

카메론은 기대했던 조연배우들을 바꾸면서까지 예산을 절약하려고 노력했다. 미국 사교계의 명사로서 경멸적으로 살아남아, 브로드웨이 뮤지컬의 소재가 되기도 했던 몰리 브라운 역을 맡은 캐시 베이츠만 계속해서 중요한 역할을 부여받았다. 카메론은 그녀를 출연시키기 위해 차액을 사비로 지불해야만 했다. 그 외에도 프랜시스 피셔가 찌푸린 얼굴로 신분 상승을 바라는 로즈의 어머니 루스를 연기했고 버나드 힐이 금욕적인 선장 스미스를 맡았다.

이렇듯 변동이 많은 촬영장이었지만 그 속에서도 카메론의 타고난 임기응변이 빛을 발했다. 카메론 선장은 배 위를 획획 날아다니며 촬영할 수 있도록 50미터 높이의 타워크레인에 카메라를 부착했다. 그리고 이것으로, 짜증이 가득한 제작진과 엑스트라를 신처럼 급습하면서 재앙을 지휘하는 훌륭한 감독으로서의 위치를 점할 수 있었다. 누구도 카메론의 시선을 피할 수 없었다. 그는 모든 곳에 곧바로 위치할 수 있는 방법을 찾아낸 것이다.

아무도 접근할 수 없도록 만든 공간에서 휴식을 취한 후 카메론은 몇 주 동안 위풍당당한 수압펌프 시스템을 개념화해 배의 선미를 1미터에서 2미터 정도로 틀었다. 그리고 외팔보처럼 한쪽을 고정시킬 수 있는 형태로 만들었다. 이 과정을 완성하는 데에만 며칠이 걸렸다. 별도의 선미루 갑판 세트는 시곗바늘처럼 0도에서 90도까지 기울일 수 있었다. 디카프리오는 지상에서 60미터 떨어진 꼭대기에 매달렸던 경험을 여전히 기억하고 있었다. 그리고 그보다 30미터 위 카메라 플랫폼의 가장자리에 서 있던 카메론도 말이다. 잊지 못할 밤이었다.

영화에서 보이는 것의 85퍼센트는 카메라로 완성한 것이다. 하지만 여전히 다른 어떤 영화보다도 CGI가 많이 사용되었다. 햇빛을 받는 여객선을 담은 흐릿한 사진은 낡긴 했지만, 양식화되고 꿈결 같은 무언가로 조정한 것보다는 덜 오래된 느낌이다. 사진들은 추억처럼 보인다. 카메론은 잭에게도 타이타닉호와 같은 에너지가 있다고 느꼈다. 바로 20세기를 통과하기 시작한 활력과 낙관주의였다. "이것은 잭의 배이고 잭의 순간입니다." 카메론은 미소 지었다. 잭은 또한 세상의 왕이었다.

영화에서 충분히 활용하지 못했던 배우 데이비드 워너는 칼의 교활한 하인 러브조이 역을 맡았다. 잭과 로즈가

러브조이를 피해 도망 다니는 추격 시퀀스는 타이타닉의 모든 층을 관객에게 훌륭하게 보여주는 장면이다. 1등칸부터 3등칸까지 계층과 신분을 상징하는 이 층들은 운이 다했다는 것을 알고 있는 세계인 동시에 인간 존재의 허약함을 노래하는 송시였다. 잭은 이 모든 것을 안고 타이타닉호와 함께 바다로 가라앉는다.

카메론은 촬영장의 모든 것을 생각했다. 위대한 감독이자 엔지니어 시인인 그는 안전을 최우선으로 하면서 엑스트라들에게 구조 훈련을 시켰다. 광대한 확성장치를 통해 영화가 묘사하고 있는 것의 심각성을 강조하기도 했다. "오늘 밤 1,500명이 물 위에서 죽을 겁니다. 이는 내가 자란 마을의 전체 인구에 맞먹지요." 어느 정도는 사실이었다.

어떤 위험을 무릅쓰더라도 카메론은 현장의 중심에 있었다. 기울어진 선미 갑판의 시퀀스에서 100명이 넘는 스턴트맨이 각진 갑판 위로 미끄러져 내려가는 가운데에도 감독은 끈에 묶인 볼링공처럼 핸드헬드 카메라를 몸에 달고 작동시키면서 경사면의 중간에 매달려 있었

**영화에서 보이는 것의 85 퍼센트는 카메라로 완성한 것이다. 하지만 여전히 다른 어떤 영화보다도 CGI가 많이 사용되었다.**

"제임스 카메론은 수천 가지 일을 처리하는 슈퍼컴퓨터다.
그의 시선은 세트를 훑으며 지나가고 마침내 모니터에
고정된다. 카메론은 시각적 신호, 헤드셋에서 나오는
데이터, 가까이 들리는 재잘거림 등의 정보를 흡수한다.
외줄을 타는 사람처럼 조용하고 강렬하며 활력이 넘친다."
-폴라 파리시

다. 카메론은 그것을 '너프 세트'라고 불렀다. 매우 압박적인 장치였기에 폼으로 카메라의 금속 돌출부를 감쌌음에도 불구하고 늑골과 광대뼈가 부러졌다. 카메론은 선미가 거의 수직인 상태에서 사람들이 자유낙하하는 장면을 디지털 이미지로 대체하는 것을 어쩔 수 없이 받아들여야만 했다.

〈타이타닉〉은 촬영 날마다 하루에 50만 달러라는 엄청난 비용을 쓴 영화이나(촬영을 시작하고 2개월 만에 7,500만 달러를 지출했다) 일등석 스위트룸 같은 고급스러움은 없었다. 대신 스탠리 큐브릭적인 디테일이 참나무 패널에까지 보였다. 카메론은 완벽함을 추구하는 것에 있어선 큐브릭의 경쟁자였다. 잭이 식기를 놓는 웨이터와 이야기하는 저녁 식사 장면에서는 웨이터의 팔에 깁스를 해 쟁반의 높이를 일정하게 유지했을 정도이다.

《타이타닉 앤 메이킹 오브 제임스 카메론(Titanic and the Making of James Cameron)》에서 묘사한 바와 같이 저널리스트 폴라 파리시는 영화를 만들지 않을 때의 카메론을 목격한 또 다른 사람이다. 그녀의 발견은 친숙한 느낌을 준다. "카메론은 촬영이 시작되면 마치 스위치를 누른 것처럼 주변 사람들과 다른 수준으로 움직인다. 그는 수천 가지 일을 처리하는 슈퍼컴퓨터다. 그의 시선은 세트를 훑으며 지나가고 마침내 모니터에 고정된다. 카메론은 시각적 신호, 헤드셋에서 나오는 데이터, 가까이 들리는 재잘거림 등의 정보를 흡수한다. 외줄을 타는 사람처럼 조용하고 강렬하며 활력이 넘친다."

"제임스 카메론에게 순간은 영원입니다." 카메론의 다이빙 친구 루이스 아버너디는 이렇게 회상했다. 그는 팩스턴의 인양선에 오르는 타이타닉 마니아 루이스 보딘 역을 맡았었다.

폭스는 구시대적인 허세를 부리려 했다. 언론은 촬영 규모를 직접 보기 위해 버스를 타고 멕시코로 내려갔다. 이는 캐롤코가 오래전부터 하던 게임이었다. 역사상 가장 큰 규모의 영화에서 가장 자유분방한 세트를 보려고 한 것이다. 하지만 언론은 물속에서 풍기는 피 냄새를 맡았다. 그들은 코를 킁킁거렸다. '가라앉고 있는 느낌'이라는 문구가 〈버라이어티〉의 헤드라인을 장식했다. '꿀꺽 꿀꺽 꿀꺽…' 〈타임〉이 비웃었다. 〈천국의 문(Heaven's Gate)〉, 〈지옥의 묵시록〉과 비슷하며 심지어 1960년대 말 돈을 물 쓰듯 쓰면서 바로 지금의 영화사를 망하게 할 뻔한 서사시 〈클레오파트라(Cleopatra)〉와 같다는 것이었다. 카메론의 유일한 옵션은 계속해서 나아가는 것이었다.

"짐의 경우에는 플랜 A가 작동하지 않을 때 플랜 B는 훨씬 더 어려워집니다. 후퇴가 아니에요. 우리는 플랜 B

를 두려워했어요." 카펜터가 웃음을 터뜨렸다.

카메론은 이것이 집착이 아니라 직업윤리라고 주장했다. "더 좋은 예술가로 만들어주는 건강한 불안감 때문입니다." 편집과 모델 촬영 사이에 이틀간의 휴식이 있었다. 크리스마스 이후의 스케줄을 채우는 야간 촬영 동안 카메론은 새벽 두 시에 점심을 먹으면서 머리를 맑게 하고 하루를 어떻게 마무리할지 궁리했다.

17만 리터의 물이 유리 돔을 덮치는 장면을 7대의 카메라로 촬영했다. 그 장면을 포착할 기회는 단 한 번뿐이었다. 카메론은 핸드헬드를 들었고, 그의 명령에 따라 플로드게이트가 열리고 안전상의 이유로 파라핀으로 만든 유리가 산산조각 나는 동시에 급류로 세트의 모든 조명이 나가버렸다. 돔의 샹들리에에 달린 전구 하나를 제외하고는 어둠밖에 남지 않았다. 파리시의 책에 묘사된 대로 카메론은 '악마와의 계약서에 나오는 작은 글씨들을 읽는 남자처럼' 모니터로 달려갔다. 어찌 된 일인지 전구 하나가 그 순간을 완벽하게 비추고 있었다.

디카프리오는 여전히 활발한 협력자로 남아 있다. "물에 관한 한 그는 샴고양이 같아요." 카메론은 싱긋 웃었다. 디카프리오를 물에 넣기 위해 반나절 동안 구슬려야 했다. 김이 날까 봐 물을 따뜻하게 할 수는 없었다. 얼음처럼 차갑지는 않았지만 사실 배우들에게는 모든 감각을 쏟아부어야 하는 극한의 경험이었다. 윈슬렛은 한 번도 접해보지 못한 촬영 규모와 자신의 감정을 숨기지 않는 감독 때문에 어려움을 겪었다. 그녀는 잠긴 문에 옷자

반대편 사진 설명: 힘든 촬영 중에도 행복한 순간들이 존재했다는 증거. 그 유명한 '플라잉' 시퀀스를 촬영하면서 제임스 카메론이 레오나르도 디카프리오와 케이트 윈슬렛에게 지시하고 있다.
아래 사진 설명: D 데크에서의 저녁 식사 시퀀스를 촬영하는 모습.

# "나는 일할 때의 나를 좋아하지 않습니다. 기계 같아요. 날마다 촬영을 하는데도 여전히 실패하는 느낌이에요. 실패, 실패, 실패."

락이 걸려 코트가 찢어진 채로 물속에 갇혀야 했고, 숨을 헐떡이며 수면 위로 올라와야 했으며, 추위에도 알아서 몸을 흔들어 덥혀야 했다. "오케이, 한 번 더 갈게요." 카메론이 날카롭게 말했다.

카메론은 촬영이 다 끝난 후 인터뷰에서 자기가 의구심에 쫓기는 사람이라고 고백했다. "나는 일할 때의 나를 좋아하지 않습니다. 기계 같아요. 날마다 촬영을 하는데도 여전히 실패하는 느낌이에요. 실패, 실패, 실패." 카메론은 〈타이타닉〉을 만들면서 자신이 매일매일 당황했다는 것을 인정했다. 하지만 독보적이고 강렬한 리더십이 치러야 하는 대가였다. 카메론은 "〈피라냐 2〉에서 잘렸을 때보다 더 끔찍하진 않더라도 끔찍한 경험이었다"라고 말했다.

유독 힘이 들었던 이유는 무지막지하게 초과된 예산 탓도 있을 것이다. 그들은 돈을 물 쓰듯 쓰고 있었다. 촬영 중반쯤 됐을 때 1억 1천만 달러로는 결코 영화가 완성될 수 없음이 분명해졌고, 영화사에는 긴장감이 고조되었다. 결국 특사가 파견되어 카메론에게 분별력을 갖고 예산을 삭감해달라고 탄원했다. "복도까지 꼭 물이 넘쳐야 할까요?" "〈특전 U보트〉처럼 진짜 엔진 룸으로 향하는 입구 쪽에도 물이 흘러내려야 합니까?" 카메론은 이런 질문을 들을 때마다 "이미 최대한 아끼고 있습니다"라고 받아쳤다. 영화사 내부에는 카메론을 몰아세우면 그가 그만두고 나가버릴지도 모른다는 두려움이 존재했고, 특사들에게는 '타협'이라는 말을 쓰지 말고 '거래'라는 말을 사용하라는 지시가 내려졌다.

폭스는 미국 내 배급권을 제시하며 예산 부담을 함께 나눌 파트너를 물색했다. 파라마운트가 6,500만 달러를 내놓기 전에 유니버설이 먼저 같은 조건을 제시하며 접근해왔다. (하지만 유니버설은 〈워터월드(Waterworld)〉로 6천만 달러를 손해 본 후 아직 회복 중이었다.) 결국 파트너는 파라마운트가 되었고, 파라마운트는 미국 내 배급권만 갖기로 했다. 폭스에게는 추가적인 지출에 대한 책임이 남아 있었으나, 관계자들에 따르면 파라마운트와의 이 거래는 "인디언들에게서 맨해튼을 산 이후로 가장 좋은 거래 중 하나"였다고 한다.

"저는 폭스 관계자들을 실망시켰다는 사실을 강하게 알았습니다." 카메론은 부풀어 오른 예산에 대해 자신에게 모든 책임이 있다며 말했다. 양심상의 이유로, 또 명예 때문에라도 그는 자신이 받은 연출료를 되돌려주었고, 영화사가 한 푼도 벌지 못할 것이라 예상하는 이익 분배에도 참여하지 않기로 했다. 이는 카메론에 대해 아주 많은 것을 말해준다. 그는 제작비를 줄이지는 못해도 사실상 무보수로 일한 셈이다. 카메론은 영화사에 믿음을 보여줘야 했다. "끝까지 가야 합니다. 그러려면 뭐든 해야죠." 그는 말했다. "이유는 아주 단순합니다." 투쟁은 카메론을 정의하고 또 영화를 정의한다.

카메론은 촬영장 어느 곳에나 있었고 직접 뛰어다녔다. 배우들과 함께 물속에 있었던 것은 물론이고, 특등실을 만족할 만한 수준으로 완성하기 위해 페인트 통을 들고 다녔다. 배가 빙산과 충돌해 부서질 때 갑판을 가로질러 거대한 얼음이 흩어지는데, 이 거대한 얼음을 부술

때 가장 먼저 도끼를 잡은 사람도 제임스 카메론이었다.

역사적인 163일간의 촬영 중 마지막 일정은 3월 20일에 시작되어 3월 22일에 끝났다. 아이러니하게도 선장 혼자 가라앉는 배의 다리 위에서 자신의 운명을 기다리는 장면이었다. 카메론은 잠수복을 입고 산소 탱크를 메고 정강이에 하키가드를 달고 있었다. 그의 머릿속에는 절망감이 가득했다. "나는 무려 36시간 동안이나 깨어 있었습니다." 그는 당시를 기억했다. "유리를 날리고 방을 폭발시키는 그 순간 6미터 깊이의 물속에 있었지요. 이건 마치 '주여, 저를 지금 데려가세요. 이건 정말 좋은 시간이 될 겁니다. 우리는 예산을 초과했고 이건 결국 모두가 죽는 소녀 취향의 영화니까요. 그리고 전 영화를 마무리할 시간이 없어요!'라고 기도하는 기분이었어요."

촬영이 끝날 무렵 카메론의 위대한 세트인 타이타닉은 폐허가 되어 있었다. 손상을 입은 괴물은 탱크에 드러누워 있었고, 이는 자연에 의해 파괴되는 기술에 대한 디스토피아적 비전이었다. 이런 세트는 다시 없을 것이다. 최종적으로 든 예산은 2억 달러였다. 후반 작업과 마케팅을 포함해 (엔딩 크레디트에 깔리는 셀린 디온의 노래도 싸지 않았다) 〈타이타닉〉은 분당 100만 달러가 든 영화이다.

1998년 3월 23일 밤, 슈라인 오디토리엄의 금박 장식과 무도회복, 나비 넥타이는 아주 친숙하게 느껴졌다. 이곳은 할리우드의 일등석이었다. 이날 열린 아카데미 시상식에서 〈타이타닉〉은 14개 부문의 후보에 오르며 전례 없는 기록을 세웠다. 카메론의 서사적 검증이 완성될 예정이었다. 스스로에게 축하를 건네는 이 화려한 밤은 감독에게 처음은 아니었다. 4편의 영화를 거치면서 카메론은 18번 후보에 올라 7번 수상했다. 그러나 모두 기술 부문의 상이었다. 하지만 오늘 밤은 아니었다. 앞선 기술상들을 게걸스럽게 먹어치운 카메론의 대재앙은 예술적으로도 왕관을 차지하기 직전이었다. 그의 이름이

위 사진 설명: 레오나르도 디카프리오의 잭은 자신만의 방식으로 그린 젊은 시절 감독의 초상이었다.

최우수감독상에 오르자 감회가 새로웠다. 43살의 감독은 승리를 맞이하자 소년같이 기뻐했다. 카메론은 잭의 환희를 흉내내며 "나는 세계의 왕입니다"라고 외쳤다. 다만 이것이 바보처럼 혹은 더 나쁘게는 거만하게 보였기 때문에 자만을 억제하지 못한 표현으로 오해를 받아 몇 년 동안 그를 따라다녔다. 그러나 본래 그럴 의도는 아니었다. "수억 명의 사람들 앞에서 웃음거리가 되는 데는 아카데미 시상식만 한 것이 없지요." 카메론은 여전히 당혹감을 감추지 못하며 투덜거렸다.

〈타이타닉〉은 최종적으로 11개의 트로피를 거머쥐었고 최우수작품상을 수상할 때 카메론은 잠시 침묵했다. "스스로의 심장박동에 귀를 기울였으면 합니다…." 가장 절제된 두 번째 수상 소감은 아니었을지 몰라도 분명 순수한 카메론의 모습이었다. 누가 그를 진정으로 비난할 수 있을까? 그의 심박수는 핼리팩스 이후로 떨어진 적이 없었다.

다시, 기쁨을 거머쥐기 전 압박감이 최고조였던 후반 작업 당시로 돌아가 보자. 개봉일을 1997년 7월 4일에 맞출 수 없다는 것을 깨달은 상황에서 카메론의 마음은 더 조급해졌다. 디지털 장면들이 너무 느리게 진행된 것에 대한 책임을 물으며 카메론은 디지털 도메인과 전쟁을 벌였다. 무려 자기 자신이 사장으로 있는 곳이었다. 이는 더더욱 언론의 나쁜 반응을 불러왔다. 게다가 서서히 완성되는 영화를 보면 볼수록 여름 블록버스터 영화와는 거리가 멀다고 느꼈다. 그래서 카메론은 폭스에 전화를 걸었다. (임원진의 사무실 전화에 빨간 불이 반짝이는 모습을 상상해보라.)

"크리스마스를 겨냥해야 합니다." 이미 여러 가지로 지쳐 있던 영화사는 어쩔 수 없이 동의했고 새로운 개봉일이 1997년 12월 19일로 확정되었다. 이로써 후반 작업 일정이 비인간적인 것에서 단순한 악몽으로 바뀌었다. 카메론은 집에 편집실을 설치하고 아비드 프로그램 사용법을 익혀 잠도 자지 않고 전체 시퀀스를 직접 편집했다. 그는 스탠 윈스턴 같은 아군들에게 완전히 다듬어지지 않은, 거칠게 작업한 결과물을 보여주었다. 그들은 격찬했다. 이 영화는 무언가 다르다고 느낀 것이다.

폭스는 이 영상이 특별하다는 것을 곧바로 알아차렸다. 피터 체르닌 회장은 마지막 한 시간 반 분량의 영화를 볼 수 있도록 편집실에 초대받았고, 배가 완전히 가라앉는 장면을 보며 어마어마한 영화가 될 것임을 직감했다. 이런 영화는 전에 없었다. 그러나 이 또한 걱정거리였다. 사실 폭스는 난처한 상황이었다. 기대했던 작품들이 고전하고 있었기 때문이다. 액션 스타로 자리매김한 키아누 리브스가 빠진 (역시 여객선을 배경으로 한) 〈스피드 2(Speed 2: Cruise Control)〉는 처음부터 가능성이 없었고, 〈에이리언 3〉 역시 또 다른 문제작임이 드러났다. 카메론의 정확한 손길을 우주 밖에서 얼마나 갈망했을까. 또한 〈타이타닉〉의 마케팅을 두고 영화의 헤드라인을 재난 서사시로 할 것인지 서사적 로맨스로 할 것인지로 파라마운트와 갈등이 고조되고 있었다.

내부적으로 어떻게 하면 손실을 완화할 수 있을지를 두고 큰 논쟁을 벌였다. 그들은 손실이 회사에 얼마나 큰 피

"주여, 저를 지금 데려가세요. 이건 정말 좋은 시간이 될 겁니다. 우리는 예산을 초과했고 이건 결국 모두가 죽는 소녀 취향의 영화니까요. 그리고 전 영화를 마무리할 시간이 없어요!"

해를 줄지를 평가하려 노력하고 있었다. 4천만 달러? 6천만 달러? 하지만 아무도 오스카에서 상을 탈 가능성에 대해서는 논의하지 않았다. 그런 종류의 영화가 아니었고, 그런 감독도 아니었다.

천천히 분위기가 바뀌었다. 먼저 라스베이거스의 쇼웨스트 전시회에서 7분짜리 영상이 공개되었다. 그저 스토리의 포인트 위주로 구성한 영상으로 특수효과는 단 하나도 준비되지 않은 상태였다. 하지만 카메론의 살아 숨쉬는 배를 카메라가 훑고 지나가자 전시회장은 박수 소리로 가득 찼다.

〈어비스〉의 테스트 상영은 의심을 불러왔지만 〈타이타닉〉의 시사회는 구원이었다. 폭스의 권력자들은 미네소타행 제트기를 타고 비밀리에 이동했고 가능한 한 할리우드와 소문으로부터 거리를 두었다. 마케팅 부서는 관객을 대상으로 첫 공개 스케줄을 잡았다. 이것은 진정한 리트머스 시험지였다. 하지만 1997년 여름, 인터넷은 이미 동요하고 있었다. 영화 마니아 집단의 리더인 에인 잇 쿨 뉴스(Ain't It Cool News)는 지역 스파이들을 이용했고 멋진 뉴스가 잇따랐다. 〈타이타닉〉은 심지어 다듬어지지 않은 상태로도 특별했다. 공개가 끝났을 때의 반응은 마치 스프링스틴의 공연장 같았다. 한 여성은 만찬 장면만으로도 2억 달러의 가치가 있다고 말했다.

그리고 공식 리뷰가 나왔다. 카메론은 제작 과정 중에 받았던 취재들에 분개하며 할리우드의 용광로에서 멀리

위 사진 설명: **이 영화는 여전히 제임스 카메론의 작품이었고 배우들은 데우지도 않은 차가운 물로 가득 찬 복도에서 한 장면 한 장면을 견뎌냈다.**

# "수억 명의 사람들 앞에서 웃음거리가 되는 데는 아카데미 시상식만 한 것이 없지요."

떨어진 도쿄국제영화제에서 완성된 영화를 처음 공개하기로 결정했다. 비평가들은 먼 곳까지 가야 했다. 그리고 이튿날 아침 갑자기 기사들이 급류처럼 쏟아졌다. 〈할리우드 리포터〉는 "거대한 캔버스에 그린 스토리텔링의 걸작"이라고 극찬했고, 〈버라이어티〉는 "이 타이타닉호는 목적지에 도착한다"라고 보도했으며, 〈뉴스위크〉는 "매혹적이다"라고 외쳤다. 〈파이낸셜 타임스〉는 "놀라움에 배를 움켜쥐어야 할 정도다"라고 호평했다. 〈올랜도 센티넬〉은 "꿈의 선박"이라고 확신했다.

〈뉴요커〉는 현재에서 과거로 전환되는 장면을 마치 꿈속으로 들어가는 것 같다며 극찬했다. 〈타이타닉〉은 기억과 기억의 행위에 관한 영화지만 영화가 차지하는 기묘하고 대안적인 우주에 대한 영화이기도 하다. 치열한 리얼리즘과 낭만주의의 팡파르가 결합한 작품이다. 두 주인공이 그들의 적인 물로부터 무자비하게 쫓기면서 더 좁은 공간으로 계속 비틀거리며 들어가는 장면이 연이어 등장할 때 관객들은 이 영화가 여전히 카메론의 영화라는 것을 끊임없이 되새겼다.

간단히 말하자면 〈타이타닉〉은 관대한 예술가가 만든 거대한 영화이다. 카메론은 무자비할 정도로 걱정하고 신경 쓰기 때문에 자신의 강렬한 작품들에 비명을 지르고 생각에 잠긴다. 오직 영화만이 자아를 가질 뿐이다. 〈타이타닉〉의 메이킹 다큐멘터리를 보면 배우들이 홍수를 견뎌야 할 때면 카메론이 항상 그들과 함께 물속에 있는 것을 볼 수 있다.

주연배우들의 연기는 젊음과 희망의 상징이라는 소재에 딱 들어맞는다. 로즈는 사라 코너나 엘렌 리플리, 린지 브리그먼처럼 날카롭지는 않지만 로맨스는 〈타이타닉〉이 역사에 관한 슬라이드쇼가 되는 것을 막아준다.

카메론은 잭과 로즈에 대한 연민이 치솟지 않는다면 영화 속의 어떤 것도, 그가 조립한 거대한 기계 시소, 세부 사항에 대한 관심은 물론 CGI도 중요하지 않을 것이라고 말했다. "당신을 보고 있어요"라고 잭은 진정한 사랑에 시선을 고정하며 말한다. 그 날카로운 문구는 〈아바타〉의 고양이 같은 외계인 나비족에 의해 주문처럼 반복될 것이다. 그리고 카메론도 우리를 보고 있다.

파도타기처럼 휘두르는 감정에 움츠러든 반대론자들과 냉소론자들도 존재했다. 〈인디펜던트 선데이〉의 매슈 스위트는 "〈타이타닉〉은 지금까지 만들어진 영화 중 가장 화려한 영화다"라고 말하며 "또한 가장 나쁘게 쓰인 영화"라고도 덧붙였다. 카메론의 방식으로 쓰인 대사들은 종종 저속하고 시대착오적이며 십 대 관객은 이를 무지성적으로 받아들인다는 것이었다. 〈LA 타임스〉의 케네스 터랜은 "악취가 풍기는 엉터리 영화"라고 비난했고 이에 카메론은 12페이지에 달하는 반박문을 보내기도 했다.

2012년 '타이타닉의 침몰 100주년'에 맞춰 3D로 재발매되었을 때 영화를 다시 보면서 〈텔레그래프〉의 로비 콜린은 "낡은 것이 아니라 익어가고 있다"라고 평했다. 그는 카메론과 그의 가라앉지 않는 서사시에 대해 전형적인 볼거리, 뻔한 대사, 옆구리를 찌르는 것 같은 서브텍스트 등 비평가들이 뭐라고 투덜대던 간에 감독은 오스카상을 포함해서 모든 것을 성취했다고 밝혔다. 이런 생각은 그의 전체 커리어를 봐도 마찬가지였다. 우리는 모든 선구적인 순간의 이면에 있는 카메론의 노력을 느낄 수 있다. 우리는 그의 영화를 '경험'한다.

또 다른 비평가인 〈슬랜트〉의 R. 커트 오젠룬드는 금이 간 금속과 바다로 떨어지는 시체들을 보면서, 이 문

# 〈타이타닉〉이 벌어들인 돈은 루카스와 스필버그를 훨씬 넘어선 숫자들이었다. 일종의 문화적 마니아이자 대격동이었다.

명을 충격적으로 묘사한 장면이 어떻게 9·11 사태를 다시금 떠올리게 하는지 주목했으며, 〈타이타닉〉이 "퇴폐적인 허무함에 대한 퇴폐적 영화"라고도 말했다. 로맨스 때문에 십 대 소녀들은 차가운 죽음을 맞이한 잭을 따뜻하게 만들어주려는 듯이 매주 돌아왔으나, 영화는 끝내 죽음을 향해 달려간다. 우리는 타이타닉 승객들의 미래가 이미 정해져 있다는 것을 알고 있고 이에 대한 불안은 우리의 머릿속을 가득 채운다. "신이 그들을 버렸습니다." 카메론이 말했다. 그는 관객들이 삭막하고 아름다운 몽타주 속에서 자신의 최후를 받아들이는 사람들의 고귀함과 희생을 포착하고, 인간의 반응을 분석하기를 바랐다.

한편 〈타이타닉〉에 호평을 한 평론가 중 한 명인 앤서니 레인은 〈타이타닉〉을 "지성을 능가하는" 영화라고 평하면서 "영화에 2억 달러를 쓰겠다면 바로 이렇게 써야 한다"라고 카메론의 거대한 환희를 결론지었다.

〈타이타닉〉에 대한 대화는 언제나 돈 이야기로 되돌아온다. 얼마나 들었으며 얼마를 벌었는지 등이다. 개봉 첫 주말이 끝나갈 무렵 무언가 변화가 일어났다. 폭스는 2천만 달러를 예상했으나 2,900만 달러를 벌어들이며 제임스 본드의 〈007 네버 다이(Tomorrow Never Dies)〉를 꺾었다. 두 번째 주에는 3,500만 달러라는 더 많은 수익을 올렸다. 이는 알려진 모든 할리우드의 법칙을 뒤엎는 것이었다. 그리고 개봉 12일 만에 1억 달러를 돌파했고 회계사들은 마법을 믿기 시작했다.

자신이 만든 거대한 규모의 영화가 업계를 변화시킨 것에 대해 카메론이 느꼈을 만족감은 어느 정도였을까? 상상하기도 힘들다. 아카데미 시상식이 있기 전까지는 사람들 앞에서 자랑한 적이 없었지만 〈타이타닉〉은 아무도 가지 않은 미지의 바다, 10억 달러짜리 영화를 넘어 20억 달러짜리 영화로 향하고 있었다. 이는 루카스와 스필버그를 훨씬 넘어선 숫자들이었다. 일종의 문화적 마니아이자 대격동이었다. 카메론에게, 또 폭스에게는 그간의 힘들었던 악몽이 아름다운 꿈결로 바뀌는 순간이었다.

영화사는 카메론이 다시금 수익에 참여할 수 있도록 복귀시키는 은총을 베풀었고(약 5천만 달러로 추정된다) 이는 파라마운트에게 어려운 돈이 아니었다.

〈터미네이터 2〉 이후에 카메론에게 여전히 불확실성이 존재했다면 〈타이타닉〉 이후에 카메론은 능가할 수 없는 위치에 오른 것처럼 보였다. 이것은 성공이 아니라 역사였다. 폭스는 전통적인 블록버스터를 다시 밀어붙였다. 이닝을 확실히 책임져줄 거라고 믿을 만한 〈터미네이터 3: 라이즈 오브 더 머신(Terminator 3: Rise of the Machines)〉(이하 〈터미네이터 3〉)과 〈스파이더맨〉이었다. 카메론은 세 번째 터미네이터를 원치 않았다. 디카프리오가 피터 파커로 출연한다는 생각을 두고 잠시 동요긴 했지만 그보다 그는 휴식과 바다를 갈망했다.

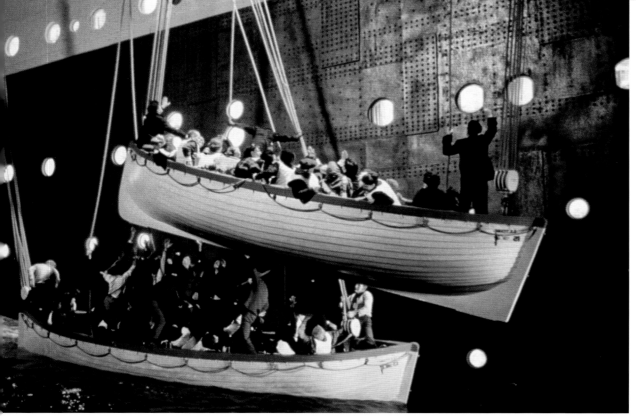

위 사진 설명: 모두가 통제 불능의
촬영이라고 여기던 모든 압박에도 불구하고
제임스 카메론은 자신이 만들고 싶은
영화를 결코 놓지 않았다. 그가 할 수 있는
것은 계속해서 나아가는 것뿐이었다.
왼쪽 사진 설명: 공포 속에서 거의 충돌할
뻔한 구명정 : 서사적 로맨스임에도
불구하고 타이타닉의 침몰은 카메론의 모든
영화 중에서 가장 훌륭한 액션 장면으로
남았다.
다음 페이지 사진 설명: 수억 명의 가슴을
찢어놓은 장면이다.

"거대한
캔버스에 그린
스토리텔링의
걸작. "
〈할리우드 리포터〉

물속의 삶

# 〈T2 3D: 배틀 어크로스 타임 (T2 3D: Battle Across Time)〉(1996)
# 〈다크 엔젤(Dark Angel)〉(2000-2002)
# 〈제임스 카메론의 비스마르크호의 비밀 (Expedition: Bismarck)〉(2002)
# 〈심해의 영혼들(Ghosts of the Abyss)〉(2003)
# 〈에이리언 오브 더 딥(Aliens of the Deep)〉(2005) 그리고 여러 어드벤처들

앞장 사진 설명: **푸르른 수평선 : 제임스 카메론은 다큐멘터리 〈심해의 영혼들〉에서 고요하고 깊은 바닷속으로 잠수정을 조종해 간다.**

반대쪽 사진 설명: **파도 아래에서 : 제임스 카메론이 해양학자로서 새로운 모습을 추구한 해저 다큐멘터리 〈심해의 영혼들〉의 스틸 컷.**

〈타이타닉〉의 성공 후 카메론은 할리우드를 떠나 스스로 망명한 왕처럼 지냈다. 그 공백의 시절을 빠르게 훑어보자. 실제로 그는 자연 서식지인 깊은 바닷속에 몰두하면서 육지에는 거의 머무르지 않았다. 어느새 영화감독에서 해양학자가 된 그는 옛날 일들을 투영하면서 새로운 경력을 쌓고 있었다. 잠수정 소함대에 관한 다큐멘터리를 제작하면서 카메론은 현대의 자크 쿠스토(프랑스의 해양 탐험가로 해저에 관한 다큐멘터리를 남김_편집자 주) 혹은 니모 선장 같은 스타가 되었다.

"나에겐 물속이 할리우드에 대한 최고의 해독제처럼 느껴졌어요." 그는 이렇게 말했다. 모든 세트와 스턴트, 박스 오피스 리포트는 전생의 일 같았다. 카메론은 어린 시절의 환상을 실현하며 살고 있었다. 바닷속으로 향하는 것은 그가 어릴 적 꿈꿨던 우주 공간으로 가장 가깝게 다가가는 방법이었다.

카메론은 철저히 은둔 생활을 했던 J. D. 샐린저가 아니었기에 3년 이상은 자리를 비우지 않을 계획이었다. 그러나 계획은 틀어졌다. 시간은 계속 흘렀고 카메론이 영화를 그만두었다는 소문이 해가 갈수록 심해졌다. 그는 항상 대담한 아웃사이더였다. LA에서 살았지만 할리우드에는 거의 모습을 드러내지 않았고 회의 때문에 겨우 이곳저곳을 방문할 뿐이었다. 카메론은 이제 경쟁할 필요가 없었다. 〈타이타닉〉의 성공 이후 그는 결코 닿을 수도, 따라잡을 수도 없는 존재가 된 것이다. 그는 다시 한번 역대 최고 흥행 영화를 만들었고 그 기록은 절대 깨지지 않을 것처럼 보였다. 카메론의 최고 라이벌인 자기 자신 역시 이를 넘어서긴 힘들어 보였다. 영화사들은 그를 찾아

"나에겐 물속이 할리우드에 대한
최고의 해독제처럼 느껴졌어요."

"아이디어는 독서와 삶의 경험, 다른 이들과의 관계 그리고 모든 곳으로부터 나옵니다. 심지어 악몽에서도요."

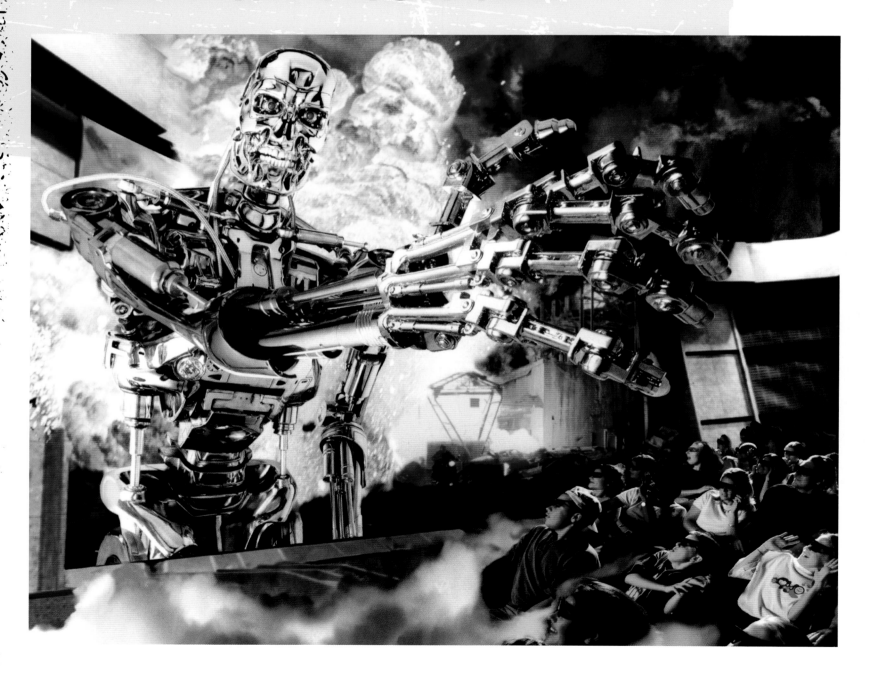

와 영화의 제목과 얼마가 필요한지만 말해달라고 애원
했다. 그러나 그가 전화를 받지 않자 할리우드는 '할리우
드다운 짓'을 했다. 〈터미네이터〉의 속편과 〈스파이더
맨〉 시리즈를 카메론 없이 만들어버린 것이다.

카메론은 추억이 되었고, 곧 신화가 되었다. 제임스 카
메론에게 무슨 일이 있었던 걸까? 사실 그가 자리를 비
웠다는 생각은 착각이었다. 다이빙에 빠져 사는 동안에
도 카메론은 이따금씩 사무실에 들러 우편물을 받고 전
화 메시지를 확인하며 잠재적인 프로젝트에 대해 잠시
떠들다가 돌아갔다. 그러니 이제부터 카메론의 커리어
에서 허구적인 부분, 즉 그가 할리우드를 떠나 있다고 여
겨졌던 〈타이타닉〉과 〈아바타〉 사이 10여 년 동안 그가
관심을 보였을 법한 것들과 소소한 시도들을 살펴보자.

카메론은 결코 영감이 부족하지 않았다. 그는 컴퓨터
에 저장되어 있는 시나리오와 초기 스크립트부터 시작
해 캐릭터 스케치, 참고할 만한 과학 기사까지 계속해서
목록을 만들어왔다. 카메론은 "아이디어는 독서와 삶의
경험, 다른 이들과의 관계 그리고 모든 곳으로부터 나옵
니다. 심지어 악몽에서도요"라고 말했다.

카메론이 〈터미네이터〉 프랜차이즈와 멀어지면서 저
작권 역시 그의 손을 떠났다. 이는 1999년 그가 제작자
와 주연 여배우 모두와 결별한 것과 어느 정도 관련이 있
다. 하지만 카메론은 자신이 빠진 〈터미네이터〉의 세 번
째 시리즈에 출연하는 슈워제네거에게 축복을 보냈다.
(2003년 개봉한 〈터미네이터 3〉는 맥 빠진 모습이었다.)

〈터미네이터 3〉를 떠난 대신 카메론은 〈T2 3D: 배틀
어크로스 타임(T2 3D: Battle Across Time)〉(이하 〈T2
3D〉)이라는 테마파크용 어트랙션을 연출했다. 이는 유
니버설 스튜디오 테마파크를 위해 만든 짧은 터미네이
터 액션으로, 6천만 달러를 들인 12분짜리 영상이었다.
초당 비용으로 따지자면 〈타이타닉〉도 고개를 들지 못
할 정도였고, 촬영에 사용된 카메라는 거의 세탁기만 한
크기였다. 〈T2 3D〉에서는 인류를 멸망시키기 위해 과
거로 터미네이터를 보낸다는, 스카이넷의 디스토피아적
계략으로 잠시 되돌아가려는 시도 덕분에 비록 테마파
크 어트랙션이지만 카메론의 전반적인 풍조가 자연스럽
게 연장된 작품이었다. 사소하거나 극적이거나 그것이
주는 자양분이 무엇이든, 〈T2 3D〉는 카메론이 처음 시

도한 3D 작품이라는 점에서 상당한 의미가 있다.

〈터미네이터 2〉를 제작하기 전 상황을 다시 떠올려
보자. "이건 분명 다음 세대의 영화예요." 1995년 5월,
샌 페르난도 밸리의 한 비행기 격납고 안에서 카메론이
아놀드 슈워제네거와 린다 해밀턴, 에드워드 펄롱을 한
데 모아 한 약속이다. 실사 촬영으로 현재의 요소들을 그
대로 영화 속에 남겼고, 〈터미네이터 2〉의 영웅은 할리
를 타고 2029년의 미래 전쟁으로 향하는 시간 포털을
통과한다. 여기서 존과 사라, T-800은 스카이넷을 파괴
하고 거대한 액체 금속 거미인 T-1000000을 물리친
다.

카메론이 〈T2.5〉라고 불렀던 영상은 전성기 시절 전
세계에서 가장 정교한 디지털 기술을 자랑하며 상영되
었고, 플로리다, 캘리포니아, 일본 등의 테마파크를 가
로지르며 인기를 얻었다. 그리고 2017년을 마지막으로
작별을 고했다.

폭스는 끈질기게 노력한 끝에 자연 질서에 반하는 종
말 이후의 시대를 다룬 1968년작 〈혹성탈출(Planet of
the Apes)〉을 리메이크할 기회를 얻었다. 슈워제네거는
극 중 인간 리더 역에 거론되었고, 여러 인물들이 거론되
고 탈락하기를 반복했다. 피터 잭슨은 카메론이 제작을
맡고 자신이 연출을 맡으리라 생각하며 시나리오를 집
필했다. (그러나 둘은 결국 만나지 않게 된다.) 부활한 〈혹
성탈출〉은 유인원 사회의 예술적인 개화를 가정한 영화
로서, 잭슨은 인간과 유인원 사이에 태어난 잡종을 중심
으로 줄거리를 전개하려 했다. 피터 잭슨은 "나는 큰 턱

위 사진 설명: **T2.5 : 아놀드 슈워제네거와
〈터미네이터 2〉의 테마파크 버전인 〈T2.5〉를
촬영하고 있다.**
반대쪽 사진 설명: **〈T2 3D: 배틀 어크로스
타임〉은 〈터미네이터〉 프랜차이즈의
일부로서 중요한 역할을 할 뿐만 아니라
제임스 카메론이 처음으로 3D 기술을 경험한
영상이다.**

위 사진 설명: 제임스 카메론이 제작하고
제시카 알바가 '실험 대상'으로 출연한
디스토피아 시리즈 〈다크 엔젤〉.

왼쪽 사진 설명: 미국의 미래를 다룬 제임스
카메론의 또 다른 유쾌한 작품인 〈다크
엔젤〉은 '대재앙'이 닥친 이후 경찰국가의
손아귀에 있는 미래 국가를 예견한
영화이다.

반대쪽 사진 설명: 역사를 재창조하다
: 제임스 카메론이 〈제임스 카메론의
비스마르크호의 비밀〉에서 당시 승무원을
재연하는 배우들을 지도하고 있다.

을 가진 크고 뚱뚱한 오랑우탄에게 교황 역할을 맡기려고 했어요"라고 말하며 당시를 회상했다. 하지만 추가된 내용이 너무나 많았고 결국 리메이크 연출은 팀 버튼에게로 돌아갔다. (리메이크한 〈혹성탈출〉은 2001년에 개봉했다.)

1999년 카메론은 화성에 매료되었다. 텔레비전 시리즈 제작을 염두에 둔 그는 1990년대 척박한 토지를 배경으로 한 킴 스탠리 로빈슨의 소설 3부작 《레드 마스(Red Mars)》, 《그린 마스(Green Mars)》, 《블루 마스(Blue Mars)》를 선택했다. 카메론은 또한 레이 브래드버리의 고전 《화성 연대기》의 또 다른 버전도 고려했으며 아이맥스로 개봉할 서사시를 직접 쓰고 3D로 촬영하기로 결정했다. 다섯 시간짜리 미니시리즈로 레드 마스, 그린 마스, 블루 마스에 이어지는 네 번째 행성을 식민지화하기 위해 무엇이 필요한지에 대한 사고 실험이 될 예정이었다. 그는 이 시점에 우리가 다른 행성에서 어떻게 번성할 수 있을지에 대한 나사의 연구 기획서를 본 후, 이에 깊이 간섭하기도 했다. 그는 휴스턴의 존슨 우주 센터로 돌아와 자신만의 개선 방향을 제시하며 나사의 과학자들을 놀라게 했다. 하지만 화성을 소재로 한 두 편의 영화, 브라이언 드 팔마의 〈미션 투 마스(Mission to Mars)〉와 안토니 호프만의 〈레드 플래닛(Red Planet)〉이 이륙하지도 못하고 무너지는 모습을 보고 그는 겁을 먹었다. 별안간에 '화성'은 할리우드 내부에서 경멸적인 용어가 되어버렸다. 카메론에게는 그런 부정적인 흐름을 막을 수 있다는 자신감이 있었지만 그는 단순히 '3D로 찍은 화성'보다 한 단계 더 나아가야 한다는 것을 직감했다. 카메론은 자신만의 행성을 만들어야 했다.

게다가 우주 탐험이 잘 진행된다면 그는 현지에서 촬영할 수도 있을 것이었다. 러시아의 미르 우주정거장에서 촬영하려고 했던 3D 다큐멘터리를 준비하기 위해 그는 우주선 탑승에 필요한 대장내시경과 러닝머신 프로그램까지 완료했지만 자금 부족으로 프로그램 전체가 중단되고 말았다. 그는 우주 유영을 포함한 다큐멘터리를 촬영하기 위해 국제 우주정거장에서 한 달을 머무르게 해달라고 나사에 요청했다. 그러나 우주왕복선 컬럼비아호가 폭발하면서 분위기는 급변했다. 지금은 경솔한 예술적 시도를 할 때가 아니라는 것이었다. 그럼에

도 2002년 그는 나사 자문위원회에 가입했고, 우주에서 영화를 만들 수 있는 가능성은 여전히 그의 머릿속을 떠돌고 있다.

카메론은 텔레비전에 매력을 느꼈다. 특히 '텔레비전의 즉시성'을 좋아했다. 제작비는 영화보다 훨씬 낮았고 제작 과정은 거의 운동 수준이었다. 〈피라냐 2〉 초고를 쓰고 드라마 〈블루문 특급(Moonlighting)〉과 〈L.A. 로(L.A. Law)〉를 제작한 오랜 친구 찰스 이글리와 손잡은 카메론은 이야기의 출발점을 찾기 위해 자신의 목록을 훑어보다가 '실험 대상이 된 소녀'에 이끌렸다. 이 아이디어는 2000년 당시 무명 배우였던 18살의 제시카 알바가 출연한 〈다크 엔젤(Dark Angel)〉이 되었다. 알바는 오스카상을 수상한 감독이 오디션을 직접 본다는 사실에 놀라 기절할 뻔했다. 놀란 것은 카메론도 마찬가지였다. 그는 그녀가 멕시코, 덴마크, 프랑스계 캐나다 혼혈이라는 점을 좋아했는데 이는 미래의 '인종 간 혼혈'에 대한 그의 아이디어에 부합했기 때문이었다.

〈다크 엔젤〉의 전반적인 설정은 전형적인 카메론 스타일이다. 알바가 연기한 맥스 게바라는 유전적으로 조작된 군인인데 후에 등장할 〈알리타: 배틀 엔젤(Alita: Battle Angel)〉과 느낌이 비슷하다. 〈블레이드 러너〉와 동일하게 디스토피아적 미래인 2019년을 배경으로 삼는데, 압도적인 '대재앙'이 발생한 지 10년이 지났다는 설정으로 〈터미네이터〉의 전제를 뒤집는다. 모든 컴퓨터 통신과 저장장치는 전자기 펄스에 파괴되었고, 전자 머니에 대한 의존도가 높은 미국은 새로운 대공황의 위기에 놓이면서 경찰국가의 모습을 띠게 되었다는 설정이다. "이건 마치, '일어나지도 않은 일에 대해 당신이 뭘 할 수 있나요?'를 묻는 것 같았습니다." 글쎄요, 그럼 경제적 재앙은 어떻고요? 그는 이렇게 말했다. 카메론은 이런 어두운 분위기를 바탕으로 '자신이 인간인지 아닌지도 모르는 누군가'가 성인이 되어가는 이야기를 하고 싶었다.

'더럽고 타락한' 2시간짜리 파일럿 에피소드에는 제작비 1천만 달러가 투입되었고 첫 번째 시즌은 큰 환호를 받았다. 하지만 두 번째 시즌에서 떨어지는 시청률을 보면서 카메론은 텔레비전의 무자비함에 대해 불시에 각성했다. 카메론의 명성조차 프로그램이 종영되는 것을

막을 순 없었다. 이로써 카메론과 TV의 관계는 종결되었다(terminated). 그는 그 경험을 '비루했다'고 묘사했다.

그는 아이디어를 내놓고 색을 더하곤 했지만 〈타이타닉〉의 성공은 여전히 그를 짓누르고 있었다. 외계인이 침공하는 영화 〈브러더 터마이트(Brother Termite)〉는 카메론이 제작을 맡고 〈우주의 7인〉의 원작자 존 스타일스가 각본을, 스티븐 노링턴이 감독을 맡을 예정이었다. 스탠 윈스턴은 그들이 작업하고 있던 코미디 판타지 〈뎀 이프 유 두(Damned If You Do)〉가 괜찮다고 했지만 영화화하지는 못했다. 카메론은 안드레이 타르콥스키의 음울한 소비에트 우주 서사시 〈솔라리스(Solaris)〉를 리메이크할 권리를 구입해 스티븐 소더버그에게 넘겼다.

〈타이타닉〉을 제작하며 과로했던 디지털 도메인은 카메론 프로젝트가 약속했던 공급 라인이 말라버렸다는 사실에 점점 더 우려를 표명했다. 이사와 최고 경영자라는 직책은 단순한 것이 아니었고, 이해관계의 충돌이 발생했다. 그가 머릿속으로 구상 중이던 디지털 행성의 이야기들은 위험을 회피하려는 회사의 긴급한 요구와는 맞지 않았다. 그들은 그저 석유를 운반할 송유관처럼 즉각적이고 확실한 공급원을 원할 뿐이었다. 카메론은 결국 긴장감이 흐르던 이사진 회의 도중 이사직을 사임하고 나와버렸다. 회사의 가장 큰 브랜드가 자신의 이미지로 세운 문을 박차고 나가버린 것이다. 2006년 마이클 베이는 디지털 도메인을 인수하여 영화 〈아마겟돈(Armageddon)〉과 〈트랜스포머(Transformers)〉의 특수효과를 맡겼다. 이후 디지털 도메인은 데이비드 핀처의 〈벤자민 버튼의 시간은 거꾸로 간다(The Curious Case of Benjamin Button)〉로 오스카상을 수상했다.

그동안 카메론은 캘리포니아 사막에서 오랜 동지인 윌리엄 위셔, 랜들 프레익스와 표적 사격을 즐겼다. 또한 세상에서 가장 훌륭한 스쿠버다이빙을 경험했고 헬리콥터를 조종하는 법도 배웠다. 〈타이타닉〉에서 만나 사랑에 빠진 수지 에이미스와 함께 살고 있는 말리부의 본부에 헬리콥터 이착륙장을 추가할 수 있는 허가를 받을 계획이었다. 결국 카메론은 해밀턴과 1999년 이혼했는데, 가십에 따르면 위자료는 약 1억 달러였다고 한다.

무엇보다도 그를 부른 것은 바다였다. "그 아래에서는

아무도 당신이 누군지 모를 거예요." 이렇게 말하며 그는 미소 지었다. 새로운 천 년이 시작될 무렵 카메론은 감독이라기보다는 과학자였고 바다 깊은 곳을 탐험하는 마젤란이었다. "내 커리어는 아무 데도 가지 않아요." 그는 이렇게 생각했고, 타이타닉호와 처음 만났을 때의 동요와 흥분은 곧 소명이 되었다. 또한 그는 탐험은 문명을 정의한다고 생각했고, 곧 "탐험은 영감을 낳는다"고 주장했다. 2001년 세계무역센터에 대한 테러 공격이 보도되자 그는 타이타닉으로 돌아갔다. 그리고 난파선에서 총 330시간을 보냈다. 비극은 비극을 반영했고 그가 해안으로 되돌아왔을 때 문명은 덧없이 느껴졌다.

카메론의 미니 잠수정 미르 1호와 미르 2호가 대서양과 태평양의 바닥으로 대담한 출격을 떠날 때 모선은 이번에도 켈디시호였다. 또한 카메론은 동생 마이크와 함께 배터리가 내장된 더 작고 민첩한 원격조종 카메라를 개발했다. 블루스 브러더스(존 랜디스 감독의 영화 〈블루스 브라더스(The Blues Brothers)〉의 주인공 형제_편집자 주)의 이름을 따서 제이크와 엘우드라고 명명한 이 카메라들은 해저 다큐멘터리 제작에 더없이 귀중한 자산이 된다. 이 다큐멘터리를 통해 그는 자신의 반수생적

(sub-aquatic) 직관과 통찰력을 세상과 공유했다. "그건 기술적인 도전으로나 또 감정적인 도전으로서도 영화를 만드는 것을 대신했어요." 카메론이 말했다. 그는 쿠스토가 그랬던 것처럼 지식의 최전선에 서 있었다.

그럼 이제 본격적으로 카메론의 물속에서의 삶을 조사해보자.

에미상을 수상한 〈제임스 카메론의 비스마르크호의 비밀(Expedition Bismarck)〉은 카메론을 북대서양의 두 번째 난파선으로 데려갔다. 비스마르크호는 연합국 호송대를 괴롭히던 '침몰하지 않는' 독일 전함으로, 카메론은 이를 '그 시대의 죽음의 별'이라 불렀다. 1941년 5월 27일 영국이 독일 해군 2,106명과 함께 비스마르크호를 침몰시켰다고 주장하기 전까지는 그랬다. 포위된 기함을 영국군 손에 넘기는 것보다 침몰시키는 쪽이 낫다고 판단한 독일군이 스스로 침몰을 선택했다는 반론도 존재한다. 실제로 사건을 겪었던 두 명의 생존자가 팀

의 일원으로 합류하여 역사적 사건을 재현할 수 있는 유리한 기회를 만들어주었다. 그것은 타이타닉호에 대한 진실이 숨김없이 드러나는 것과 같았다. 컴퓨터 시뮬레이션과 뉴스 영상, ROV 카메라에서 수집한 자료 및 실사를 재현한 영상까지 혼합하여 비스마르크호가 어떻게 수면으로부터 4.8킬로미터 아래에서 휴식을 취하게 되었는지에 대한 수수께끼를 풀기 위한 여정이었다.

심해에 잠자고 있는 타이타닉을 탐험하는 다큐멘터리 〈심해의 영혼들(Ghosts of the Abyss)〉은 최초로 물속에서 3D 카메라를 사용한 것으로 유명하다. 다큐멘터리를 제작하며 카메론은 타이타닉으로 다시 돌아갔고 깊은 우울감을 느꼈다. "카메론은 거대한 몸집의 물과 넘쳐나는 인간의 감정 사이에서 은유적인 관계를 발견한 최초의 예술가는 아닐지 모른다. 하지만 그 이미지는 그가 자신만의 팝적이고 시적인 힘으로 탐험한 결과물이다." 〈뉴욕타임스〉의 데이브 커는 이렇게 썼다. 카

위 사진 설명: **편치 않은 죽음** : 카메론은 〈심해의 영혼들〉에서 타이타닉의 위대하고 웅장한 무덤으로 돌아간다.

반대쪽 사진 설명: **역사를 재생하다** : 〈제임스 카메론의 비스마르크호의 비밀〉 촬영장에서 카메라를 어깨에 메고 있는 제임스 카메론.

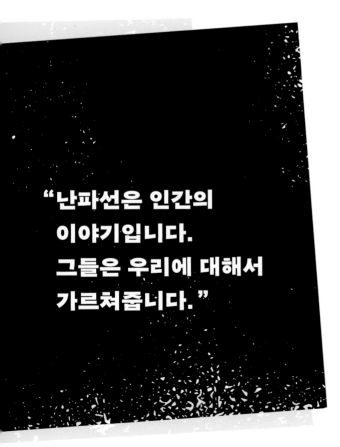

메론은 이후 더 많은 다큐멘터리를 위해 불가피하게 계속 타이타닉으로 끌려갈 것이다. "난파선은 인간의 이야기입니다." 그는 〈타이타닉호의 마지막 신비(Last Mysteries of the Titanic)〉(2005)에서 이렇게 설명했다. "그들은 우리에 대해서 가르쳐줍니다. 강철은 거짓말을 하지 않아요. 그럴 필요가 없죠."

2003년 카메론은 에드 해리스가 내레이션을 맡고 스티븐 로가 연출한 아이맥스 다큐멘터리 〈심해의 화산(Volcanoes of the Deep Sea)〉을 제작하면서 해저 산맥에 살고 있는 생물들을 연구했고 동시에 나사와 팀을 이루어 대서양과 태평양의 열수 분출구를 탐사했다. 또한 〈에이리언 오브 더 딥(Aliens of the Deep)〉을 연출하면서 햇빛에 가려져 있던 기괴하고 아름다운 유기체들인 관벌레, 눈먼 흰게, 변형된 형태의 새우가 살아가는 생태계를 우리 눈앞에 펼쳐 보여줬다. 이는 죽은 배에서 살아 있는 유기체로 역점이 바뀌어가는 과정을 보여주는, 다윈주의에 관한 에세이이기도 하다. 카메론은 외계 생명체의 삶도 이와 닮아 있을 것이라고 생각했다. 마지막에 그는 목성을 돌고 있는 위성인 유로파의 차가운 바다로 생명을 찾기 위해 보내진 무인 우주 탐사선을 상상

하며 특수효과를 사용한다. 그는 〈어비스〉의 속편과도 같은 수중 도시를 상상하지 않을 수 없었다.

성경 뒤의 숨겨진 증거를 찾기 위해 그가 두 개의 다큐멘터리를 후원했을 때 예상치 못한 성서적 변화가 뒤따랐다. 그중 하나인 〈출애굽기(Exodus Decoded)〉(2006)는 카메론이 재건과 금욕적인 관점에서 고고학적 통찰력을 발휘한 다큐멘터리로, 악명 높은 전염병을 인근의 자연재해와 연결시키려고 시도했다. 한편 또 다른 다큐멘터리인 〈잃어버린 예수의 무덤(The Lost Tomb of Jesus)〉(2007)은 그리스도의 무덤이 예루살렘의 한 아파트 블록 아래에 있다는 논쟁에 대해 말하고 있다. "이것이 사실이라면 어떤 일이 벌어질지에 대해 우리가 이야기한 적이 있나요?" 그가 말했다. 카메론은 아직 《다빈치 코드(The Da Vinci Code)》를 읽지 않았지만 1세기 기독교에 대한 최신 정보를 모두 갖추고 있었다. "당연히 이야기했지요." 문명의 뿌리가 주는 매력은 그가 친구이자 경쟁자, 영화적 세계관의 위대한 건설자이기도 한 리들리 스콧과 공유하는 것이기도 하다.

일련의 다큐멘터리들은 그것들이 가진 사실적인 가치와 그가 얼마나 해양 중독자이며 괴짜인지 보여주는 것

과는 별개로 3D에 대한 카메론의 믿음을 키우는 데 기여했다. 믿음직스러운 형제 마이크와 함께 일하면서 그는 세탁기만 한 장비를 보통 카메라 정도의 크기로 축소시켰고 3D라는 형식에 맞는 장편영화가 있는지 알아봐야겠다고 생각했다.

잃어버린 10년의 마지막 골동품은 카메론이 연기를 시작했다는 것이다. 잠깐이지만 그가 맡았던 유일한 역할은 제임스 카메론이었다. 〈안투라지(Entourage)〉는 야자수가 줄지어 선 도시에 살고 있는 가상의 톱스타 빈센트 체이스(아드리안 그레니어)를 주인공으로 하는 인기 텔레비전 시리즈로, 그의 삶과 커리어를 방해하는 시끄러운 동료들의 모습을 풍자적으로 보여주며 웃음을 유발했다. 2004년 프로그램 책임자였던 더그 엘린은 당시 상황에서 적절하고 웃긴 줄거리를 고안했다. DC 코믹스의 《아쿠아맨(Aquaman)》을 각색한 시나리오의 주연을 체이스가 맡는데, 그 감독이 카메론이라는 내용이었다. 물속 슈퍼히어로의 이야기를 가장 잘 연출할 수 있는 사람이 제임스 카메론이라는 일종의 유머였다. 그 유머가 마음에 들었던 카메론은 카메오 출연에 동의했다. 끊임없는 방해에 격분하고 기술과 삶, 예술에 집착하며 실제 카메론에 대한 패러디를 멋지게 표현하는 역할

이었다. "3D로 보기 전까지는 기다려요." 카메론은 이렇게 말하고 체이스가 블루 스크린에 매달려 있을 때 수중 도시와 애니메이션 해마에 대해 찬양하며 열광했다.

하지만 이후 〈아쿠아맨〉이 거대한 실패작이 될 거라고 느꼈던 카메론은 엘린에게 편지를 써 이 콘셉트를 받아들이기 힘들다고 가능한 한 좋게 설명했다. 그러나 엘린은 기존의 콘셉트를 유지해야만 했다. 기존 콘셉트대로(이 프로그램의 농담이 성립하기 위해서) 극 중에 카메론이 '진짜로 등장'해야만 했고, 그 '진짜 카메론'은 〈아쿠아맨〉이 〈스파이더맨〉보다 더 흥행할 거라 생각해야 했다. (실제로 2018년 제임스 완이 감독을 맡은 〈아쿠아맨(Aquaman)〉은 10억 달러짜리 히트를 쳤다.)

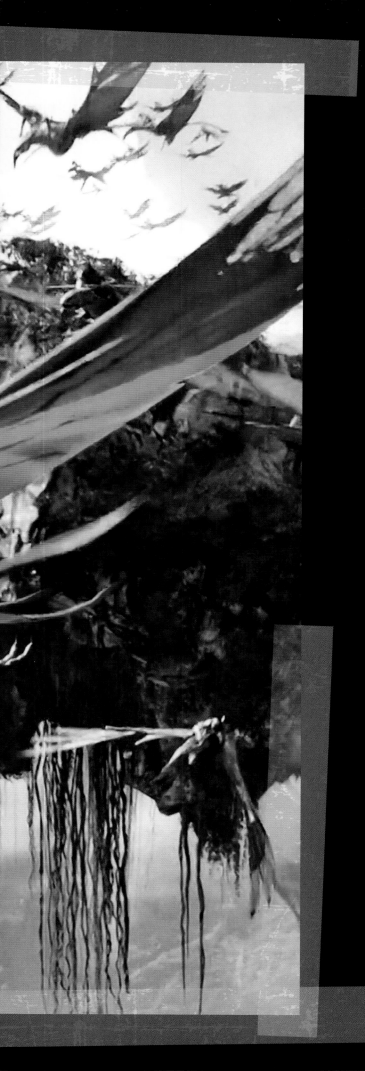

# 환상적인 행성

# 〈아바타(Avatar)〉(2009)

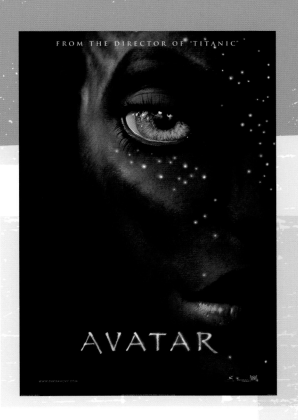

판도라는 거대한 가스 행성인 폴리페모스를 공전하는 비옥한 위성으로, 폐허가 된 지구를 떠나 6년간의 은하계 여행을 통해 발견한 곳이다. 제임스 카메론의 상상 속 깊은 곳으로 향하는 스타게이트이자 빛이 춤추고 있는 래빗홀로 우주선이 뛰어들어 통과하는 동안 승객들은 〈에이리언 2〉의 해병대원들처럼 냉동 상태로 잠들어 있었다. 위성의 이름은 고대 신화와 일치한다. 그리스신화에 따르면 판도라는 지식을 세상에 풀어놓은 최초의 인간 여성으로, 〈아바타〉에서는 행성 전체가 대담한 여자 주인공이라 할 수 있다.

제이크 설리(샘 워딩턴)는 이 초현실적인 에덴에 2154년에 등장했다. 그는 전쟁에 환멸을 느낀 영웅이자 하반신이 마비된 전직 해병 참전용사로, 가장 최근까지 카메론이 극적인 의도로 초점을 맞추고 있는 프로젝트의 시험 케이스다.

"당신은 이제 더 이상 캔자스에 있지 않습니다." 마일스 쿼리치 대령이 딱딱하게 말했다. 쿼리치 대령 역의 스티븐 랭은 나무껍질로 겉을 코팅한 것처럼 보이는 외모에 매처럼 매섭고 훈계하는 군대식 말투를 지녔다. 관객들은 자리에 딱 달라붙어 우주여행의 흑백 화면에서 벗어나 오즈의 마법사처럼 풍부하고 환상적이며 밀도 높은 색채 속으로 돌진한다. 기준이 명확해졌다. 카메론은 우화적 소설들, 즉《오즈의 마법사(The Wizard of Oz)》,《이상한 나라의 앨리스(Alice in Wonderland)》, 에드거 라이스 버로스의《존 카터(John Carter of Mars)》, 프랭크 허버트의《듄(Dune)》, 러디어드 키플링의《왕이 되려던 사나이(The Man Who Would Be King)》의 뒤를 따르고 있었던 것이다. "일곱 살쯤 되었을 때 〈미스티어리어스 아일랜드(Mysterious Island)〉를 보았습니다. 그 섬에 사는 생물들은 환상적인 효과들을 만들어내고 있었어요. 당시로서는 정말 마음을 빼앗겨버릴 정도로 아름답고 끝내주는 것들이었죠." 카메론은 사이 엔드필드가 각색한 〈미스티어리어스 아일랜드〉의 원작인 쥘 베른의 소

앞장 사진 설명: 여러 색깔의 밴시 등에 타고 바위 사이를 날아오르는 나비족 : 제임스 카메론은 어릴 때부터 판도라의 이국적인 주민들에 대해 생각해왔다.

반대쪽 사진 설명: 행동하는 남자 : 제임스 카메론이 스콜피온 건십을 들고 영화를 위해 만들어진 몇 안 되는 세트 중 하나를 조준하고 있다.

# "이제 카메론은 자신이 처음부터 직접 만든 세상의 왕이다."

## -데이비드 에델스타인, 〈뉴욕〉

설을 덧붙이며 설명했다. 이 영화에서는 허버트 롬이 탁월한 잠수함 승무원인 네모 선장 역을 맡았다. "그것을 보고 그림을 그렸던 기억이 납니다. 무언가에서 강한 인상을 받을 때마다 그림을 그렸지만 그것 자체를 그리지는 않았어요. 그저 그것을 중심으로 나만의 이야기를 꾸미고 창조하기 시작했습니다."

판도라가 내뿜는 분위기, 특히 우주적 경외감, 자연과의 혼연일체, 현기증 나는 공황 등은 카메론의 기본적인 양식이다. 캐노피 아래의 첫 신은 마치 전류나 파도를 맞는 것처럼 우리에게 창의력의 물결로 다가온다. 이것은 판타지에 가까워 보인다. 당신이 스콜피온 건십과 쿼드 로터 드래건 어설트 십, 군사용 내골격(AMP 슈트)과 로봇 불도저 등에 마음을 빼앗기기 전까지는 말이다.

"이제 우리는 제임스 카메론의 〈아바타〉가 브론토사우루스처럼 덩치만 큰 어리석음이 아니라 거대함과 굉장함에 대한 강력한 송가임을 알게 되었다." 〈뉴욕〉의 데이비드 에델스타인은 이렇게 보도하며 다음과 같이 덧붙였다. "이제 카메론은 자신이 처음부터 직접 만든 세상의 왕이다."

과연 카메론이 영화계에 복귀할 것인가에 대한 궁금증과 함께 몇 년이 흘렀다. 그리고 몇 년이 더 지나 그가 마침내 전에 없던 최신의 방식으로 영화 작업을 시작했다는 소식이 우리를 괴롭혔다. 과장된 보도들이 조수처럼 부풀어 올랐다. 하지만 그가 정말 촬영 중인지, 최신의 방식이라는 말이 사실인지조차 추측할 수 없었다. 다만 우리가 알고 있는 것은 그의 다음 작품이 전설 속 이야기인 〈아바타〉라는 것뿐이었다.

"나는 전에 본 적 없는 무언가를 만들기 위해 최선의 노력을 다하고 싶었어요." 카메론이 말했다. 충격이라는 면에서는 〈2001 스페이스 오디세이〉 혹은 〈스타워즈〉 다음에 위치할 수 있을 것이다. 그는 심오하며 사람의 마음을 온통 빼앗는 "자각몽" 같은 영화에 대해 말하고 있었다.

훌륭하고 세속적인 누아르영화를 멋지고 차분하게 만들면서도 수다스러운 힙스터의 면모를 갖고 있는 쿠엔틴 타란티노는 언젠가 하워드 스턴의 라디오에 게스트로 출연한 적이 있었다. 무척 즐거웠던 그는 앞뒤로 몸을 흔들며 다음과 같은 농담을 던졌다. "어떤 할리우드 관계자가 죽어서 천국에 갔대요. '천국의 문'을 통해서 안을 힐끗 들여다보니 누군가 카메라를 든 채 크레인을 타고 머리 위를 돌아다니고 있었답니다. 그가 '제임스 카메론이 죽은 줄은 몰랐는데…'라고 말하니 성 베드로가 대답하길 '아니에요, 저분은 신입니다. 그냥 자기가 제임스 카메론이라고 생각하는 것뿐이에요'라고 말했답니다."

판도라는 제임스 카메론이 신이라면 어떨까, 라는 질문에 답한다. 이것은 가장 완벽한 의미에서 세상을 창조하는 것이다. 판도라의 광대한 열대우림은 270미터 높이의 나무와 하늘에 떠 있는 탁상대지(광물과 상호작용하는 강력한 국소 자기장 때문에 떠 있다는 설정이다), 과격하게 진화한 포식자와 먹잇감들의 관계, 그리고 인간에게 해로운 독성 대기 등을 포함하여 처음부터 끝까지

반대편 위 사진 설명: **자연과의 교감 : 나비족의 몸을 한 제이크가 그의 밴시와 유대감을 쌓고 있다.**
왼쪽 아래 사진 설명: **탱크 속에 있는 자신의 나비족 '아바타' 앞에 서 있는 '인간' 제이크.**
오른쪽 아래 사진 설명: **그 콘셉트는 일종의 몰입이었다. 제이크는 우리가 영화 속으로 들어가자마자 자신의 아바타와 연결된다.**

200

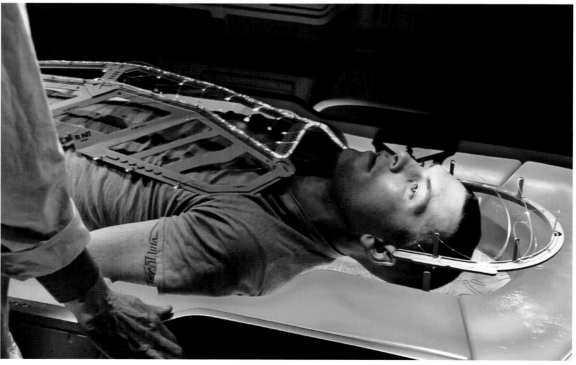

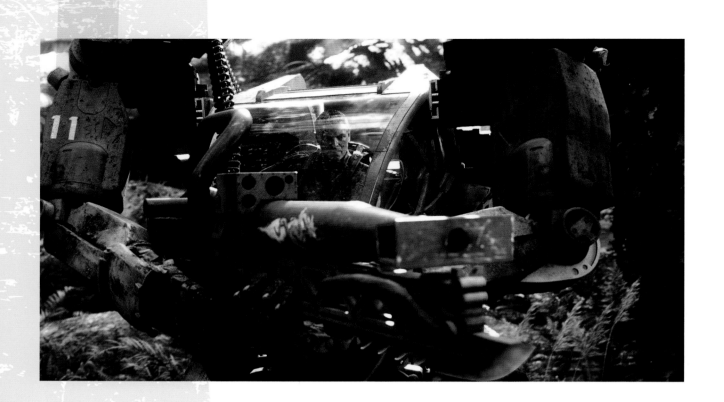

새로이 설계되었다. 여기에 발광 생물이 사는 기다란 서식지가 더해지고 산호가 빛을 발하면 우리는 어쩌면 물속에 있는 편이 낫다고 생각할 것이다.

〈어비스〉에 집중하지 못했던 카메론의 추종자들은 나비족으로 알려진, 덜 진보되었지만 그 못지않게 숭고한 판도라 원주민들에는 날카롭게 주의를 기울였다. 2.4미터의 키에 푸른 피부와 황금빛 눈을 가진 그들의 몸은 휴머노이드와 고양잇과 동물의 생생한 교차 수분의 결과물이다. 그들은 판도라의 프로그 바위 협곡의 경계를 가로지르는 올림피아의 신들로, 자신만의 야생 놀이터를 가졌다. 하지만 동시에 그들은 어디에도 존재하지 않는다. 나비족은 비록 스토리상에서만 존재하는, CG로 만든 판도라의 유령 거주자이지만 배우들의 마음과 영혼으로 가득 차 있다.

제이크 설리는 행성의 개척자로 적합한 인물이라고 할 수 없을지 모르지만, 그의 DNA는 그랬다. 그는 명망 있는 과학자이자 최근에 죽은 쌍둥이 형의 '아바타'에 유일하게 결합할 수 있는 염색체를 가진 인물이다(원래 행성 개척에 참여하기로 했던 쌍둥이 형의 죽음으로 제이크가 대신 프로젝트에 투입된다_편집자 주). 카메론이 고도로 설계한 과학적 설정은 다음과 같다. 그레이스 어거스틴 박사(시고니 위버)의 지휘하에 움직이는 우수한 두뇌들의 모임은 인간과 나비족의 DNA를 결합하여 인간의 의식을 이식할 수 있는 살과 피를 가진 외계인의 신체, 즉 '아바타'를 창조한다. 마치 〈스트레인지 데이즈〉에 등장하는 인간의 기억을 녹화하는 기계 스퀴드의 후속 버전과도 같다. 제이크는 나비족의 다리를 갖고 다시 걸을 수 있게 되고 그의 인간 몸은 극저온 상태로 남아 사실상 계속해서 꿈을 꾸게 된다.

몰입에 관한 아이디어는 플롯뿐만 아니라 펼쳐지는 장면을 감상하는 우리의 경험에 있어서도 중요하다. 카메론은 〈아바타〉로 영화의 스크린을 깨부수고 열어젖히기를 원한다. 그는 어지러울 정도로 복잡한 사양을 충족하기 위해 가능한 모든 (대부분 그를 위해 특별히 만들어진) 기술을 사용한다. 마치 우리의 의식이 판도라로 옮겨진 것 같다. 제이크의 경험, 말 그대로 의자에서 들어 올려지는 경험은 우리 자신에 대한 완벽한 은유이다. 어떤 의미에서 배우들은 영화가 시작된 후 우리를 다른 세계로 인도하는 일종의 관문이라고 할 수 있다.

"압도당하지 않을 수 없다."〈인디펜던트 온 선데이〉의 조너선 롬니는 다양한 방식으로 해석할 수 있는 코멘트를 남겼다.

카메론은 스크린을 완전히 버리고 우리가 영화에 플러그를 꽂고 동기화되기를 갈망하는 것처럼 보인다. 이로써 우리는 폭포에서 뛰어내려 오일 파이프처럼 두꺼운 나뭇가지를 따라 돌진할 수 있다. 그가 약속한 것처럼 3D 촬영의 눈부신 발전은 우리를 화면으로 끌어당기고 무아지경에 빠진 눈을 통해 이 무성한 정글과 뜨겁게 포

"실재를 목격하고 있는 증인이 된 것처럼 느낄 겁니다.
그리고 그것은 그 여행을 보다 현실적으로 느끼게
해줍니다."

옹을 나눌 수 있게 했다. "실재를 목격하고 있는 증인이 된 것처럼 느낄 겁니다." 그는 이렇게 주장했다. "그리고 그런 기분은 여행을 보다 현실적으로 느끼게 해줍니다. 몰입 이상의 것이죠. 그건 참여입니다."

플롯은 거의 혁명적이다. 인간들은 미네랄이 풍부한 땅을 약탈하기 위해 판도라로 향한다. 중력을 거스르는 '언옵타늄'(만화책에 대한 카메론의 유산을 드러내는 개그적 이름)이라는 자원은 《듄》의 향신료처럼 에너지 위기에 대한 해답이 될 수 있었다. 하지만 나비족과 판도라의 신성한 나무들은 그 약탈을 막고자 한다. 판도라로 향하는 인간들은 〈에이리언 2〉에 등장하는 컴퍼니와 버크의 우화적인 상징이다.

"신세계로 이주했던 유럽 문명의 역사 전체가 내 자료의 출처였습니다. 그 신세계가 호주이건 뉴질랜드, 남아메리카 혹은 북아메리카이건 간에 그 문명은 캡슐에 넣어 보관 중인 식민지 시대와도 같습니다."

그는 반기술적인 이야기를 위해 기술을 사용한다는 역설을 생각해보지 못했을까? 당연히 생각했다. 모순은 이 상황에서 많은 부분을 차지한다. 마치 사격장에서 총을 쏘는 반전 운동가이며 쫓겨난 불한당과도 같다. "내게는 그것이 모순되지 않았습니다. 아이러니를 뜻하지도 않았어요. 내게 영화는 기술적인 매개체입니다. 그리고 우리는 순수하게 자연스러운 무언가를 찬양하기 위해 기술적인 매체를 사용할 수 있지요." 당연히 인간이 기술을 오용하는 데에는 거대한 악이 존재할 가능성이 있다. 그의 영화에서 이런 경우를 본 적이 있지 않은가?

영화 속의 모든 경이로운 창조물에도 불구하고 〈아바타〉는 〈매트릭스(The Matrix)〉에 비해 뻔뻔스러울 정도로 구식이고 전형적인 어드벤처 스토리와 자연의 순수함에 부합하는 로맨스를 전면적으로 내세운다. 〈아바타〉의 에너지는 〈에이리언 2〉보다는 〈타이타닉〉에 가깝고, 카메론은 최첨단을 달리지만 따뜻한 가슴을 가진 전통주의자처럼 보인다. 이것이 이 영화가 세대와 문화를 가로지르며 회자되는 이유였을까? 제이크가 나비족의 공주 네이티리(조이 살다나)의 유연하고 날렵한 통찰력을 보게 되었을 때 그는 인간으로서 수행해야 할 모든 과제를 잊어버렸다. "당신을 보고 있어요."(I see you) 그녀는 제이크에게 영화를 위해 특별히 만들어진 나비

반대편 사진 설명: 시고니 위버는 그레이스 어거스틴 박사 역을 맡아 제임스 카메론의 강렬하고 공상과학적인 영역으로 돌아와 디지털 혁명 속에서 낯익은 얼굴로 안심시킨다.
아래 사진 설명: 예측할 수 없는 네이티리 : 〈아바타〉의 가장 큰 업적은 디지털로 렌더링된 캐릭터를 통해 만드는 감정의 힘이었다.

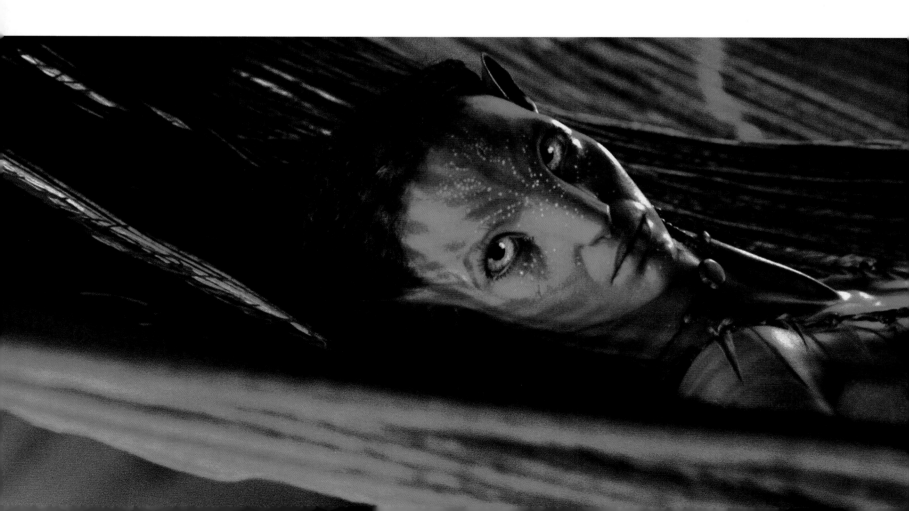

"이 영화는 내 인생의
업적들을 통합한
것입니다. 그 누구도
하지 못했던 가장 복잡한
일이에요."

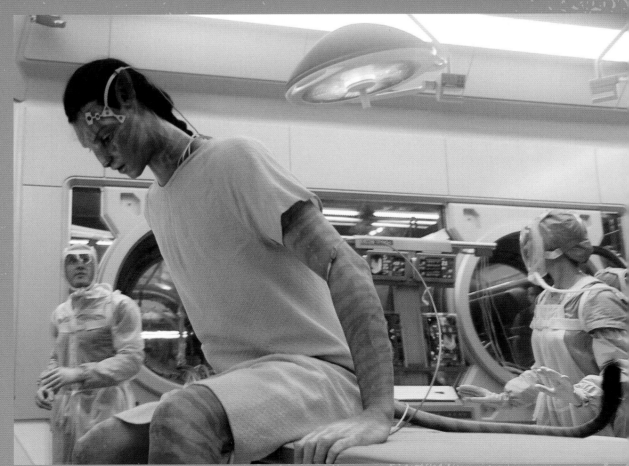

위 사진 설명: 거대한 빌런 : 가시 돋친
어조의 쿼리치는 제임스 카메론의 손에서
탄생한, 잊을 수 없는 전통적인 나쁜 놈들과
잘 들어맞는다.

오른쪽 사진 설명: 그의 발을 찾아서
: 제이크는 처음으로 나비족의 신체를
시험해본다. 제임스 카메론은 적어도 그의
외계종들이 휴머노이드가 되어 관객들이
공감할 수 있기를 원했다.

족의 언어로 알려준다.

〈아바타〉는 공상과학소설만큼이나 서양적이다. 영화평론가 필립 프렌치가 〈옵저버〉에서 지적했듯이 이 영화는 "〈말이라 불리운 사나이(A Man Called Horse)〉, 〈작은 거인(Little Big Man)〉, 〈늑대와 춤을(Dances With Wolves)〉과 같이 명확한 대항문화적 영화의 연장선상에 있다". 영화에서 백인 영웅들은 아메리칸 인디언의 세계로 건너가 원시인처럼 보이는 이들의 편에 서서 문명화된 침략자에 대항한다.

"인디언으로 변해버렸네, 응?" 기병대장이 케빈 코스트너의 존 던바를 비웃는다. 던바는 〈늑대와 춤을〉의 수족(아메리카 원주민의 한 종족_편집자 주) 사이에서 위안을 찾았다. 이 이야기에 대한 카메론의 해석에 따르면 제이크는 단순히 편을 바꾼 것이 아니라 종 자체를 바꾸고 있었다. 그는 판도라에서 다시 태어나거나 재부팅될 것이다. "모든 것이 뒤집혀버렸어." 그는 인간의 상태로 잠깐 멈추어 이렇게 선언했고 "저 바깥이 진정한 세계이고 지금 이곳은 꿈속"이라고 말했다.

카메론은 고층 빌딩에 해리어 제트기를 고정하고, 저울처럼 기울일 수 있는 실제 크기의 타이타닉호를 만들면서 거대한 규모의 프로젝트를 실행했다. 그런 그가 '인디언이 되어버렸다'. 그는 섬세한 픽셀 알갱이로 영화를 만들었다. 실제와 애니메이션 사이의 인터페이스를 흐리게 만들면서 자신이 간직한 소중한 목표인 실사적인 CGI를 구현하도록 디지털 기술을 발전시키고 있었다. 그렇지 않고서야 어떻게 아바타를 실현할 수 있었겠는가? 그를 탓해서는 안 된다. 그의 꿈을 탓하라.

"이 영화는 내 인생의 업적들을 통합한 것입니다." 그가 주장했다. "그 누구도 하지 못했던 가장 복잡한 일이에요."

2009년 12월 19일 마침내 우리가 자리에 앉아 터미네이터스러운 3D 안경을 쓰고 새로운 제임스 카메론을 받아들일 준비가 되었을 때, 이 영화는 막중한 책임감을 안고 있었다. 20세기 폭스는 이 이상한 영화를 만들기 위해 대략 2억 4천만 달러를 들였지만 이것은 단지 돈의 문제가 아니었다. 카메론의 모든 유산이 달려 있었다. 12년 동안이나 자리를 비웠다가 다시 돌아오는 것이 가능할까? 위대한 쇼맨이 비장의 무기를 갖고 있다고 해도

과연 누가 신경이나 쓸까?

카메론이 자신이 세운 특수효과 회사인 디지털 도메인의 출항을 알리며 샴페인을 터뜨렸을 때 그는 기술이 창조적으로 영화를 제작하는 방법을 알려주는 미래를 상상했다. 디지털 기술의 유연성과 영화 제작의 가능성 사이를 왔다 갔다 하면서 그러한 흐름이 확립될 것이라 생각했다. '시너지'는 할리우드에서 관습적으로 사용되는 용어였지만 카메론은 디지털과 영화의 시너지가 어디까지 확대될 것인지에 관심을 가졌다. 그는 "초창기의 디즈니처럼" 대중문화를 확장하기를 원한다고 말했다. 예상보다 훨씬 오래 걸렸지만 〈아바타〉는 그의 시험 케이스이자 CGI로 만든 그의 '백설공주'였다. 공상과학소설의 경이로움과 함께 새로운 형태의 영화적 표현의 아버지가 되려고 한 것이다.

그 초안은 1996년으로 거슬러 올라간다(프로젝트 880으로만 알려진 소설에 가까운 100페이지짜리 스크립트를 기반으로 한다). 프로젝트는 일단 착수하자 신속하게 진행되었다. 이미지들은 그의 눈 뒤에 모여 태어나기만을 기다리고 있었다. 그는 토크쇼와 라디오 프로그램을 순회하면서 〈아바타〉가 자신의 '가장 개인적인 영화'라고 강조했다. 〈아바타〉에는 어린 시절 멀리서부터 들려오는 나이아가라의 굉음을 들으며 석회암 협곡을 대담하게 모험하고 치파와의 숲을 거칠게 뛰어다니던 한 소년의 중독적인 생명력이 있었다. 꾸준하게 공상과학소설을 섭취하면서 영양분을 얻은 그는 꿈속에서 터미네이터가 기어 나오기 훨씬 전부터 외계인이 사는 숲을 생생하게 꿈꿔왔고 일어나서 그것을 그려야 했다. 몇 년 후에는 낮엔 트럭을 몰고 브레아 지역을 돌아다녔고 저녁에는 배회하는 자신의 생각을 종이 위로 옮겼다. 날아다니는 해파리, 요정처럼 공중을 떠다니는 '민들레 같은 것들', 부채 모양의 꼬리를 가진 정교한 도마뱀, 그리고 익룡과 비슷하게 생긴 하늘을 나는 거대한 '공기 상어' 등이 이 시기에 생각한 것들이다. 이 스케치들은 밴시, 레오놉테릭스, 스팅배트, 다이어호스, 스텀비스트, 그리고 지옥 불을 뿜는 말벌로 진화한다.

그 아이디어들은 1978년 〈제노제네시스〉의 생존자들이 완전한 형태로 도달할 수 있었던 변화무쌍한 행성의 특징이 되었다. 그는 새로운 환경에 적응하기 위해 유

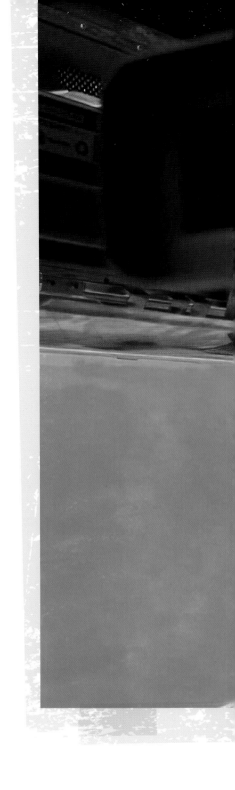

전적으로 변형된 인간 아이들의 모습을 상상했다. 환상적으로 큰 키와 날씬한 몸, 푸른 피부와 금빛 눈동자를 가진 모습이었다. 자홍색 잔디 위에 서 있는 푸른 소녀의 그림은 네이티리의 시금석으로 남을 것이다. 그 아이디어들은 자연스럽게 〈어머니〉라는 시나리오가 되었고 이는 다시 〈에이리언 2〉로 구체화된다. 버려진 것은 아무것도 없었다. 〈어비스〉와 마찬가지로 〈아바타〉는 또 하나의 신성한 조우였다.

한 가지 문제가 있었다면, 당시에는 그것을 실현할 수 없었다는 것이다. 아직은 때가 아니었다. 당시의 CGI 기술로는 그가 상상했던 그림을 명확히 구현할 방법이 없었다. 카메론은 그의 시대보다 너무 앞서 있었다. 판도라는 다시 냉동장치로 향했다. 그는 마침 〈타이타닉〉을 제작하는 데 온통 마음을 빼앗겼고 특수효과는 그의 머릿속에 있는 아이디어들을 따라잡기 위해 마라톤을 시작했다. "나는 그것을 한동안 서랍에 넣어두는 것에 만족했습니다." 그는 이렇게 말하면서도 그 아이디어가 10년 동안이나 동면할 것이라고는 예상치 못했다. 그리고 그동안 다큐멘터리라는 시스템을 표류하면서 입체 3D 카메라를 개발하는 결실을 맺었다. 그는 그것이 속임수나 비밀 장치가 아니라 서술을 보조하는 도구라고 판단했다.

2005년 그는 먼지투성이의 슬레이트를 살펴보았다. 그에게는 두 가지 실행 가능한 선택지가 있었다. 둘 다 공상과학 장르였다. 〈알리타: 배틀 엔젤〉은 디스토피아적 미래를 배경으로 버림받은 사이보그 소녀의 이야기를 그리고 있으며 일본 그래픽 소설을 기반으로 하고 있다. 소녀는 터미네이터적인 기술로 작동하는 '피노키오'

였지만 결국 그 시기엔 구체화하지 못했다. 반면 〈아바타〉는 생각보다 더 원활하게 진행되었다. 그래서 그는 〈아바타〉의 시나리오를 폭스에 들이밀었고 폭스는 돈을 내놓는 대신 그가 어떻게 생명을 불어넣을지에 관한 '실행 가능성 테스트'를 요구했다. 특수효과를 제공할 업체를 물색하고 생명체들을 디자인해서 무엇이 가능한지 알아보라는 것이었다. 그는 그때까지도 여전히 스필버그가 〈쥬라기 공원〉에서 그랬던 것처럼 현실의 장소를 촬영하고 그 위에 생물체를 추가하는 방법을 생각하고 있었다.

폭스는 〈아바타〉의 개발에 1천만 달러를 제공하기로 동의했다. 그들은 카메론이라면 그린라이트를 주며 급속으로 투자해도 될 만큼 충분히 잘 알고 있었다. 그럼에도 불구하고 1년 반 후에 그가 '콘셉트를 보여주는 실물', 즉 자연의 서식지에 있는 나비족을 슬쩍 보여주는, 아직은 완벽하지 않지만 그럴듯한 1분 30초짜리 영상을 가져왔을 때 폭스는 그저 머리를 긁고만 있었다. 〈스타워즈 에피소드 1: 보이지 않는 위험(Star Wars Episode I: The Phantom Menace)〉에 등장하는 자자 빙크스의 오점을 씻어내는 것이 쉽지 않았기 때문이다. 심지어 폭스는 처음에는 〈아바타〉 프로젝트를 다른 영화사에 넘길 생각까지 했다. 하지만 카메론이 공개적으로 디즈니로 향하는 것을 보고 마음을 빠르게 바꾸었고 약간의 협상을 통해 이야기의 범주를 조금 다듬는 것으로 합의했다. 〈아바타〉가 등장하고 있었다. 이제 남은 유일한 질문은 '언제' 등장할 것인가였다.

카메론이 보다 집중적으로 글을 쓰기 시작했던 초기에는 오래된 타자기조차 제대로 없었지만(물론 지금은 최

신형 노트북이 대신하고 있다) 콜로라도와 샌타바바라의 고급 주택을 오가는 현재, 그의 초안은 촬영 스크립트로 또 혁명의 청사진으로 바뀌어갔다. 한편 1998년 디지털 도메인과 결별하기로 한 그는 오스카상을 수상한 특수효과 파트너에게 눈을 돌렸다.

이미 1992년 카메론은 디지털 도메인의 구성원들에게 '디지털 메니페스토'를 발표하면서 '퍼포먼스 캡처'를 언급했다. '모션 캡처'로 더 잘 알려져 있지만 카메론은 할 수 있는 한 모션 캡처를 퍼포먼스 캡처로 잘못 부르지 않으려 노력했다. 퍼포먼스 캡처는 센서로 덮인 라이크라(신축성이 좋아 스포츠웨어에 주로 쓰이는 섬유의 종류_편집자 주)로 만든 보디 슈트를 입은 배우들의 동작과 움직임을 추적하여 컴퓨터에 저장하는 기술이다. 전체 연기에 대한 누적된 데이터는 디지털, 즉 그 배우의 분신인 아바타에 적용된다.

이제 그 모든 것을 거쳐 원점으로 돌아왔다. 뉴질랜드 감독 피터 잭슨은 〈터미네이터 2〉에서 미래를 본 후에 카메론과 비슷하게 기업가적 열정을 드러내면서 웨타 디지털을 설립했다. 그리고 약 10년 후 웨타 디지털이 〈반지의 제왕(Lord Of The Rings)〉 시리즈에서 보여준 유기농 하우스 스타일과 놀라운 발전은 카메론으로 하여금 뉴질랜드에 기반을 둔 그의 특수효과 공급사를

반대편 사진 설명: 제이크가 '아바타' 기술의 발전을 기록한 비디오 일기를 업데이트하고 있다.

위 사진 설명: 제임스 카메론이 자신의 세계를 창조하기 위해 〈아바타〉를 개발함에 따라 스토리는 프로덕션과 병행하게 되었다.

선택하게 만들었다. 특히 잭슨과 다재다능한 영국 배우 앤디 서키스가 모션 캡처를 사용해 가련한 골룸을 만들어낸 업적을 눈여겨보고 있었다. 그들은 어떻게 관객들에게 CGI 캐릭터를 믿도록 만들었을까 하는 생각은 카메론의 마음속 깊은 곳에 있던 오래된 전구에 불을 밝혔다. 그는 골룸이 골룸스러우면서도 서키스의 특징을 공유하는 방법을 좋아했다(사실 그의 얼굴 표정은 여전히 기본적인 프레임 애니메이션이었다). 잭슨과 서키스는 10미터 크기의 나이 든 수컷 고릴라가 등장하는 〈킹콩(King Kong)〉에서도 이 방법을 반복했다. 크기는 문제가 아니었다.

카메론은 그때부터 '양자도약 수준의 발전'을 시도한 것이 분명했다.

그는 말리부로 돌아가 본격적인 디자인 작업을 시작했다. 우선 인접한 건물들을 제멋대로 확장하고 있던 자신의 기존 주거단지에 결합시키며 스튜디오를 만들었다. (그곳엔 험피 소방차까지 완비되어 있었다. 카메론은 산불을 피해 피난 가는 대신, 그 사나운 불길을 목도하길 택했다.) 스튜디오에선 그가 고용한 아티스트들이 인간의 하드웨어만큼이나 판도라의 동식물계를 구현하기 위해 열심히 작업하고 있었다. 원시적이고 화려한 장관과 경합하는 무자비한 기술이 존재하는 곳이었다. "그곳엔 정

말 아무것도 없고 작업대만 한가득 있었습니다." 그는 웃으며 말했다. 물론 편집실과 상영실도 있었다. 시간이 날 때면 카메론 신은 자신의 천사들과 그들이 가져온 스케치 사이에 앉아 있었고 천사들은 스케치를 피해 발끝으로 걸어 다녀야 했다. 척 코미스키 역시 아티스트 중 한 명이었는데 그는 뉴월드 픽처스에서 처음으로 두각을 나타냈다.

생물학은 모든 것의 기반이 되었다. 만약 그들이 포유류에 기본적으로 6개의 다리를 달기로 결정했다면 그 콘셉트는 다윈의 진화론 수준에서 검증되어야 했다. 예를 들어, 정글의 바닥에서 훨씬 더 안정감을 확보하기 위해 6개의 다리로 진화했다는 식이다. "진화의 관점에서 본다면 우리는 어떻게 지금까지 존재하고 있을까요?" 카메론은 코먼이 그의 특이한 모험을 면밀히 살펴봤던 것처럼 각각의 디자인을 주목하고 요구할 것이었다. 그의 작업대는 개구리 해부에서부터 양치류의 생식에 이르기까지 온갖 것에 관한 책으로 덮여 있었다. 물리학자, 동물학자, 식물학자 및 나사의 동지들의 도움을 받아 카메론은 그의 행성에 관한 과학적 바이블인 380페이지짜리 '판도라피디아'를 만들었다. 기본적으로 각각의 생명체들은 스토리적인 측면에서도 그 역할을 검증받아야 했다. 6개의 다리로 걸어 다니며 온몸에 판자 비닐을 두르고 있는 사나운 타나토스를 비롯하여 카메론의 모든 작품들은 영화의 서사에 어떤 기여를 했을까? 충분히 많은 기여를 했다는 사실이 곧 밝혀질 것이다.

판도라의 생명체를 대량으로 증가시키는 데에는 '매시브(Massive)'라고 알려진 소프트웨어가 필수적이었다. 이 프로그램은 스티븐 리질러스라는, 기민하고 능력 있는 컴퓨터 그래픽 엔지니어의 작품이었다. 매시브는 〈반지의 제왕〉이 사실상 스스로 생각할 수 있는 '에이전트'들로 전체 군대를 가득 채울 수 있도록 만들었다. 그것은 일종의 인공지능이며 초기 단계의 스카이넷이었다.

에이전트들은 프로그래머가 규정한 7천 개에서 8천 개의 논리 노드(데이터를 교환하는 기능의 최소 부분)의 각 네트워크인 세부 변수 세트를 이용하여 그들이 처한 환경에 대응했다. 이는 그들이 어떻게 적을 공격하는지, 지형에 어떻게 반응하는지, 또 그들이 표현하는 공격성

앞장 사진 설명: 제이크와 네이티리가 비행하고 있다 : 제임스 카메론의 야망은 사실적인 CGI를 사용하여 자신의 상상 속에 존재하던 행성 전체를 스크린으로 옮기는 것이었다.

반대편 사진 설명: 위대한 발명가 : 기나긴 촬영 기간 동안 할리우드는 제임스 카메론이 무엇을 시도하고 있는지 추측할 수밖에 없었다.

아래 사진 설명: 제임스 카메론의 모든 모험과 마찬가지로 〈아바타〉의 중심에는 보편적인 무언가가 자리하고 있었다. 바로 제이크와 네이티리 사이에 피어나는 사랑이었다.

의 수준까지 결정했다. 제작진은 에이전트들을 전투에 투입하고 무슨 일이 일어나는지를 기록할 수도 있고 그들이 특정 선택을 하도록 개입할 수도 있었다. "그들은 스스로에게 생명력을 부여할 겁니다." 감명을 받은 잭슨이 말했다. 같은 원리로 진화의 방향에 따라 행성에 생명을 거주하게 만들 수도 있다. 성장 속도, 크기, 그리고 유기체가 어떻게 경쟁하는지 등에 대한 매개변수를 설정한다. 그리고 전기 스파이크로 인해 갈라진 틈, 절벽에 매달린 물질들 혹은 가시 돋친 담쟁이덩굴 등 디지털 시드를 심어놓고 자라게 한 뒤 자급자족하는 생태계를 만드는 것이다.

특정 장소들은 내러티브 또는 스타일적 요구에 맞게 설계될 것이다. 애니메이터들은 '제임스 카메론 블루'의 정수를 합성해내는 특별한 임무를 맡았다. 하늘색과 남색이 현란한 조화를 이루는 '카메론 블루'는 판도라의 해질 녘을 수놓을 것이다. 그것은 그의 꿈속에 등장했던 빛나는 숲의 이미지 그 자체였다.

약간 옅어진 피부색, 네 손가락이 아닌 다섯 손가락 등 인간과 나비족의 혼합체는 순수 나비족과 구별되는 특징을 갖고 있다. 인간인 워딩턴이나 위버를 나비족인 살다나와 구별할 수 있는 특징을 완벽하게 표현하는 데 2년의 시간이 걸렸다. 나비족은 정말 최고의 조건을 갖추고 있었다. 인공적인 기술이 닿지 않을 정도로 먼 곳에 사는 외계인이었지만 동시에 관객의 공감을 이끌어낼 정도로 인간과 흡사했다. 카메론은 감정적인 공감을 이끌어내기 위해 "인간에게 익숙한 기준점이 필요하다"는 의견을 받아들였다. 하지만 그들은 파란색이어야 했고 그 점은 결코 바꿀 수 없었다. 초록색은 〈오즈의 마법사〉의 사악한 마녀와 〈헐크(Hulk)〉와 함께 죽어버렸다. 하지만 파란색은 분명 멋질 것이었다.

디자인 공정이 라이트스톰의 3D 모델링 툴로 옮겨감에 따라 나비족은 미학적으로 완벽해졌다. 고양이 같은 눈, 사자 같은 코, 길고 미끈한 몸은 물론 개인을 구분할 수 있는 특징들, 얼굴의 문양, 장신구, 머리를 땋은 모양까지 완성되었다. 그들의 빛나는 피부 아래 근육의 상호작용을 구체적으로 모사하기 위해 새로운 소프트웨어가 개발되었다. 하지만 진짜 개성과 성격을 가진 캐릭터를 창조하려면 배우가 필요했다.

행운의 부적과도 같은 위버와 영화를 홍보해줄 수 있는 몇몇 헤비급 배우들을 제외하고는 다른 배역들은 상대적으로 덜 알려져 있었다. 그리고 카메론은 배우들에게 제작 기간 동안 프로젝트에 헌신하기를 요구했고 심지어 어떤 이들은 영화에 얼굴조차 나오지 않을 예정이었다. 계속되는 A급 유명 배우들을 향한 그의 반감에 영화사가 걱정하지 않는 것은 아니었다.

가장 먼저 캐스팅된 조이 살다나는 한순간에 카메론을 사로잡았다. 라이트스톰에서 자신이 맡은 배역의 대사를 읽는 도중에 그녀는 좌절을 표현하면서 자연스럽게 고양이처럼 쉿쉿거리는 소리를 냈다. "그것은 즉흥적이었지만 완벽히 네이티리가 할 법한 행동이었습니다." 카메론은 기뻐하면서 이렇게 말했다. 조이 야디라 살다나 나자리오라는 이름의 그녀는 뉴욕에서 도미니카 출신 아버지와 푸에르토리코 출신 어머니 사이에

서 태어났다. 발레를 배웠고 댄서로 영화 경력을 시작했다. 2005년에는 스티븐 스필버그의 〈터미널(The Terminal)〉과 〈캐리비안의 해적: 블랙 펄의 저주(Pirates of the Caribbean: The Curse of the Black Pearl)〉에서 연달아 작은 역할을 맡았다. 그녀는 우아함과 열정을 동시에 지니고 있었다. 그녀가 맡은 네이티리 공주는 활시위처럼 팽팽한 긴장감을 갖춘 인물이었고, 그녀의 여정은 《말괄량이 길들이기(The Taming of the Shrew)》에 비유할 수 있을 정도였다.

살다나는 놀라운 도전에 직면했다. 제도권 체제의 무술을 배우고 양궁 훈련을 소화해야 했을 뿐만 아니라 나비족의 언어와 에티켓을 배우고 행동을 완전히 재조정하라는 요구를 받았던 것이다. 그녀는 이를 "인간성을 없애는 방법을 배우는 것"이라고 표현했다. 그것은 머리를 끄덕이는 것처럼 단순한 반사작용까지도 없애야 한

다는 것을 의미했다. 그녀는 네이티리를 처음 본 순간 모든 것을 납득할 수 있었다. "네이티리는 약 60센티미터 크기의 조각품이었고 카메론의 커피 테이블 위에 서 있었어요." 살다나는 이렇게 회상했다. "내가 지금껏 봤던 어떤 것과도 닮지 않았습니다."

참을성 없는 네이티리는 살다나의 도취적인 연기를 통해 분노와 기쁨, 불확실성과 사랑, 배신 등을 불꽃놀이처럼 표현하고, 이는 CGI의 섬세한 손길을 통해 전달된다. 와이드스크린에 펼쳐진 모든 인상적인 광경에도 불구하고 그녀의 클로즈업이 가장 압도적이다.

제이크는 음성학적으로나, 정신적으로나 존(코너)과 잭(도슨)에 연관된 인물이었다. 반항적이면서도 순진한 모습을 지닌 그는 자신의 때를 기다리는 타고난 리더였다. 그런 면이 카메론과 똑 닮아 있었다. 폭스는 맷 데이먼과 채닝 테이텀, 제이크 질런홀이 제이크 역에 적합하다고 생각했지만, 카메론은 샘 워딩턴의 퉁명스러운, 어떻게 보면 무례해 보이기까지 하는 태도에 끌렸다. 영국에서 태어나 호주의 퍼스에서 자란 그는 2005년 새로운 제임스 본드 후보에까지 올랐지만 여전히 자신의 이름을 내세울 대표작은 없었다. 그는 자신이 카메론의 시나리오를 읽고 있다는 사실도 모른 채 오디션 영상을 만들면서 시간을 낭비하고 있다고 확신했다. 6개월에 걸쳐 여러 번의 오디션이 진행되었고 카메론은 단 한순간으로 인해 워딩턴이 주인공이어야 한다고 결심했다. 그 누구보다 제이크가 전투에서 외치는 대사들을 보는 사람에게 잘 납득시켰던 것이다. "저 사람을 따라서라면 기꺼이 전투에 나설 수 있다고 생각했습니다. 그를 따라서 지옥까지 갈 것 같았어요." 카메론이 말했다. "다른 사람을 따라가고 싶지는 않았습니다."

네이티리와 제이크가 만나는 귀여운 장면은 〈타이타닉〉에서 잭이 로즈를 구하는 상황에 남녀 주인공을 반대로 대입해 변형한 것이다. 나비족 소녀는 굶주린 늑대 무리에서 나비족의 옷을 입은 인간 소년을 구하게 되고 마지못해 그를 안전한 장소로 인도한다. 그 장면은 두 주인공이 함께 촬영한 첫 번째 신이었고 살다나는 그녀의 나비족 본능이 자연스럽게 튀어나왔다는 것을 알고 기뻐했다.

촬영할 준비가 되면 잠수를 준비하는 잠수함의 경적 비슷한 소리가 스튜디오에 울려 퍼졌고 카메론은 전속력으로 뛸 준비를 했다. 길 건너편의 방음 스튜디오에서 촬영하고 있다면 그는 '감독 전용'이라 적힌 골프 카트에 뛰어올라 비포장도로인 잔디밭을 가로질러 문을 박차고 들어갔을 것이다.

플라야비스타의 자이언트 스튜디오는 머무르기 좋은 장소는 아니었다. LAX의 비행경로 아래 있어 카메론은 목재 창고 시절을 떠올리지 않을 수 없었다. 첫눈에도 목재 창고보다 정교하지 않은 듯했다. 벌집처럼 빽빽하게 모여 있는 회의실과 보관 시설은 창고 같은 두 개의 방음 스튜디오에 자리를 내주었다. 방음 스튜디오는 벽과 천장, 바닥이 모두 회색이었고 회색 삼각형과 다각형 등이 다양하게 흩어져 있어 마치 회색 나무처럼 보였다. 다른 날 다른 상황에는 그 모습이 다른 형태로 보일 수도 있겠지만 회색에 집중했다는 사실만은 변함없었다.

흰 구슬이 얼룩덜룩하게 붙어 있는, 피부에 딱 달라붙는 검정 보디 슈트를 입고 정교하게 만들었지만 단순한 기능뿐인 장치를 머리에 쓴 살다나와 워딩턴, 위버, 웨스 스투디, 나비족을 연기하는 모든 출연진은 전위적인 극단의 익살을 보여주는 아웃사이더처럼 저돌적으로 연기했다. 사실 이곳은 세상에서 가장 기술적으로 진보한 영화 제작 시설이었다. 천장에 달린 102대의 카메라는 슈트에서 나오는 신호들을 포착하고 있었다. 이 방에서는 다차원의 창작이 가능했고 마침내 이 텅 빈 공간에서 판도라가 번영할 것이었다.

얼굴 표정을 포착하기 위해 특별히 개발한 헤드기어도

반대편 사진 설명: **아름다운 네이티리 : 클로즈업된 나비족의 모습은 어떤 장대한 액션 신보다도 환상적이다.**
위 사진 설명: **전형적인 주제 : 군국주의적인 사고를 지닌 쿼리치는 역사를 어지럽힌 모든 식민지 압제자들의 상징이다.**

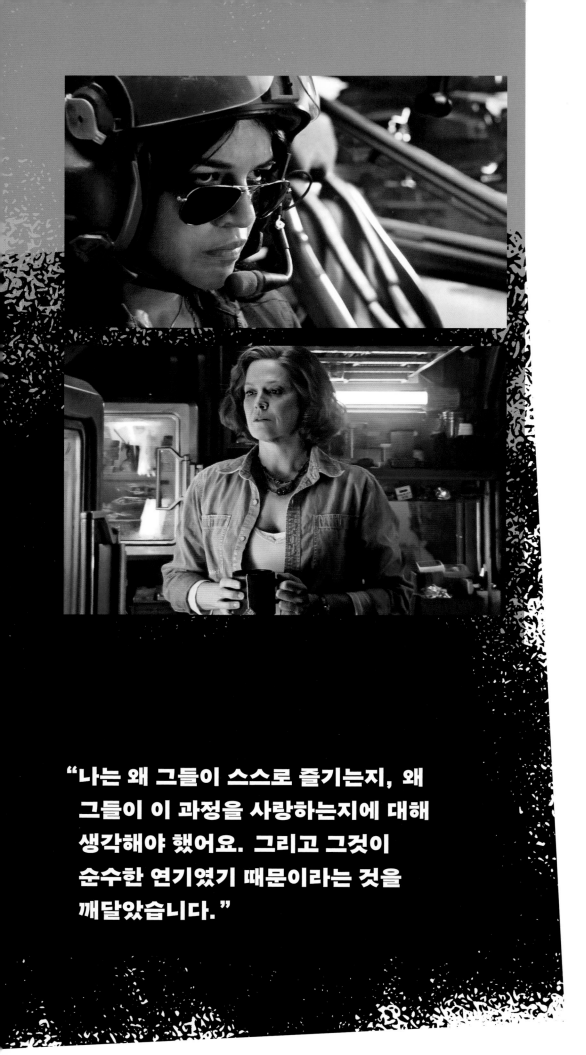

> "나는 왜 그들이 스스로 즐기는지, 왜 그들이 이 과정을 사랑하는지에 대해 생각해야 했어요. 그리고 그것이 순수한 연기였기 때문이라는 것을 깨달았습니다."

있었는데 이는 골룸 시절보다 훨씬 발전한 것이었다. 배우들의 얼굴에 그려진 점들에 일직선으로 맞춰 달린 작은 카메라들은 동공이 수축하고 입술이 치아 위로 말리는 방식을 추측한다.

배우들이 판도라에 대한 감각을 익히고 디자이너들이 참고할 만한 삽화를 수집하기 위해 하와이의 열대우림으로 짧은 답사를 떠나기도 했다. 하지만 그 이후 외계인의 세상은 오직 하드 드라이브 속에만 존재했고 모니터를 통해 그것이 존재한다는 기본적인 힌트만 볼 수 있었다. 디자이너들은 (윈스턴이 정교하고 세세하게 만든 축소 모형을 포함하여) 디자인을 바탕으로 만든 아트워크와 이에 흥분한 감독의 격려에 의지해야 했다. 하지만 이상하게도 그것들은 해방감을 주었다.

"그것은 기본적으로 연극이었어요." 워딩턴이 말했다. "그저 상상할 뿐이었죠." 위버가 웃음을 터뜨렸다.

"나는 왜 그들이 스스로 즐기는지, 왜 그들이 이 과정을 사랑하는지에 대해 생각해야 했어요." 카메론이 회상했다. "그리고 그것이 순수한 연기였기 때문이었음을 깨달았습니다." 대부분의 촬영장에서 배우들은 기다리다 신을 연습하고 카메라와 조명, 특수효과에 맞추어 윤곽을 그리고 옷장을 뒤지고 헤어와 메이크업을 하면서 야단법석을 떨어야 했다. 이 모든 "허튼짓"이 카메론의 현장엔 없었다. 카메라에 대한 즉각적인 걱정이 없어지자 배우들은 자유롭게 활보했다.

이 빈 공간은 감독의 대뇌피질의 '타불라 라사'(아무것도 적혀 있지 않은 종이를 뜻하는 말로, 감각적인 경험을 하기 이전의 마음 상태를 가리킨다_편집자 주)와도 같았으며, 그가 꿈꿔왔던 공상과학 동화의 빈 페이지는 마침내 쓰이고 있었다. 그리고 그는 출연진이 행성을 느끼고 상호작용하도록 만들기 위해 최선을 다하고 있었다. 그는 실제 열대 지역에서 날 법한 소리들을 틀어놓고 배우들에게 거품 모양의 입자들을 던졌으며 마상 시합용 막대와 비슷한 것들로 거품을 내리치면서 분위기를 연출하려 했다. 이끼가 낀 정글 바닥과 비슷하게 만든 플라스틱 시트도 있었다. 그의 연출에는 분명 놀이의 요소도 있었지만 기술에 문제가 생기면 그의 신경은 곤두섰다. 최첨단을 달린다는 것은 결코 쉬운 일이 아니었다.

그때 짐의 어두운 자아인 'Mij'가 드러났고 제작진은 농담을 했다. 그가 손에 휴대폰을 고정하기 위해 못 박는 기계를 썼다는 소문이 끊이지 않았다.

마치 세계에서 가장 정교하고 어려운 비디오게임을 하는 것처럼 리모컨을 움켜쥔 카메론은 원하는 곳 어디에든 그의 가상 카메라를 가지고 갈 수 있었다. 물리적 한계를 벗어난 무한한 선택지가 있었다. 그 때문에 영화가

관객이 참고 납득할 수 있는 범위를 넘어서는 위험한 상황에 놓일 수도 있었다. 물론 관객들은 기술이 아니라 스토리에 감탄해야 한다. 영화를 만드는 문법을 필사적으로 재확인하면서 카메론은 핸드헬드 카메라를 쥐고 마치 무릎 높이까지 자라난 판도라의 식생 속에 있는 듯한 숏들을 구성했다. 그는 자신의 머릿속에 있는 장소에서 '아바타'를 창조하고 있었다. 그는 스태프들에게 큰 소리로 비율을 외치기도 했다. "3 대 1!" "20 대 1!" 그러면 스태프들은 즉시 그 비율에 맞추어 나비족의 키만큼 혹은 헬리콥터의 높이만큼 렌더링했다. 그를 보기 위해 잠시 방문한 잭슨과 스필버그는 공기밖에 없는 텅 빈 곳에서 거의 무아지경에 빠진 채 영화를 만들어내는 감독을 경이롭게 바라보았다.

인간을 연기하는 배우들도 있었다. 비열한 쿼리치(〈터미네이터〉 효과라고 부르지만 카메론의 모든 빌런들은 팬터마임적인 열정을 지녀야 했다)를 연기하는 랭, 회사 측 끄나풀인 파커 셀프리지 역의 조바니 리비시, 과학자 놈 스펠만 역의 조엘 무어가 워딩턴, 위버와 함께 등장하는 몇 안 되는 인간들이었다. 영화의 60퍼센트는 순수하게 CGI로만 만들어졌고 플라야비스타에서 '찍어' 온

것들이었다. 석기시대 콘셉트의 나머지 부분들은 뉴질랜드 웰링턴에 있는 '스톤 스트리트 스튜디오'에서 제작을 맡았다. 웨타 디지털에서 걸어갈 수 있을 만큼 가까운 곳이었다.

아바타를 만드는 과정이 얼마나 복잡하고 위험한지 표현하기란 거의 불가능하다. 카메론은 그것을 "절벽에서 뛰어내릴 때 떨어지면서 낙하산을 조립하는 것"이라고 묘사했다. 그는 여전히 자신과 싸우고 있었다. 미국과 호주 사이를 오가며 장면들을 몇 번이고 재촬영했다. 여러 제약이 그를 짓눌렀던 〈타이타닉〉 때와는 어떻게 달라졌을까? 시간이 급박하지는 않았다. 할리우드는 특유의 촉박함을 뒤로하고 카메론을 기다렸다. 개봉 날짜는 다시 연기되었다. 그가 새로운 소프트웨어와 강력한 프로세싱으로 영화를 다시 렌더링해 실제와 가깝게 만들려는 움직임을 보이자 개봉 시기는 더욱더 불분명해졌다. 모든 것을 개선하려 할 수도 있었기 때문이다.

"이론적으로는 훨씬 더 좋은 영화를 만들 수 있어야 합니다." 그는 이렇게 결론 내렸다. 하지만 그가 말했듯이 많은 것은 "기괴한 골짜기(uncanny valley, 언캐니 밸리, 인간이 아닌 존재를 볼 때 그것이 인간에 가까울수록 호감

위 사진 설명: 노을 속을 질주하다 :
제이크는 결국 서부 개척자의 위대한
전통에 따라 '원주민'이 될 것이다.

왼쪽 아래 사진 설명: 해머헤드 티타노테어
: 판도라의 모든 이국적인 동물군은 엄격한
진화론을 따르고 있다.

오른쪽 아래 사진 설명: 판도라에 밤이 오면
빛을 내는 생물들은 절정을 이루며 제임스
카메론의 심미안을 보여준다. 마치 바닷속의
산호 색 같다.

# 우리는 판도라를 실재하는 물리적 공간이라고 믿는 것일까? 아니면 그저 발전된 〈슈렉〉이라고 생각하는 걸까?

도가 높아지지만 일정 수준에 다다르면 오히려 불쾌감을 느낀다는 이론_편집자 주) 저편까지 가서" 무엇을 얻을 수 있는가에 달려 있다. 판도라를 실재하는 물리적 공간이라고 믿는 것일까? 아니면 그저 훨씬 발전된 〈슈렉(Shrek)〉이라고 생각하는 걸까?

카메론은 어떤 면에서 컷과 추진력, 삶과 죽음, 세트와 배우는 물론 날씨와 마감조차 직접 챙기고 있었던 것은 아닐까? 그는 어떤 시험에 들어 있었던 것일까? 프로젝트를 완성해야 할 시간이 얼마 남지 않았다(투자 받은 시점부터 개봉까지 3년 반이 걸렸다). 문 밖에서 계절이 여러 번 바뀌는 동안 그는 계속해서 집중력을 유지했다. 그동안 주연배우들은 다른 영화를 촬영하고 개봉하는 것을 보기 위해 떠났다가 네이티리와 제이크의 로맨스, 하늘을 나는 밴시, 목 없는 흔들 목마처럼 생긴 이크란을 위해 돌아왔다. 살다나와 워딩턴은 모두 판도라에서 멀리 벗어나지 않았다. 살다나는 〈스타트렉 비욘드(Star Trek Beyond)〉에서 우후라 대위 역을 맡았고 아이러니하게도 워딩턴은 〈터미네이터: 미래전쟁의 시작(Terminator Salvation)〉으로 향했다. 〈터미네이터: 미래전쟁의 시작〉은 카메론의 액션 미학을 〈터미네이터: 미래 전쟁(Terminator: Future Wars)〉으로 옮기려는 매끄럽지 못한 시도였다.

그렇게 영화를 분해하고 다시 조합하는 엄청나게 지지부진한 상황에서도 카메론은 'HMFIC'(Head Mother Fucker in Charge), 즉 '빌어먹을 수석 책임자'라는 이니셜이 새겨진 낡은 야구 모자를 쓰고 회의를 소집했다. 자신의 세계를 면밀히 조사하고 또 검사하기 위해서였다. 나비족의 평균수명은 얼마인가? 그들은 무엇을 먹고 사는가? 왜 군인들은 여전히 21세기 무기를 사용하고 있는가? 이런 질문을 진지하게 고민하면서도 박스 오피스에서 어떤 성적을 거둘 것인가에 대한 질문을 받으면 쩔쩔맬 것이었다. 물론 그는 〈아바타〉를 설계했으며 성공적으로 만들어 관객들의 마음을 얻으려 노력하고 있었다. 하지만 그 질문은 그가 인정했듯이 "미지의 영역"이었다.

몇 년간의 작업이 막바지에 다다를 무렵 카메론이 세 번째로 불가능해 보이는 업적을 이뤄냈다는 사실이 분명해졌다. 〈아바타〉는 27억 달러를 벌어들였고 〈타이타닉〉조차 그 여파에 휩쓸렸다. 〈아바타〉는 문화와 세대의 경계를 넘나들며 수많은 사람을 판도라로 실어 날랐고 여러 번 다녀온 사람들도 있었다. 새로움에 대한 충격이 사라지더라도 〈아바타〉는 여전히 완벽한 설계를 뽐낼 것이었다. 단순히 현실을 완벽하게 재현한 기술적 요소의 승리뿐만 아니라 즐거움을 제공하는 작품으로서 감정적인 교감과 이에 상응하는 보상적 액션이 정확한 비율로 계산되어 있었다. 오직 그만이 이해할 수 있는 계산법이자 일련의 규칙이었다. 카메론은 〈아바타〉를 자신의 삶과 예술의 "총체"라고 말했다.

비평가들은 늘 그랬듯이 카메론에게 백기를 들고 항복했다. 카메론이 사람들의 더 나은 본성을 매혹시키겠다고 고집한다면 비평가들은 그를 가만히 앉혀둘 수만은 없을 것이다. 여전히 사람들에게 그런 영향력을 미칠 수 있다는 것에 다시 한번 놀랄 수밖에 없었다. 그는 영화적 충동을 탐재한 위대한 쇼맨 P. T. 바넘이었고, 경이로움은 여전히 잘 팔리는 상품이었다.

"정신과 마음, 역사책과 박스 오피스를 정복하기 위해 창조된 이 영화는 눈부시게 아름답고, 보고 있으면 바보처럼 얼이 나가고 정신이 혼미할 정도로 행복해진다." 〈디 애틀랜틱〉의 에드 코흐는 이렇게 말했다. 〈뉴욕타임스〉의 A. O. 스콧은 브레아에 있는 침착하지 못한 젊은 영화감독에게 직접 말했다. "1977년, 열한 살 때 〈스타워즈〉를 처음 본 이후로 거의 느껴보지 못한 기분을 이 영화를 보고 다시 느낄 수 있었다." 모든 것이 완전히 제자리로 돌아왔다.

울타리 너머에서 상황을 지켜보던 피터 잭슨은 판도라의 축소판 같은 알록달록한 사후 세계를 다룬 스릴러 〈러블리 본즈(The Lovely Bones)〉의 개봉을 연기했다. 그는 카메론의 파괴적인 블록버스터가 "박스 오피스

위 사진 설명: 그의 히피적인 부분과
접촉하다 : 제임스 카메론은 죽어가는
그레이스 어거스틴의 의식을 행성으로
보낸다.
오른쪽 위 사진 설명: 떠다니는 나무
요정들은 해파리처럼 생긴 '영혼의 나무'의
신성한 씨앗이다.

의 모든 산소를 빨아들일 것"이라고 경고했다.

그것은 과장된 숭배가 아니었다. 〈아바타〉는 분열을 초래했고 대대적인 광고는 솜사탕으로 만든 사회처럼 숨이 막힐 지경이었다. 〈터미네이터〉의 대가가 숲에서 길을 잃었다고? "이것은 한 조각의 독창성도, 감정적 울림도 없는 설익은 아이디어를 한데 섞어놓은 자동조종 장치로 만든 시나리오다." 〈타임 아웃〉의 톰 허들스턴은 이렇게 비난했다. 스토리는 확실히 단순하다. 〈터미네이터〉의 멋진 아이러니나 〈타이타닉〉을 관통하던 로맨틱한 파멸도 없다. 하지만 모든 승리에는 그에 상응하는 반발 또한 따르는 법이다. 카메론은 '백인 구세주'가 '고귀한 야만인'(공교롭게도 나비족은 모두 유색인종이 연기했다)을 구한다는 인종차별적이고 오래된 클리셰를 설파했다며 비난을 면치 못했다. 이런 비난은 루소에 대한 논쟁까지 거슬러 올라갔고 카메론은 이에 항의했다. 역사를 재현한 것뿐이었다며 분노했다. 기술적으로는 진보했지만 도덕적으로 둔감한 영화였다. 영화 리뷰 전문 사이트 '에인 잇 쿨 뉴스'의 비평가이자 한때 카메론의 신자였던 마이크 러셀은 이렇게 비판했다. "인간은 악의 화신이며 야만인들은 고귀하다."

〈에이리언 2〉 스타일의 AMP 슈트를 입은 지구인 침략자들과 판도라의 주민들이 자연을 뒤엎으며 전투를 벌이는 가운데 인간과 나비족의 예측 가능한 대결은 놀랍게도 카메론이 〈터미네이터: 미래 전쟁〉 이후에 보여주는 최초의 전투 신으로 기록된다. 로켓이 발사되는 폭

격 장면은 베트남전쟁을 그린 〈지옥의 묵시록〉에서 착안한 도상학으로 카메론은 '미국의 이라크 침공에 대한 암묵적인 비난'을 의도했다고 시인했다. 〈아바타〉는 노골적으로 정치적이다. 대화재의 여파로 거대한 세계가 무너져 내리는 범상치 않은 장면이 있었다. 일순간 제이크를 둘러싼 세계는 먼지와 파편으로 뒤덮이며 생기를 잃는다. 카메론은 뒤늦게 그 장면이 9·11 직후의 뉴스 장면이나 핵폭탄을 맞은 이후의 히로시마와 얼마나 닮아 있는지 깨달았다.

종말론에 대한 분위기가 고조되고 있었고, 불타고 있는 〈아바타〉의 이국적인 정서는 이보다 더 시의적절할 수 없었다. 자연을 착취하는 산업구조 때문에 기후변화가 주요 의제로 떠올랐다. 우리가 알고 있는 지구는 인간의 태만으로 황폐해졌다(스페셜 에디션용으로 지옥 같은 도시의 풍경이 완성되었지만 공개되지는 않았다). 결국 우리가 우리의 행성을 끝장내버린 것이다.

그것은 정치적이면서도 개인적인 것이었다. 환경운동이 태동하던 1960년대에 태어난 카메론은 이제 운동가가 되었다. 산호초가 황폐화되는 것만으로도 그는 분노했다. 그는 예술가로서 자신의 이런 감정을 분출하고 싶었다. "사람들에게 죄책감을 느끼게 만들려는 것이 아니에요." 이것은 단지 지구에 대해 책임을 지는 일이었다. 불이 나면 꺼야 하는 것처럼 말이다. 영화는 세계를 만들 수 있을지 모른다. 하지만 세상을 바꿀 수도 있을까? 〈아바타〉는 그가 '자연 결핍 장애'라고 칭한 병에 위약

효과가 있었다. 나비족은 문자 그대로 자연과 연결되어 있다. 그들은 땋은 머리를 생명체나 식물에 꽂아서 연결하는데 이는 판도라가 전기화학적 소통을 하는 네트워크임을 암시한다. 살아 있는 생물학적 인터넷인 것이다. 영화는 도시의 병폐에서 벗어나 집단 기억에 다시 접속할 수 있는 기회를 제공한다. 이는 우리의 원초적인 생리에 어필하는 카메론의 오랜 수법이었다. '〈아바타〉가 우울함을 야기한다'는 주장에 대한 보고서도 등장했다. 〈아바타〉에 중독되어 지구로의 복귀에 적응하지 못한다는 것이다.

영화에 대한 반발은 곧바로 오스카 시상식까지 이어졌고 가십 칼럼니스트들이 기뻐하는 가운데 주요 부문에서 〈아바타〉의 경쟁작은 〈허트 로커〉로 밝혀졌다. 후보들은 자신의 영화를 홍보하기 위해 바쁘게 돌아다니며 지루한 인터뷰 시간들을 견뎌야 했다. 카메론 역시 문제를 일으키고 싶지 않았다.

비글로에 대한 질문에 카메론은 "우리는 일에 대해서는 별로 다르지 않습니다. 둘 다 엄청난 열정을 가지고 있어요"라고 말하며 "이것은 경쟁이 아닙니다"라고 덧붙였다. 진부하게 들릴지 모르지만 사실이었다. 비글로는 제작 중이던 〈아바타〉를 각기 다른 시기에 다섯 번이나 보았고 카메론은 그녀가 남긴 의견에 감사를 표했다. 반면 〈허트 로커〉를 보았을 때 그는 단 한마디의 조언만 남겼다. "아무것도 바꾸지 마."

그래서 그는 〈허트 로커〉가 최우수작품상과 (여성 감독으로는 최초로) 최우수감독상을 수상했을 때 누구보다 기뻐했다. 어쩌면 실망감을 잘 감추었을지도 모른다. 하지만 두 영화에 대한 논쟁은 다른 더 큰 우려를 품고 있었다. 할리우드의 전통에 맞선 첨단 기술이 보여주는 불쾌한 진실이었다. 할리우드의 생태계가 위태로워지고 있었다. 작가 제프 다이어가 지적했듯이 〈허트 로커〉의 '신경을 찢어버리는 듯한 서스펜스'는 〈스트레인지 데이즈〉에서 레니 네로가 떠들어대던 가상 여행이나 〈폭풍 속으로〉의 서핑 중독자들을 군대에 대입해놓은 것 같았다. 그렇다면 비글로의 폭탄처리 중독자들은 제임스 카메론을 패러디한 것일까?

# 푸른 세상 속으로

# 〈아바타: 물의 길(Avatar: The Way of the Water)〉(2022)
# 〈아바타 3(Avatar 3)〉(2024)
# 〈아바타 4(Avatar 4)〉(2026)
# 〈아바타 5(Avatar 5)〉(2028)

"우리는 광대한 캔버스를 만들었어요." 카메론이 설명했다. 그의 머릿속에 존재하는 우주를 향한 열정은 점점 커지고 있었고 그는 판도라의 기밀들을 드러내는 위험을 무릅쓰고 있었다. "비밀은 판도라뿐만 아니라 알파 센타우리 AB 시스템 전반에 걸쳐 있습니다. 그리고 우리는 그 시스템을 전체적으로 확장시키고 이야기에 더 많은 것을 첨가할 겁니다. 두 번째 영화는 물론 세 번째 영화에 더 많이요."

제임스 카메론은 크고 넓게 사고하는 것을 멈추면 숨이 멎는 것 같다고 느꼈다. 그는 역사상 가장 거대한 영화보다 더 큰 영화를 생각하고 있었다. 〈아바타〉의 박스 오피스 성적에 대한 보고서가 나오자마자 사람들은 그 숫자들을 보며 이것이 무엇을 의미하는지, 영화 한 편이 벌어들일 수 있는 수익의 한계가 어디까지인지 대해 머리를 맞대고 고민했다. 그는 한 편만 계획한 것이 아니며 속편이 줄지어 기다리고 있음을 확실히 했다. 〈아바타〉의 서사는 정글처럼 번성하고 있었다.

그가 이런 발표를 한 것은 2010년 4월 1일이었다. 첫 번째 속편이 모습을 드러내기까지 13년이 더 걸릴 것이므로 누군가는 만우절 농담쯤으로 여길 것이다. 사실 이 책을 인쇄하는 상황에서도 우리는 여전히 〈아바타: 물의 길(Avatar: The Way of Water)〉이 개봉하기를 기다리고 있다. 일단 약속할 수 있는 것은 속편에서 보여주는 나비족의 획기적인 모험에서 제이크와 네이티리의 스토리뿐만 아니라 특수효과는 물론 제임스 카메론의 인생이자 예술에 대한 서사시의 발전까지 엿볼 수 있다라는 것이다.

〈딥씨 챌린지〉에 기록되었듯 그는 바다의 가장 깊은 곳에 체류하며 해저 세계가 주는 위안에 잠시 한눈을 팔기도 했지만 〈아바타〉 프로젝트에 몰두하였고, 자연스레 방치된 아이들을 위한 새로운 집을 찾아야만 했다.

앞장 사진 설명: **컴퓨터가 만들어낸 〈아바타: 물의 길〉의 프로덕션 아트는 판도라의 새로운 연안 석호를 배경으로 한 장면들을 담고 있다.**
오른쪽 사진 설명: **〈아바타〉 후속 편에 대해 생각하자마자 제임스 카메론은 오로지 자신의 상상력과 기술적 한계에 대해서만 몰두하기 시작했다. 이 세계는 그의 놀이터였다.**

〈알리타: 배틀 엔젤〉은 (이제 알려진 바와 같이) 마침내 세상의 빛을 보았다. 로버트 로드리게스가 감독을 맡고 카메론은 프로듀싱을 맡기로 했다. 〈데스페라도(Desperado)〉와 〈스파이 키드(Spy kids)〉 같은 경쾌한 컬트영화로 잘 알려진 카메론의 25년 지기이자 오스틴에서 혼자 작업하는 로드리게스는 〈알리타: 배틀 엔젤〉이 '제임스 카메론의 실종된 영화'라고 자랑스럽게 이야기했다. 그것은 부정할 수 없는 사실이었다. 〈알리타: 배틀 엔젤〉의 원작 만화 시리즈는 유키토 기시로의 작품으로 미래가 아니라 '미래의 미래'를 그리고 있다. 참혹한 전쟁 이후 300년이 지난 2563년을 배경으로 하는 이 세계는 공중에 떠 있는 낙원 '자렘'에 살고 있는 '가진 이'들과 그 아래 '고철 도시'를 배회하는 '가지지 못한' 이들이 적나라하게 나뉘어져 있는 디스토피아다. 전 세계에서 모여든 다국적 대중은 사이보그들로 가득 찬 광란의 롤러 더비인 '모터볼' 토너먼트의 흥분을 통해 욕구를 채우고 있다.

피노키오를 만든 제페토와 같은 역할인 닥터 이도(크리스토프 발츠)가 쓰레기 더미에서 발견한 알리타(로자 살라사르)는 300년간 잃어버렸던 소중한 전투 기술을 상징한다. 그는 그녀에게 최첨단 인형의 몸체를 선물한다. 14살의 알리타는 사춘기를 겪는 소녀 터미네이터이며 〈아바타〉의 속편으로 향하는 길을 가리키고 있었다. 살라사르가 연기하는 사이보그 영웅은 카메론이 자랑했듯이 눈 하나가 골룸의 전체 몸체보다 더 많은 레이어를 갖고 있다는 점에서 한층 발전된 모션 캡처 기술을 보여주고 있었다. 이는 인공 생명의 한계에 대한 또 다른 연구였다. 그녀의 디지털 몸은 웨타 디지털이 설계한 7천 개의 개별적인 조각들로 구성되어 있었다.

카메론은 멀리서 영화가 진행되는 상황을 지켜보면서 상대적으로 손을 놓고 있었다. "나는 매주 상황을 주시하고 진행 중인 모든 장면을 재빨리 훑어보곤 했습니다. 필요하다고 생각하는 곳에 메모를 하면서요." 신중한 검토에도 불구하고 이 영화는 카메론의 작품과 비교했을 때 설득력이 떨어지고 독단적이며 편견에 가득 차 있었다. 비교를 피할 수 없었다. 〈필름 코멘트〉의 마이클 스가로는 "인정사정없이 사납고 집요한 사고방식을 가진 지저분한 대도시가 내뿜는 무례한 활력"이라고 감상평

을 남겼다. 프랜차이즈를 암시하는 엔딩에도 카타르시스는 없었다. 전 세계적으로 4억 400만 달러를 벌어들이긴 했지만 (예산은 1억 7천만 달러였다) 영감을 주기에는 불충분했다.

2019년 마침내 〈터미네이터〉의 저작권이 카메론에게 되돌아오고 원작자가 줄거리에 손을 댔다는 점에서 〈터미네이터: 다크 페이트(Terminator: Dark Fate)〉에 대한 기대가 높아졌다. 〈데드풀(Deadpool)〉의 감독 팀 밀러가 프로듀서이자 창시자인 카메론과 함께 그 속편을 만드는 어려운 과업을 맡게 되었다. 〈터미네이터 2: 심판의 날〉 이후 타임라인을 재설정하는 것은 분명 영리한 생각이었다. 이로써 린다 해밀턴과 아놀드 슈워제네거는 재결합하게 되었지만 그들은 위협적인 수은 기계인

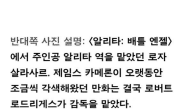

반대쪽 사진 설명: 〈알리타: 배틀 엔젤〉에서 주인공 알리타 역을 맡았던 로자 살라사르. 제임스 카메론이 오랫동안 조금씩 각색해왔던 만화는 결국 로버트 로드리게스가 감독을 맡았다.

T-1000의 창백한 그림자와도 같은 새로운 CGI 터미네이터 Rev-9(게이브리얼 루나)과 마찬가지로 원작을 재탕하고 있다는 느낌을 주지 않기 위해 애를 먹었다. 70살의 슈워제네거는 지구의 토착민으로 늙어가는 T-800에 대한 노련한 농담으로 다시 등장했다. 하지만 급격히 늘어난 특수효과로도 카메론이 이제 먼 곳에 사는 집주인일 뿐이라는 사실을 바꿀 수는 없었다. 전 세계적으로 2억 6,100만 달러라는 신통치 않은 성적을 거둔 〈터미네이터〉 프랜차이즈는 지쳐 보였다.

사실 〈아바타〉는 세계관을 만드는 데에 새로운 할리우드의 질서를 도입하지는 않았다. 오히려 카메론의 야망과 고통스러운 방법론에서 벗어나 증강된 라이브 액션으로 회귀했다. 이제는 사라졌다고 생각했던 그의 초

> **"인정사정없이 사납고 집요한 사고방식을 가진 지저분한 대도시가 내뿜는 무례한 활력."**
>
> — 마이클 스가로, 〈필름 코멘트〉

위 사진 설명: 프로듀서로 〈터미네이터〉의 세계로 돌아온 제임스 카메론은 지구의 토착민으로 늙어가는 슈워제네거를 보여주면서 우리에게 실망스러운 〈터미네이터: 다크 페이트〉를 안겨주었다.

아래 사진 설명: 몇 안 되는 속편의 멋진 점 중 하나는 린다 해밀턴이 전투에 단련된 사라 코너로 돌아왔다는 것이다.

기 커리어에서의 가공되지 않은 날것의 원료가 제한적이나마 되살아났다. 세트에서 촬영하고, 모델을 만들고, 〈터미네이터〉에 등장했던 보철물 로봇이 다시 등장한 것이었다. 리들리 스콧의 〈프로메테우스(Prometheus)〉와 〈스타워즈〉의 속편들(모두 카메론이 꾸물거리는 동안 나온 영화들이다), 그리고 〈듄(Dune)〉이 그 예였다. 그리고 CGI는 그가 결코 지루하게 느끼지 않는 슈퍼히어로 장르의 실제 광경을 보충하면서 소모적이고 반복적인 과잉 살상을 표현하는 용도로 광범위하게 사용되었다. 스티븐 스필버그가 '병에 갇힌 파리' 픽셀의 무감각적 사이클을 고려하면서 말했듯이 "특수효과는 더 이상 특별하지 않았다".

그래서 다시 한번 CGI를 개혁해 그것이 더욱 실제적으로 보일 수 있도록 하고 내러티브를 심화시키고 풍부하게 만드는 일이 거장에게 맡겨졌다.

지금까지 〈아바타〉의 속편은 8번이나 연기되었다. 그것은 일종의 기록이다. 카메론은 당시 굉장히 낙관적이었고 첫 두 개의 속편이 2014년과 2015년, 그리고 다시 2017년과 2018년, 그리고 다시 2020년과 2021년에 개봉할 것이며 네 번째와 다섯 번째는 2년 후에 공개될 것이라고 말했다(박스 오피스에 견제할 영화가 없다는 조건 하에). 그는 '지연'이라는 표현을 선호하지 않았다. 이것은 〈어비스〉나 〈타이타닉〉 때처럼 꽉 막히고 답답한 후반 작업이 아니었다. 그저 아직 촬영할 준비가 되지 않았을 뿐이었다.

시나리오 작업 때문에 일정이 늦어지고 있었다. "시나리오가 없다면 아무것도 없는 게 아닙니까?" 그는 한숨을 쉬었다. 시나리오를 완성하는 데 4년이 걸렸고 그는 그 부담을 나눠 지고 있었다. 〈다크 엔젤〉의 작가실에서의 경험에 영향을 받아 그는 공동 작가팀을 만들었다. 그들은 7개월 동안 영화의 모든 장면을 화이트보드로 만들었고 그제야 카메론은 그들에게 시나리오를 할당했다. "우리가 다른 영화에 대해 이야기할 때마다 그들은 두려움 때문에 귀를 기울이지 않았어요." 조시 프리드먼(〈우주 전쟁(War of the Worlds)〉)은 〈아바타 2: 물의 길〉을, 릭 자파와 아만다 실버(〈혹성탈출: 종의 전쟁(War for the Planet of the Apes)〉)는 〈아바타 3〉를 함께 집필하려 했다. 또 셰인 샐러노(〈아마겟돈〉)는 〈아바타 4〉에 창조적인 안정감을 제공했다(〈아바타 5〉에는 카메론

혼자 이름을 올리고 있다). 2019년에 구상 중이던 일련의 제목들이 뒤에서 몰래 낄낄거리기를 좋아하는 일당들에 의해 유출되었다. 그러자 갑자기 그 제목들이 너무 바보같이 들렸고 카메론은 그냥 얼버무렸다. '아바타: 물의 길', '아바타: 씨앗 전달자', '아바타: 툴쿤 라이더', '아바타: 에이와의 모험' 등은 모두 "고려 중인 제목 중 하나"라고 말한 것이다.

일단 시나리오가 완성되어야만 방대한 디자인 과정을 시작할 수 있었다. "모든 캐릭터, 모든 생명체, 모든 설정." 그는 계속해서 되뇌었다. 나이 든 네이티리와 제이크도 다시 만들 예정이었다. 그는 필요한 만큼 시간을 충분히 확보해두었다(동시에 이는 부담으로 작용할 수도 있었다). 카메론은 이제 큐브릭 정도의 위상을 가지게 되었다. 저 멀리서 자신의 기적을 행하며 거대 영화사들을 다시 일으키고 할리우드의 자부심을 북돋는 존재가 된 것이다.

〈아바타〉 시리즈는 진행 중인 무용담의 일부이자 독립적인 드라마로 기능하며 〈반지의 제왕〉 3부작보다는 〈대부〉 시리즈와 비교하는 것이 타당하다. 사실 이 시리즈는 이제 전설적인 집안에 대한 이야기가 되었다. 제이크와 네이티리의 아이들이 중요하고 복잡한 역할을 맡게 되기 때문이다. 판도라의 구원자들은 어떻게 삶을 지속해나갈 것인가? 데이비드 톰슨이 언급했듯이 "카메론의 진정한 주제는 결혼"일지도 모른다. 〈아바타: 물의 길〉의 배경을 바다 사람들의 영역인 판도라의 목가적인 해안가로 이동하는 것은 그의 마음에 남아 있는 무언가를 표현한 것일지도 모른다. 이에 따라 그는 수중에서 모션 캡처를 실험하고 '켈디시호'의 미래 부팅 버전인 더 작은 해상 선박 장치를 실어 나르는 모선 '시 드래곤'을 만들어야 했다.

2020년 1월, 카메론은 몇 가지 컨셉 아트를 발표했다. 우리는 밴시에 올라탄 나비족이 열대 석호의 수면을 스치고 지나가는 것을 보았고 제이크와 네이티리(돌아온 샘 워딩턴과 조이 살다나)가 절벽 위에서 푸른 해안선을 바라보는 모습, 멀리 펼쳐진 바다, 그리고 수생 공룡을 타고 공중에 떠 있는 암석층을 응시하는 나비족을 보았다. 그들은 서서히 사라지고 있는 지구의 또 다른 이상적인 모습을 암시한다. 〈아바타〉가 환경에 대해 던지는 절박한 메시지는 몇 년 동안 강화되었다.

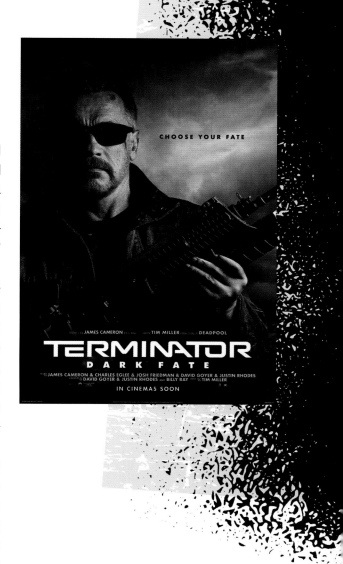

> ## "10년이 지난 지금 주위를 둘러보면 자연은 생물 다양성이라는 측면에서 벌어지는 모든 전투에서 패배하고 있습니다."

위 사진 설명: 더 거대한 블루: 나비족만큼 큰 들것에 앉은 제임스 카메론이 조엘 무어와 그의 시그니처 컬러로 뒤덮인 실험실 세트에서 대화를 나누고 있다. 스펠만의 산소마스크는 판도라의 유독한 대기를 떠올리게 한다.
반대편 사진 설명: 〈아바타〉 속편을 개발, 제작하는 동안 제임스 카메론은 새로운 장소의 새로운 나비족이라는 확장된 우주의 이미지를 감질나게 조금씩 풀어냈다.

카메론은 "10년이 지난 지금 주위를 둘러보면 자연은 생물 다양성이라는 측면에서 벌어지는 모든 전투에서 패배하고 있습니다"라고 흥분을 감추지 못했다. "삼림 파괴, 원주민의 권리 박탈, 문화의 상실과 언어의 상실, 해양오염, 해수면 상승, 이 모든 면에서 말입니다." 그는 앞으로 새로운 영화들의 모든 주제와 원작에 흘렀던 숭고한 분위기가 자연스럽게 확장될 것이라 확신했다.

양자경과 이디 팰코, 저메인 클레멘트가 인간으로, 그리고 클리프 커티스와 우나 채플린, 데이비드 슐리스가 나비족으로 합류한다는 소식과 함께 새로운 캐스팅도 발표되었다. 바로 케이트 윈슬렛이 카메론이 관리하는 서커스의 극심한 고통 속으로 돌아온다는 놀라운 내용이었다. 더구나 물속으로 되돌아온 것이다. 〈타이타닉〉 촬영 중 입은 타박상과 남아 있던 불만은 나비족을 연기할 기회로 모두 잊어버렸다. 그녀는 산호초에서 살아가는 로날을 거부할 수 없었다. 상대적으로 분량이 적고 세트에서의 촬영도 한 달밖에 걸리지 않았지만 그녀는 카메론이 자신에게 요구하는 모든 것을 해낼 준비가 되어 있었다. 마침내 영화에 탱크가 장착되었다.

감독은 감명을 받았다. 그녀는 물속에서의 모든 연기를 직접 하겠다고 말했다. "나는 '그래, 좋아요. 프리 다이빙하는 법을 가르쳐줄게요'라고 대답했습니다." 그녀는 7분간 이어진 신에서 숨을 참고 연기했고 톰 크루즈가 〈미션 임파서블: 로그네이션(Mission: Impossible-Rogue Nation)〉에서 세웠던 기록을 경신했다.

쿼리치 역의 스티븐 랭과 그레이스 박사 역의 시고니 위버가 어떻게 속편에 돌아올지는 아직 모호한 채로 남겨져 있다. 두 사람은 〈아바타〉에서 분명 죽은 것처럼 보였다. "좋아요, 들어보세요." 카메론은 씩 웃으며 말했다. "우리는 공상과학 시리즈에서 혹은 공상과학 프랜차이즈에서 절대 죽지 않습니다. DNA가 우주에서 완전히 파괴되지 않는 한은 말이에요. 그리고 언제나 시간 여행이 가능하잖습니까!" 우주의 지배자는 분명 그런 규칙을 설정할 것이다.

시나리오가 완성되어감에 따라 카메론은 웨타 디지털과 시간을 나눠 뒤떨어진 시스템을 점검하고 모션 캡처, 디지털 환경, 모든 파이프라인과 피드백 회로 등을 최첨단으로 세팅했다. 또한 발전된 동적 범위 기술에 맞추어 라이브 액션 3D 카메라를 재설계했다. "모두 합해 13킬로그램밖에 되지 않습니다." 그는 자랑했다. 오랜 세월이 흘렀는데도 그는 여전히 카메라가 어떻게 작동하는지 알아보기 위해 분해하고 있었다. "가벼워서 어깨에 쉽게 올릴 수 있을 정도예요. 믿을 수가 없죠."

하지만 어떤 결과도 빨리 나오지 않았다. 수중 모션 캡처의 '코드를 해독'하는 데만 1년 반이 걸렸고 수면의 '흔들리는 반영'도 보완해야 했다. 다행히 이제 제작 단계에서 가상으로 조명을 연출할 수 있게 되었다. 이는 부피감이 있는 신에 다시 조명을 줄 수 있다는 뜻으로, 틀에 박힌 규칙으로 되돌아가고 있는 영화 작업의 추세 속에서 카메론이 필요하다고 생각하는 부분이었다. "신에 CGI가 많으면 많을수록 카메라는 실제 세계의 물리학과 광학에 기반을 두어야 한다는 사실을 〈아바타〉를 통해 배웠습니다." 그는 이른바 '설득력 있는 환상'을 위해 애쓰고 있었다. 〈아바타: 물의 길〉에서 순수한 디지털적 요소는 85퍼센트까지 늘어났다.

2017년 8월 15일 새로운 맨해튼 비치 스튜디오에서 프로덕션이 시작되면서 카메론은 해방감을 느꼈다. "글을 쓰느라 2년 동안 동굴에 있었거든요." 그는 이렇게 농담했다. 이기는 공식을 반복하면서 그들은 LA에서 모션 캡처를 촬영한 후 실사 부분을 촬영하기 위해 태평양 건너 스톤 스트리트 스튜디오로 향했다. 그리고 일련의 알려지지 않은 비밀 촬영 장소들도 있었다. 그러나 두 편의 〈아바타〉를 연달아 공개하려다 보니 모션 캡처 작업에만 130일이 걸렸다. 게다가 세계적인 유행병이 뉴질랜드를 휩쓸고 지나가면서 뉴질랜드에서의 촬영 일정이 갑작스럽게 중단되었다. 첫 두 속편은 그로부터 3년이 지난 2020년 6월까지도 완성되지 못했다. 〈아바타 4〉의 모션 캡처 작업의 3분의 1 정도도 함께 중단되었다.

## 우리는 범람하듯 쏟아지는 새로운 제임스 카메론의 영화에서 무엇을 기대하는 것일까? 참신함이 사라졌는지를 보려고?

〈아바타: 물의 길〉 개봉은 결국 2022년 12월 16일(국내 개봉 12월 14일)로 연기되었다. 이제 카메론은 68살이 되었다.

한편 2019년에는 맞서 싸워야 할 또 다른 격변이 있었다. 〈에이리언 2〉 이후부터 카메론의 정신적인 고향이었던 20세기 폭스를 디즈니가 완전히 인수했다. 마블과 픽사, 루카스 필름을 통합한 거대 제국에 흡수되면서 폭스는 슬픔에 휩싸였다. 〈아바타〉라는 공고한 프로젝트 덕분에 710억 달러 정도를 요구할 수 있었지만 외교적 수완이 좋았던 카메론은 이제 고여 있는 연못에 갇힌 채 수영하는 커다란 물고기라는 사실에 적응해야만 했다.

각각 2억 5천만 달러가 들어간 만큼 (이 멋진 4부작에는 총 10억 달러가 들었다) 반드시 물어야 할 질문들이 있다. 우리는 범람하듯 쏟아지는 새로운 카메론의 영화에서 무엇을 기대하는 것일까? 참신함이 사라졌는지를 보려고? 3D에 대한 그의 믿음이 여전히 타당한지 살피려고? 늘 그랬듯이 초과되는 자본 규모는 유행에 쉽게 뒤떨어지고, 시장은 금방 포화 상태가 된다. 촬영 후의 후

반 작업은 형편없이 진행되어 제작자들을 한탄하게 만든다. 하지만 카메론은 여전히 확고했다. 그는 선택의 여지가 없다 할지라도 3D를 추구할 것이다.

맨 처음 카메론은 다른 영역에서 일했고 이는 예외이지 규칙은 아니었다. 그는 유행을 초월하려고 과도하게 도전하지 않았다. 수면 위로 떠오를 준비를 완전히 마칠 때까지 기꺼이 대화에서 빠졌다. 그 어떤 감독이 자신의 경력을 그토록 함부로 다루면서도 그렇게 압도적인 성공을 거두었는가?

이것이 어쩌면 그가 스필버그, 코폴라, 스코세이지, 심지어 스콧 같은 감독들처럼 비평적 평가나 책, 기사 혹은 학문적으로 과장된 논쟁의 대상이 되지 못하는 이유일지도 모른다. 우리는 그의 영화를 보며 과학에 대해 이야기하지만 예술에 대해서는 거의 논하지 않는다. 아직도 거리에 나앉아 세상을 테크누아르로 비틀어버리려고 한 초기의 카메론을 소중히 간직하는 사람들이 있다. 톰슨이 '느긋하게 이완되고 실속 있는 분위기'라고 칭했던 그의 초기 스릴러들에서 느껴지는 추진력, 그리고 그것이 주는 즐거움과 순수함을 기리는 것이다. "그는 시간이 지날수록 더 위대한 감독으로 인정받을 것입니다." 〈터미네이터〉 시리즈를 편집했던 마크 골드블랫은 이렇게 말했다. "그의 영화들… 그 영화들이 스스로 그렇게 만들고 있습니다."

아마도 그는 세실 B. 드밀이나 존 포드, 데이비드 린, 하워드 호크스처럼 고전적 전통을 가진 위대한 쇼맨과 비교되는 것이 더 적절할 것이다. 하지만 프랭크 카프라나 월트 디즈니의 진지함도 지니고 있다. 말도 안 되는 성공은 그림을 왜곡한다. 그의 방식은 그가 속한 업계가 돌아가는 방식 자체를 바꾸었다. 그는 역사상 가장 성공한 예술가 중 한 명이다. 인간의 약점을 거울로 비추기 위해 은유와 공상과학을 이용하는 것은 그의 능력을 무시하는 것이다. 그의 영화들은 인류에 대한 근본적인 무언가, 본질적으로는 생존에 대한 본능을 다루고 있다.

감독 지망생들에게 어떤 조언을 해주겠냐는 거듭된 질문에 그는 놀라운 대답을 했다. '바쁘게 살라'는 것이었다. "밖으로 가서 기술에 적용할 수 있는 경험을 쌓아야 합니다. 지금은 아무것도 모르니까요. 아직은 영화로 새롭게 이야기할 것이 없을 겁니다." 그 역시 트럭을 몰고 기계를 작동시키고 휘발유를 파는 블루칼라의 생활에 찌든 영화로 시작하지 않았던가? 그는 자신의 꿈을 현실에 접지시킨다. 심해 다이빙에서부터 열기구에 이르기까지 삶에 대한 그의 욕망은 영화를 이끌어가는 열정이자 활발한 정서적 교류의 연료다.

그는 과학적이고 현기증 날 정도의 설비를 갖춘 사업체와 신과 같은 권위를 갖게 되었다. 그럼에도 불구하고 카메론은 현존하는 가장 본능적인 엔터테이너이자 관객의 요구에 충실한 공상가이다. 그를 멈출 순 없다.

반대편 사진 설명: 〈아바타〉 속편의 도전 중 하나는 이제는 친숙해져버린 세상에서 새로운 면모를 찾아 보여주는 것이다.
위 사진 설명: 기술 자체는 원작 이후 몇 년의 시간이 흐르는 동안 엄청난 속도로 발전해왔다. 발전된 기술은 설정된 지형을 바탕으로 완전히 새로운 영화적 경험을 제공할 것이다.
뒷장 사진 설명: 과학의 응용: 제임스 카메론이 그의 하이테크 킹덤에서 포즈를 취하고 있다. 가장 발전된 형태의 모션 캡처 기술을 보여주면서 영화의 주제는 다시 한번 반복된다.

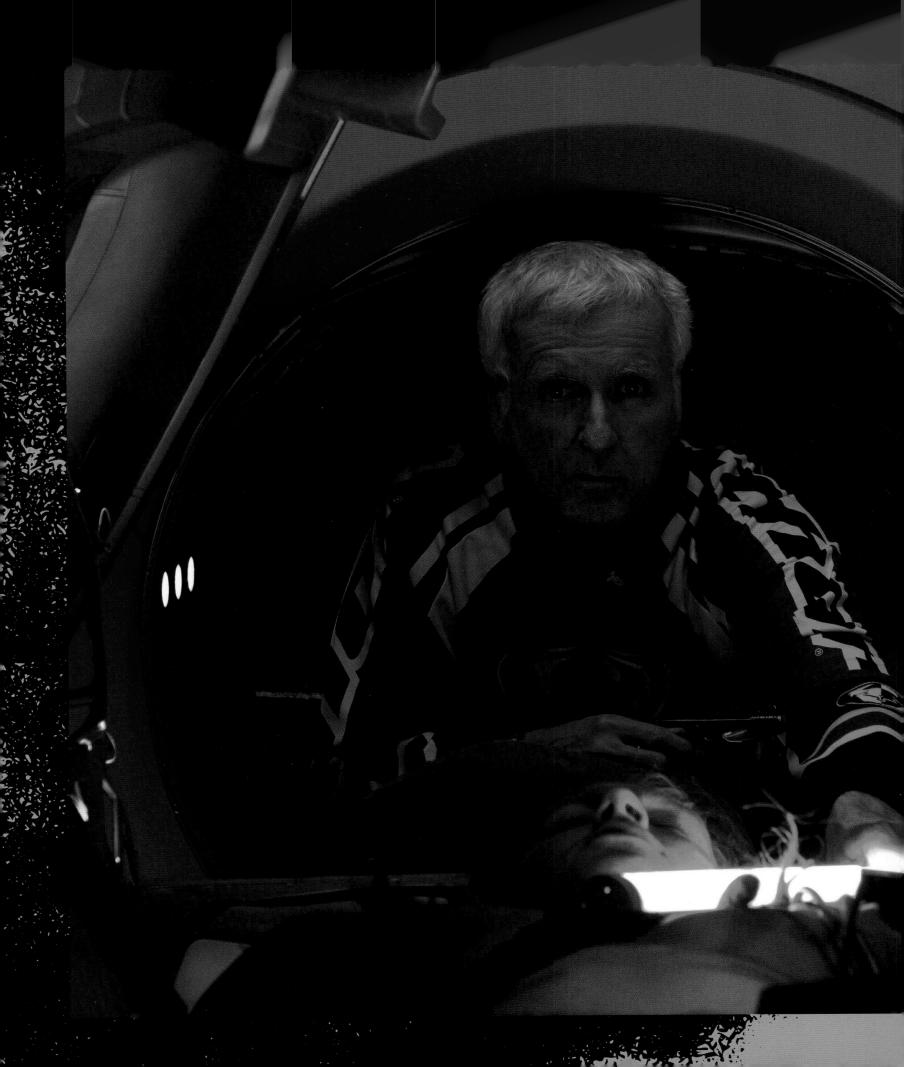

"그는 시간이 지날수록
더 위대한 감독으로
인정받을 것입니다.
그의 영화들… 그
영화들이 스스로
그렇게 만들고
있습니다. ”

- 마크 골드블랫

# 필모그래피

미국 개봉 일자를 기준으로 작성함.

## 제노제네시스(Xenogenesis)

**개봉일:** 1978년
**러닝타임:** 12분
**감독:** 제임스 카메론, 랜들 프레익스
**각본:** 제임스 카메론, 랜들 프레익스
**제작:** 제임스 카메론, 랜들 프레익스, 앨빈 J. 와인버그
**출연:** 윌리엄 위셔 주니어, 마거릿 언디엘 등

## 피라냐 2(Piranha II: The Spawning)

**개봉일:** 1982년 11월 5일
**러닝타임:** 94분
**감독:** 제임스 카메론, 오비디오 G. 아소니티스
**각본:** H. A. 밀튼
**촬영:** 로베르토 데토레 피아촐리
**제작:** 차코 반 르우웬, 제프 셰흐트만
**편집:** 로베르토 실비
**출연:** 트리샤 오닐, 스티브 마라척 등

## 터미네이터(The Terminator)

**개봉일:** 1984년 10월 26일
**러닝타임:** 107분
**감독:** 제임스 카메론
**각본:** 제임스 카메론, 게일 앤 허드
**촬영:** 애덤 그린버그
**제작:** 게일 앤 허드
**편집:** 마크 골드블랫
**출연:** 아놀드 슈워제네거, 마이클 빈, 린다 해밀턴, 랜스 헨릭슨 등

## 에이리언(Aliens)

**개봉일:** 1986년 7월 18일

---

**러닝타임:** 137분
**감독:** 제임스 카메론
**각본:** 제임스 카메론
**촬영:** 에이드리언 비들
**제작:** 게일 앤 허드
**편집:** 레이 러브조이
**출연:** 시고니 위버, 마이클 빈, 폴 라이저, 랜스 헨릭슨, 캐리 헨 등

## 어비스(The Abyss)

**개봉일:** 1989년 8월 9일
**러닝타임:** 140분
**감독:** 제임스 카메론
**각본:** 제임스 카메론
**촬영:** 미카엘 살로몬
**제작:** 게일 앤 허드
**편집:** 콘래드 버프 4세, 조엘 골드맨, 하워드 스미스
**출연:** 에드 해리스, 메리 엘리자베스 마스트란토니오, 마이클 빈, 레오 버미스터, 토드 그라프 등

## 터미네이터 2(Terminator 2: Judgment Day)

**개봉일:** 1991년 7월 3일
**러닝타임:** 137분
**감독:** 제임스 카메론
**각본:** 제임스 카메론, 윌리엄 위셔
**촬영:** 애덤 그린버그
**제작:** 제임스 카메론
**편집:** 콘래드 버프 4세, 마크 골드블랫, 리처드 해리스
**출연:** 아놀드 슈워제네거, 린다 해밀턴, 에드워드 펄롱, 로버트 패트릭, 조 모턴, 얼 보엔 등

## 트루 라이즈(True Lies)

**개봉일:** 1994년 7월 15일

---

**러닝타임:** 141분
**감독:** 제임스 카메론
**각본:** 제임스 카메론
**촬영:** 러셀 카펜터
**제작:** 제임스 카메론, 스테파니 오스틴
**편집:** 콘래드 버프 4세, 마크 골드블랫, 리처드 해리스
**출연:** 아놀드 슈워제네거, 제이미 리 커티스, 톰 아놀드, 빌 팩스턴, 티아 카레레, 아트 말리크, 일라이자 두슈쿠, 그랜트 헤슬로브 등

## 타이타닉(Titanic)

**개봉일:** 1997년 12월 19일
**러닝타임:** 194분
**감독:** 제임스 카메론
**각본:** 제임스 카메론
**촬영:** 러셀 카펜터
**제작:** 제임스 카메론, 존 랜다우
**편집:** 콘래드 버프, 마크 골드블랫, 리처드 해리스
**출연:** 레오나르도 디카프리오, 케이트 윈슬렛, 빌리 제인, 캐시 베이츠, 프랜시스 피셔, 버나드 힐, 글로리아 스튜어트 등

## 심해의 영혼들(Ghosts of the Abyss)

**개봉일:** 2003년 3월 31일
**러닝타임:** 61분
**감독:** 제임스 카메론
**촬영:** 빈스 페이스, D. J. 롤러
**제작:** 존 브루노, 제임스 카메론, 척 코미스키, 자나스 타시얀, 앤드류 와이트
**편집:** 데이비드 C. 쿡, 에드 W. 마쉬, 스벤 페이프, 존 레포아
**출연:** 빌 팩스턴, 루이스 아버너디, 돈 린치, 타바 스마일리, 빈스 페이스 등

## 에이리언 오브 더 딥(Aliens of the Deep)

**개봉일**: 2005년 1월 28일

**러닝타임**: 100분

**감독**: 제임스 카메론, 스티븐 퀘일

**촬영**: 제임스 카메론, 빈스 페이스, 론 앨럼

**제작**: 제임스 카메론, 앤드류 와이트

**편집**: 매튜 크레고르, 피오나 와이트

**출연**: 파멜라 콘라드, 다나 피구에로아, 로레타 히달고, 마야 톨스토이

## 아바타(Avatar)

**개봉일**: 2009년 12월 18일

**러닝타임**: 162분

**감독**: 제임스 카메론

**각본**: 제임스 카메론

**촬영**: 마우로 피오레

**제작**: 제임스 카메론, 존 랜다우

**편집**: 데이비드 브레너, 제임스 카메론, 존 레푸아, 스테판 E. 리브킨

**출연**: 샘 워딩턴, 조이 살다나, 스티븐 랭, 미셸 로드리게스, 시고니 위버 등

## 아바타 2: 물의 길(Avatar: The Way of Water)

**개봉일**: 2022년 12월 16일

**감독**: 제임스 카메론

**각본**: 제임스 카메론, 릭 자파, 아만다 실버

**촬영**: 러셀 카펜터

**제작**: 제임스 카메론, 존 랜다우

**편집**: 데이비드 브레너, 제임스 카메론, 존 레푸아, 스테판 E. 리브킨

**출연**: 조이 살다나, 샘 워딩턴, 시고니 위버, 우나 채플린, 지오바니 리비시, 스티븐 랭, 케이트 윈슬렛 등

## 아바타 3(Avatar 3)

**개봉일**: 2024년 12월 20일

**감독**: 제임스 카메론

**각본**: 제임스 카메론, 릭 자파, 아만다 실버

**촬영**: 러셀 카펜터

**제작**: 제임스 카메론, 존 랜다우

**편집**: 데이비드 브레너, 제임스 카메론, 존 레푸아, 스테판 E. 리브킨

**출연**: 샘 워딩턴, 조이 살다나, 클리프 커티스, 이디 팰코, 트리니티 블리스, 베일리 바스, 조엘 무어, 케이트 윈슬렛, 지오바니 리비시 등

## 감사의 말

제임스 카메론보다 더 나를 최고로 순수하고 자극적인 방법으로 즐겁게 만들어준 사람이 있을까? 아무리 생각해도 다른 사람이 떠오르지 않는다. 나는 아직도 〈에이리언 2〉를 보았던 1986년을 생생하게 기억한다. 그게 내가 본 첫 번째 '카메론'이었다. 폴 라이저가 연기한 버크가 리플리와 뉴트의 방을 세게 닫던 그 순간, 내 뒤에 앉은 누군가의 목소리가 극장에 울려 퍼졌다. "야, 이 개자식아!" 이처럼 희생당하는 피해자에게 반사적으로 반응하도록 만드는 것이 그의 영화가 관객을 붙잡는 힘이었다. 그 관객은 자신이 보고 있는 것이 영화라는 사실을 잊어버렸던 것이다. 그는 실제로 LV-426에 타고 있었고 우리 모두 마찬가지였다. 짧은 웃음소리 뒤에 순간적으로 안도하던 우리를 카메론은 다시 꽉 붙들어 영화 속으로 끌어당겼다.

무엇보다도 내 신경을 공포와 짜릿함으로 갈가리 찢어놓고, 떨리는 카타르시스를 느끼게 해준 그의 모든 영화에 대해, 미스터 카메론에게 감사를 표하고 싶다. 나는 그의 영화에서 영영 헤어 나오지 못할 것이다. 어쩔 수 없다. 이 책은 내가 영화를 보고 있다는 사실을 잊고 실제를 경험하는 것처럼 느끼게 하는 그의 영화적 힘에 바치는 찬사이다. 나는 두근거리는 심장을 부여잡으며 그의 창조물 속에 살았다.

내가 카메론에 관한 비범한 이야기를 쓰는 것에 여러 가지 방법으로 도와준 많은 사람들이 있다. 애덤 스미스, 사이먼 브룬드, 이언 프리어, 댄 졸린, 마크 다이닝, 스티브 베이커, 스티브 혼비, 콜린 케네디, 찰스 드 라주리카, 데이비드 와이너, 로빈 블록, 린지 밀러, 그리고 미스터 카메론의 훌륭한 비서인 테리 디파올로에게 감사의 말을 전한다.

〈어비스〉보다 더 깊은 인내심을 보여준 팔라조의 편집자 로버트 니콜스에게 언제나처럼 무한한 감사를 보낸다. 나는 카메론의 진정한 팬답게 마감 일자를 몇 번 미뤘다. 또한 이 책의 주제에 걸맞은 책을 만들 수 있게 도와준 아델 마호니와 카트리오나 롭에게도 고맙다는 말을 전하고 싶다.

이제 이륙해서 궤도에 올라 핵폭탄을 터트릴 시간이 되었다. 그것만이 유일한 방법이다.

## 참고문헌

### 웹사이트

All box office figures come via Boxoffi cemojo.com
Special mention to Jamescameononline.com,
Cinephilia & Beyond, and avpgalaxy.net for their
magnificent curatorial work.

### 잡지, 신문, 온라인 기사

Abramovitz, Rachel, A Kindlier, Gentler Cyborg,
Premiere, July 1991
Alter, Ethan, Here's How a Letter From 'Aquaman'
Director James Cameron Changed the Course of
Entourage, Yahoo Entertainment, October 6, 2021
Ansen, David, Conan the Humanitarian, Newsweek,
July 8, 1991
Attansio, Paul, Art of Darkness: Aliens Return,
Washington Post, July 20, 1996
Blair, Ian, The $100 Million Man, US, June 27, 1991
Blair, Ian, Underwater in the Abyss, Starlog, July 1989
Bowles, Duncan, The Ultimate Michael Biehn
Interview, Den of Geek, August 2011
Braddock, Ben, The Terminator Past-Perfect, SFX,
September 2003
Braund, Simon, The Making of Titanic, Empire, April
4, 2012
Brew, Simon, James Cameron Movie Sets and Their
Infamous Crew T-shirts, Film Stories, February 1, 2021
Briers, Michael, Avatar 2 Will See Sigourney Weaver
Play A Brand New Character, We Got This Covered,
March 2, 2015
Cameron, James, The Drive to Discover, Wired,
December 2004
Chase, Donald, He's Back, Entertainment Weekly, July
12, 1991
Chen, David, Filmcast Interview: James Cameron,
Director of Avatar, Slashfi lm, December 18, 2009
Chute, David, The 1984 Movie Revue: James
Cameron, Film Comment, February 1985
Chute, David, The Terminator: $5 Mil, Film Comment,
February 1985
Cleaver, Thomas McKelvey, How to Director a
Terminator, Starlog, December 1984
Cooney, Jenny, Harder than the Rest, Empire,
September 1991
Cooney, Jenny, James Cameron: The Second
Coming, Dreamwatch, January 2002
Day, Patrick Kevin, James Cameron: The Avatar
Sequel Will Dive into Pandora's Oceans, Los Angeles
Times, April 20, 2010
DiOrio, Carol, Cameron Sinks Board Role at Digital
Domain, Hollywood Reporter, August 20, 1998
Dorey, Jim, James Cameron Interview!, Talks Avatar
Re-release, Sequels, 3D Conversions, and Working
with Del Toro, MarketSaw, August 7, 2010
Duncan, Jody, The Seduction of Reality, Cinefex,
January 2010
Dyer, James, He's Back, Empire, November 2012
Elfante-Gordon, Juanita, James Cameron In-Depth,
Fantasy Zone, November 1989
Eller, Claudia, Two's a Crowd on 'Room', Variety, May
8, 1992

Eller, Claudia, Cameron's Room Runs into Hurdle, Variety, May 18, 1992

Failes, Ian, The Tech History of Terminator 2 - An Oral History, VFXblog, August 23, 2017

Field, Syd, Approaching the Sequel, The Hero's Journey, Four Screenplays, Dell Publishing, 1994

Field, Syd, The Hero's Journey, Four Screenplays, Dell Publishing, 1994

Fleming, Michael, Fantastic Voyage, Movieline, December 1997

Floyd, Nigel, Aliens: James Cameron Interview, Dark Side Magazine, February 1992

Fordy, Tom, Comic Muslim Terrorists and a Jamie Lee Curtis Striptease: Was True Lies the Last Wholly Un-PC Action fi lm, Telegraph, July 15, 2019

Gilchrist, Todd, 16 Things You (Probably) Never Knew About The Abyss, Moviefone, August 9, 2019

Gillis, Joe, The Transformation of Linda Hamilton, Prevue, October 1991

Goldstein, Patrick, Titanic's Rider on the Storm, Los Angeles Times, March 11, 1997

Goodyear, Dana, Man of Extremes, New Yorker, October 19, 2009

Greene, Ray, Rich and Strange, Boxoffi ce Magazine, October 1995

Griffi n, Nancy, James Cameron is the Scariest Man in the Hollywood, Esquire, December 1997

Gritten, David, Back from The Abyss, Los Angeles Times, May 11, 1997

Gritten, David, Making Titanic, Los Angeles Times, May 11, 1997

Harmetz, Aljean, The Abyss: A Foray into Deep Waters, New York Times, August 6, 1989

Hibberd, James, Ed Harris Discusses His 9 Best Movie Roles, Entertainment Weekly, November 29, 2016

Hiscock, John, James Cameron Interview for Avatar, Telegraph, December 3, 2019

Holson, Laura M., The Terminator and the Hulk Help Build a Career, New York Times, June 16, 2003

Hulbert, Dan, Possessed by the Abyss, San Francisco Chronicle, August 7, 1989

James, Caryn, The Woman in True Lies: A Mouse That Roared, New York Times, July 17, 1994

Jehl, Douglas, Why Titanic Conquered the World, New York Times, April 26, 1998

Jones, Alan, James Cameron Takes a Second Plunge, Starburst, December 1989

Jones, Alan, James Cameron Takes the Plunge, Starburst, November 1989

Jones, Alan, Linda Hamilton: A Starburst Interview, Starburst, December 1991

Jenkins, David, James Cameron: "Soon We'll Have AI Creating Movies - and it Will Suck," Little White Lies, February 6, 2019

Kasindorf, Martin, Fox Plunges into The Abyss, Los Angeles Times, August 6, 1989

Keegan, Rebecca, James Cameron on Titanic's Legacy and the Impact of a Fox Studio Sale, Vanity Fair, November 26, 2017

Lambie, Ryan, The Rise and Fall of Hemdale, Den of Geek, April 7, 2015

Mikulec, Sven, The Abyss: James Cameron's Exploration of Humanity and Love in the Heart of the Ocean, Cinephilia & Beyond, undated

Moseley, Bill, 20,000 Leagues Under the Sea: The Movie Director as Captain Nemo, OMNI, 1998

Mueller, Matt, The Making of The Abyss, Total Film(supplement), February 2010

Myers, Scott, Interview: James Cameron, Little White Lies, February 10, 2019

Nichols, Mackenzie, Avatar - James Cameron, Zoe Saldana, Sigourney Weaver Look Back a Decade Later, Variety, December 18, 2019

Paz, Maggie Della, Avatar 2: Sigourney Weaver Details Rigorous Training for Underwater Shoots, Comingsoon.net, October 20, 2020

Pelan, Tim, New Model Arnie: How James Cameron's Terminator 2: Judgment Day Held True to its Exploitation Roots Whilst Remodelling the Action blockbuster Template, Cinephilia & Beyond, undated

Pelan, Tim, The Risk Always Lives: Words to Live by On the Set of James Cameron's Aliens, Cinephilia & Beyond, undated

Piazza, Joe, Audiences Experience Avatar Blues, CNN.com, January 11, 2010

Radish, Christina, James Cameron on Titanic: 20 Years Later and the Motion-Capture Advances of the Avatar Sequels, Collider, November 26, 2017

Rampton, James, My Titanic Obsession, Independent, August 9, 2005

Reading, John, Sound of Silence, Xpose Magazine, December 2002

Realf, Maria, An Audience with James Cameron, Eye for Film, 2009

Rhetts, JoAnn, Writer-Director Shows the Special Eff ect Energy Can Radiate, Charlotte Observer, July 13, 1986

Richardson, John, Iron Jim, Premiere, August 1994

Roesch, Scott, Hey! That's Good Chowder, USA Today, April 23, 1997

Schruers, Fred, Out of this World, Rolling Stone, May 22, 1986

Shaprio, Marc, Director's Judgment, Starlog, September 1991

Shaprio, Marc, Heart of Steel, Starlog, August 1991

Shaprio, Marc, James Cameron, Starlog, July 1991

Shaprio, Marc, Writers in Judgment, Starlog, October 1991

Sharf, Zack, James Cameron Verifi es Those Crazy Avatar Sequel titles, But They Aren't Locked Just Yet, Indiewire, February 7, 2019

Shay, Don, Dancing on the Edge of The Abyss, Cinefex, August 1989

Siegel, Alan, The Tin Man Gets His Heart - An Oral History of Terminator 2: Judgment Day, The Ringer, June 30, 2021

Smiley, Travis, James Cameron, TS Media, December, 2009

Smith, Adam, We Went Through a Lot of Hardships, Empire, April 2009

Spelling, Ian, Angel Ascendant, Starlog, November 2000

Stock, Frances, James Cameron: A Life in Pictures(transcribed from the live event), British Academy of Film and Television Arts, December 22, 2009

Taubin, Amy, Invading Bodies - Alien3 and the Trilogy, Sight & Sound, July 1992

Thompson, Anne, Cameron is God, Premiere, April 1998

Thompson, Anne, The Final Frontier, Premiere, December 2000

Tobias, Scott, The Abyss at 30: Why James Cameron's Sci-fi Epic is Really About Love, Guardian, August 9, 2019

Unattributed, Cameron's Abyss, New York Times, November 4, 1988

Unattributed, Cameron's Lightstorm Docks at Fox, Variety, December 17, 1995

Unattributed, A Drive of Titanic Proportions, Academy of Achievement, October 30, 1996

Unattributed, Howling Commando: Interview with Bill Paxton, Starlog, January 1987

Unattributed, James Cameron I: The Titanic Explorer, Astrobiology Magazine, November 3, 2003

Unattributed, James Cameron - "All My Movies Are Love Stories", The Talks, undated

Unattributed, James Cameron Interview, Monsterland, October 1986

Unattributed, James Cameron interview - Piranha II: The Spawning, Dark Side (via Jamescamerononline.com), 1992

Unattributed, Powerloader, Strange Shapes, January 9, 2014

Unattributed, The Abyss Press Kit, 20th Century Fox Film Corporation, 1989

Unattributed, Titanic Review, Aintitcoolnews.com, December 17, 1997

Walker, Beverly, Teetering Over The Abyss, American Film Magazine, June 1989

Weinraub, Bernard, Fox Locks in Cameron with a 5-Year Deal Worth $500 million, New York Times, April 22, 1992

Wells, Victor, Aliens: An Out of the World Communication with Director James Cameron,

Prevue, August 1986
Williams, Owen, The Making of Battle Beyond the Stars, Empire, March 2011
Wootton, Adrian, James Cameron, Guardian, April 13, 2003
Wyland, Sarah, James Cameron Interview: Avatar Blue-ray; Also Talks Titanic 3D and Avatar 2, Collider, March 24, 2010

## 다큐멘터리
10 Questions for James Cameron, Time Magazine, March 10, 2010
Back into The Abyss, Steven Johnson's Rubber Rules, November 6, 1989
In Conversation with James Cameron, The Churchill Club, October 27, 2010
James Cameron - Aliens: A Director and his Work, 20th Century Fox Home Entertainment, 1986
James Cameron's Avatar Q&A, Avatar Ten Year Anniversary, 20th Century Fox Home Entertainment, 2019
James Cameron Director: Aliens, Film4, March 31, 2016
James Cameron Director's Reel, Yahoo Entertainment, 2009
James Cameron Interview, Howard Stern Show, 1997
James Cameron Interview on Avatar, Charlie Rose, 2010
James Cameron Interview on Titanic, Charlie Rose, 1997
James Cameron Interview on The Abyss, Eyes on Cinema, 1989
James Cameron Interview on The Abyss, David Letterman Show, 1989
James Cameron on Aliens, Conversations in the Arts and Humanities with John C. Tibbetts, via KU ScholarWorks, 1986
James Cameron on Directing, Manufacturing Intellect, 1999
James Cameron - Visionary, TV14, April 12, 2015
Linda Hamilton Interview, Larry King Live, May 11,

1997
Other Voices Back Through Time: Creating The Terminator Cast & Crew Recollections, Studio Canal, 2001
Superior Firepower - Making of Aliens, 20th Century Fox Home Entertainment, 2003
The Abyss Behind-the-Scenes Featurette, 20th Century Fox Home Entertainment, 1989
The Making of Terminator 2, Studio Canal, 1991
The Making of True Lies, 20th Century Fox Home Entertainment, 1994
Titanic Behind-the-Scenes, 20th Century Fox Home Entertainment, 2007
Under Pressure: The Making of The Abyss, 20th Century Fox Home Entertainment, 1989

## 참고문헌
Agel, Jerome, The Making of Kubrick's 2001, New American Library, 1970
Andrews, Nigel, True Myths: The Life and Times of Arnold Schwarzenegger, Bloomsbury, 2005
Cameron, James, James Cameron's Story of Science Fiction, Insight Editions, 2018
Cameron, James, Strange Days, Penguin, 1995
Cameron James & Wisher, William, Terminator 2: Judgment Day: the Book of the Film, An Illustrated Screenplay, Applause Books, 1991
Clarke, James, The Cinema of James Cameron - Bodies in Heroic Motion, Wallflower Press, 2014
Corman, Roger, How I Made a Hundred Movies in Hollywood and Never Lost a Dime, Da Capo Press, 1990
Duncan, Jody, The Winston Effect - The Art and History of Stan Winston Studio, Titan Books, 2006
Dunham, Brett (editor), James Cameron Interviews, Mississippi Press, 2011
Fitzpatrick, Lisa, The Art of Avatar, Abrams, 2009
French, Sean, BFI Modern Classics - The Terminator, British Film Institute, 1996
Heard, Christopher, Dreaming Aloud: The Life and Films of James Cameron, Doubleday Canada Limited,

1997
Keegan, Rebecca, The Futurist: The Life and Films of James Cameron, Three Rivers Press, 2009
Lynch, Don & Maschall, Ken, Ghosts of the Abyss, Madison Press, 2003
McDonnell, David, Aliens: The Official Movie Magazine, 20th Century Fox, January 1, 1986
Medavoy, Mike & Young, Josh, You're Only as Good as You're Next One, Simon & Schuster, October 21, 2002
Nashawaty, Chris, Crab Monsters, Teenage Cavemen and Candy Stripe Nurses - Roger Corman: King of the B Movie, Abrams, 2013
Nathan, Ian, Alien Vault, Aurum Press Ltd. 2010
Nathan, Ian, Anything You Can Imagine: Peter Jackson and the Making of Middle-earth, Harper Collins, 2018
Nathan, Ian, Terminator Vault, Aurum Press Ltd. 2013
Parisi, Paula, Titanic and the Making of JamesCameron, Newmarket Press, 1998
Schwarzenegger, Arnold, Total Recall, Simon & Schuster, 2012
Shapiro, Marc, James Cameron, Renaissance Books, 2000
Shay, Don & Duncan, Jody, T2: The Making of
Shone, Tom, Blockbuster, Scribner, 2004
Terminator 2: Judgment Day, Titan Books, 1991
Thomson, David, Have You Seen…? A Personal Introduction to 1,000 Films, Penguin, 2010
Thomson, David, The Alien Quartet, Bloomsbury, 1998

# 사진 크레디트